KB044772

자아란 무엇인가

CONCEPTS OF THE SELF
by Anthony Elliott

Copyright ⓒ 2001 by Anthony Elliott
This edition is published by arrangement with Blackwell Publishing Ltd, Oxford
through Shin Won Agency Co., Seoul
Translated by Sam-In Publishing Co. from the original English language version.
Responsibility of the accuracy of the translation rests solely with the Sam-In
Publishing Co. and is not the responsibility of Blackwell Publishing Ltd.
Korean Translation Copyright ⓒ 2007 by Sam-In Publishing Co.

# 자아란 무엇인가

2007년 5월 18일 초판 1쇄 발행

펴낸곳 (주)도서출판 삼인

펴낸이 신길순
부사장 홍승권
책임편집 강주한
편집 최인수 김종진 양경화
마케팅 이춘호
관리 심석택
총무 서장현

등록 1996.9.16. 제 10-1338호
주소 121-837 서울시 마포구 서교동 339-4 가나빌딩 4층
전화 (02) 322-1845
팩스 (02) 322-1846
E-MAIL saminbooks@naver.com

표지디자인 (주)끄레어소시에이츠
출력 스크린그래픽센터
인쇄·제책 영신사

ⓒ 앤서니 엘리엇, 2007

ISBN 978-89-91097-67-4  03300

값 10,000원

# 자아란 무엇인가

앤서니 엘리엇 지음 | 김정훈 옮김

삼인

# 글 싣는 순서

# 서론

　내가 가끔 듣는 한 라디오 방송에서는 최근에 '새로운 자아'라는 이름의 대결 프로그램을 방송했다. 누가 더 '패배자'인가, 즉 누가 더 개인생활에서, 그리고 가까운 사람들과 함께하는 생활에서 어려움을 겪고 또 겪는 사람인가를 놓고 벌이는 대결이었다. 대결에 참가하려면 라디오 방송에서 좀 당황스러운 개인적인 처지나 사정을 자세히 이야기해야 한다. 이를테면 첫 데이트에서 뭔가 끔찍하게 일이 잘못되었다던가, 가장 친한 친구의 애인과 사랑에 빠졌다던가, 일을 하면서 개인적인 실수를 저질렀다던가 하는 것들 말이다. 자신의 개인적인 난처한 일을 라디오에서 내놓고 이야기하면 다른 '패배자'들과 우승자 결정전을 벌일 수 있는 후보가 된다. 최종 우승자, 그러니까 이 경우에는 '위대한 패배자'인 사람은 '자신의 정체성을 다시 만들 수' 있는 상품을 받아 집으로 가져간다. 우승 상품은 자동차, 옷, 여행권, 현금 등이다.

내가 여기서 라디오의 대결 프로그램 이야기를 한 것은, 그것이 자아에 대한 지배적인 생각들과 대중문화 사이를 이어주는 핵심적인 연결고리를 이해할 수 있는 흥미로운 본보기를 제공하고 있는 것으로 생각되기 때문이다. 이 대결 프로그램에 들어 있는 관점을 정리해 보면, 개인들은 자신의 정체성 감각을 비교적 자유로이 실험하고 있는 것처럼 보인다. 이러한 관점에서 보면 자아는 선택과 위험부담의 문제인 것이다. 만일 당신이 기꺼이 정체성의 위험부담을 받아들인다면, 그러니까 이 경우에는 많은 청취자들에게 당신의 은밀한 생활의 어떤 모습에 대하여 이야기를 한다면, 당신은 패배자가 되지 않아도 된다. 물론, 이 라디오 프로그램의 경합은 가벼운 기분으로 행해진 것이었다. 하지만 우리가 자아를 보는 방법을 지배하는 깊은 문화적인 가정들에 대해서 이 프로그램이 시사하는 바가 많은 것도 사실이다. 다시 말해, 자아는 역할 수행과 젠더와 선택과 위험부담과 그리고 무엇보다도 소비의 영역과 연결되어 있다는 것이다.

정체성에 관한 그러한 문화적인 가정들과, 사회과학과 인문과학에서 보는 개인적 자아에 대한 생각들 사이에는 깊은 관련이 있다. 자아성은 유연하며 균열되어 있고 파편화되어 있으며 분산되어 있고 깨어지기 쉽다는 것이다. 개인의 정체성에 대한 이러한 생각들은 아마도 오늘날의 사회사상과 정치사상의 중요한 관점일 것이다. 현대 문화가 갈수록 더욱 빨라지고 격렬해지고 복잡해져 감에 따라서, 자아도 후기 산업 자본주의의 광범위한 전지구적인 틀 속에서 점점 더 분산되고 자리를 잃고 헤매며 뒤죽박죽된다. 그리고 개인적 자아는 일상생활에 실체적 의미를 부여하기 위해 점점 더 소비와 여가 활동과 여행 쪽으로 눈을 돌리게 된다. 혹은 그렇다고 강력하게 주장하는 사람들이 있다. 많은 다른 저자들은 다양한 이유로 자아에 대한 그러한 초상화에 여전히 회의적인 태도를 보이고 있는데, 그 이유는 우리가 앞으로 검토해 볼 것이다. 자아에 대한 학문적인 연구도 나름대로 여러 가지 방식으로 광범위한 사회생활의 문화적인 노하우와 자원을 만들어 낼 수 있다. 나는 여기서 학문이 그러한 것들을 만들어 내는 복잡하고 종종 의도하지 않은 방식들을 간단하게 논의할 것이다. 이 단계에서는 자아에 대한 서로 다른 생각들을 간단하게 정리하는 것이 가치 있겠다. 그리고 그중에는 주관적인 경험과 사적인 정체성에 대한 우리의 이해에 영향을 미치는 사회과학의 입장도 있다.

아마도 우리가 자기 자신을 정체성이나 자아로 여기는 가장 명백한 방식은 우리가 사적·문화적 경험을 형성하면서 어느 정도 수준으로 스스로를 행위 주체로 인식하는가와 관련되어 있으며, 얼마만큼 능동적으로 참여하는가와 관련되어 있을 것이다. 하루하루의 삶 속에서 우리는 자아 형성과 자아 양성의 과정에 일상적으로 몰두하고 있다. 또한, 우리의 정체성과 자아 감각에 형식과 내용을 부여해야 하기 때문에 세상과 다른 사람들에게도 영향을 미치고 있다. 우리는 우리 자신의 자아 서사(self-narratives)의 감독으로서 폭넓은 문화적·사회적 자원을 끌어온다. 그뿐만 아니라 기억과 욕망의 심리적인 틀도 끌어와서 자아를 빚어내는 데 이용한다. 그러한 자아 구성은 우리 자신의 행동을 통해서만 생겨나는 것은 아니다. 그것은 또한 다른 사람들한테서 나온 밑그림과, 문화적 관습, 사회적인 실천 관행의 영향력과, 사회적 절차와 정치적 제도의 힘을 통해서 우리에게 생겨나는 그런 것이다. 사회는 자아를 훈육하고 조절하기에, 우리 자신에 대한 감정과 우리의 정체성에 대한 신념은 그 뿌리까지 철저히 더 큰 여러 사회적 힘과 문화적 감수성에 의해서 형성된다. 많은 사회과학적 연구들은 능동적이고 창조적인 자아 형성과, 사회에 의한 수동적인 결정 사이의 이러한 구분을 끌어온다. 그리하여 문화적인 구속이나 사회적 배제라는 용어를 써 가며 사회적인 힘과 제도적인 동력에 초점을 맞춘다. 아니면, 주관주의(subjectivism)나 주의설(voluntarism)이라는 용어를 사용하면서 사적인 행위 수행과 의식과 욕망에 초점을 맞춘다. 이성적으로 사고하고 의미를 해석하는 자아의 관념은 사회과학의 많은 학파들에게 중심적인 것이었다. 하지만, 그러한 행위자로서의 측면에 대한 강조는 우리가 사회학적인 접근에 대해 이야기를 하고 있는 것인지, 아니면 정신분석학이나 탈구조주의나 페미니즘이나 탈근대적인 접근에 대해 이야기를 하고 있는 것인지에 따라서 상당히 달라진다. 예컨대 사회학적인 이론들은 우리의 자아 감각이 더 큰 사회 속에서 이런저런 제도나 문화적 형식에 의해 어떻게 형성되는지를 강조하는 경향이 있다. 또한, 우리가 사회적 구성물로서의 자아와 다른 자아들에 대한 관념을 어떻게 구축하는지를, 그리고 사회 조직망의 구축과 재생산에서 자아에 대한 개념들이 어떻게 중심적인 역할을 수행하는지를 강조하는 경향이 있다. 이와 대조적으로 정신분석학적인 이론들은 자아성의 내적·상징적 구성의 조직화에 주목하며, 정체성의 정서적인 갈등을 강조한다. 또한, 자아와 사회 사이의 연결을 창안하고 유지하며 변형하는 개인의 능력에 강조점을 둔다. 이러한 대조적인 접근들은 개인들이 나날의 생활에서 정체성과 자아의 부담에 대처하는 방법을 서로 아주 다른 방식으로 개념화한다. 내가 앞으로 논의하겠지만, 그러한 접근법들은 자아를 개념화하는 일에서 사회적인 힘을 첫째로 두느냐, 아니면 개인들을 첫째로 두느냐를 놓고 이 문제를 다루고 있다.

하지만 그러한 이론적인 지향들은 다른 근거로도 구별될 수 있다. 그러한 개념적인 접근들이 자아의 구성에서 개인적 경험을 우선시하는지 아니면 사회적 경험을 우선시하는지를 두고 갈라지듯이, 통일성과 파편화, 연속성과 차이, 합리성과 정념, 젠더와 섹슈얼리티를 놓고도 문제들이 아주 또렷하게 부각된다. 이를테면, 정신분석학은 자아와 사적인 정체성에 대하여 다음과 같이 파악한다. 개인적인 노력과 욕망과 행동은, 정신의 의식적·합리적·반성적 부분과, 우리 안에 숨어 있지만 우리가 희미하게만 알고 있는 무의식적 동기들 사이에서 **자기 분열**되어 있고 찢겨져 있다. 탈근대 이론은 그러한 자아 분열을 고취하면서, 자아 서사의 증식이 사회와 문화와 지식 사이의 관계를 재편할 수 있는 자리가 된다고 힘주어 주장한다.

하루하루의 생활에서 우리는 개인이 어떤 '자아 감각'을 지니고 있다고 은연중에 가정하고, 또 그것을 기반으로 해서 살아간다. 우리는 사람들을 자아들로 여기는 것이다. 우리는 거의 모든 사람들이 일상적으로 되풀이되는 사회적 세계에서 생활해 나가기 위해 사적·사회적 경험에 대한 상식적인 이해를 거의 언제나 동원하고 있다는 사실을 안다. 우리는 생활에서 의미를 찾는 것이 종종 어렵고 때로는 혼란스럽다는 것을 알고 있다. 그리고 사적인 정체감의 일관성과 가치에 대해 모순되고 양면적인 태도를 계속해서 지니고 살아간다. 사정이 변하고 사람들도 변한다. 사회 활동의 모순된 양면성과 개인적인 괴로움 때문에, 우리는 정체성이란 유동적인 것이며, 한 번으로 영구히 고정되는 것이 아니라는 사실을 알게 된다. 뒤에서 논의할 주요한 사회학적 전통의 견지에서 보자면, 자아란 개인이 능동적이고 창조적으로 벼려 내는 상징적인 기획이다. 자아는, 우리 자신과 다른 사람들과 더 넓게는 사회를 인도하는 지향점을 주는 상징적인 기획으로 이해될 수 있다. 이러한 의미에서 자아는 상징적으로 공들여 만들어 가는 과정인 것이다. 우리는 자신의 행위 동기와 다른 사람들의 행위 동기를 해석하기 위해서, 정체성의 서사를 이야기하고 다시 이야기하느라고 상징적인 재료들(언어, 이미지, 기호)을 이용한다.

어떤 논평자들은 그러한 상징적 또는 해석적인 영역들이 자아를 이해하기 위한 탐구의 본질적인 매개체가 아니라는 주장을 해왔다. 이러한 주장에는, 자아를 개인의 자기 해석이나 개인을 둘러싼 사회 세계와는 상관없이, **대상**으로 놓고 연구할 수 있다는 가정이 들어 있다. 나는 이러한 관점에 동의하지 않는다. 사실상 내가 이 책에서 개진하려고 하는 한 가지 주장은, 개인적인 주체나 인격체의 자기 해석과 분리해서는 자아를 충분하게 연구할 수 없다는 것이다. 찰스 테일러(Charles Taylor)는 『자아의 원천들 *Sources of the Self*』(1990)에서 이 점을 흥미롭게 밝히고 있다.

> 우리는 어떤 문제들이 우리에게 중요성을 띠는 한에서만 자아이다. 내가 자아로서 무엇인가 하는 것, 곧 나의 정체성은 사물들이 나에게 중요한 의미를 가지는 방식에 의해서 본질적으로 규정된다. 지금까지 폭넓게 논의해 왔듯이, 이러한 사물들이 나에게 중요한 의미를 띠고 나의 정체성 문제가 해결되는 것은, 내가 어떤 해석의 언어를 받아들여 이러한 문제들을 타당하고 명확하게 표현하게 될 때에만 가능하다. 자신의 자기 이해를 떼어 내고 나서, 인격체가 무엇이냐고 묻는 것은 근본적으로 잘못된 물음을 하는 것이고, 원칙적으로 대답이 될 수 없는 물음을 제기하는 것이다. …… '나는 유기체다' 하는 식으로 우리가 자아인 것은 아니다. '나는 심장과 간을 가지고 있다' 하는 식으로 우리가 자아를 가지고 있는 것도 아니다. 우리가 이러한 신체 기관을 가진 생명체라는 사실은 우리의 자기 이해나 자기 해석, 또는 사물들이 우리한테 갖는 의미와는 전혀 별개인 것이다. 우리는 우리가 물음들의 특정한 공간 속을 움직여 가는 한에 있어서만 자아인 것이다.[1]

나 또한 테일러의 생각에 동의한다. 자아는 사람이 자신에 대해 가지는 이해, 견해, 축적된 지식, 인식, 감정과의 관련을 통해서 구성되고 재형성된다. 정체성과 자아의 조직 속에는 언제나 자기 해석이 들어가 있다. 그렇기에, 그러한 실천적인 지식이나 의식과 동떨어져서는 자아를 명확하게 이해할 수 없다. 그러한 자기 해석이 없다면 자아는 사회 세계에서 살아남지도 못하고 여러 변화에 적응할 수도 없을 것이다.

　그러나 자아의 형성과 유지에 자기 해석과 실천적 이해가 결정적으로 중요하다는 사실을 강조한다고 해서, 우리의 내적 세계와 정체성 감각에 우리가 완벽하게 다가갈 수 있다고 주장하는 것은 아니다. 많은 저자들은 우리가 우리 자신에 대해서 내놓는 설명들은 결코 투명할 수 없다고 주장해 왔다. 혹은 그러한 설명들은 체험된 경험의 더 깊은 진실에는 영영 못 미칠 거라고 한다. 정신분석학의 창시자 지그문트 프로이트(Sigmund Freud)는 이러한 입장에 선 중심적인 인물이라고 하겠다. 자아가 억압된 욕망에 의해서 탈구되고 균열되어 있다는 프로이트의 이론은, 자아 경험이 한편의 의식적이고 이성적인 사고와 다른 한편의 무의식적인 욕망과 환상과 기억 사이에서 철저하게 분열되고 갈라져 있음을 시사한다. 무의식적인 욕망과 동기에 대한 프로이트의 구상은 사회학, 정치학, 페미니즘, 철학 속으로 들어와서 중요한 자리를 차지했다. 그리고 이는 주로 자아의 현시(顯示)와 병리 사이를 나누는 경계에 대한 연구와 관련이 있다. 자아 문제에서 정신분석학 이론은 풍부하고도 도전적인 자극이 되어 왔다. 그 이유는, 정신분석학이 개인의 이성적인 사고와 의도에 대한 상식적인 이해를 끌어내렸다는 사실 때문만이 아니라, 상실과 갈망과 애탄과 같은 감정적인 동력들을 전면으로 드러냈기 때문이다.

이 모든 사실에서 드러나는 자아의 중요한 특징이 하나 있다. 그것은 자아라는 것이 사적으로 창조되고, 해석을 통해 정교하게 다듬어지며 개인 상호간에서 구축된다는 사실이다. 하지만 자아가 이른바 안쪽에서 바깥쪽으로 형성되는 것만은 아니다. 개인들은 일상적으로 사회적 영향력을 끌어와서 자아 감각을 벼려 내고, 문화적 자원을 통해서 자신의 자아 감각을 유지한다. 사회적 실천 관행, 문화적인 관습, 그리고 정치적인 관계는, 인간의 경험을 사회 무대 위에서 상연하고 자아 정체성을 그려 내는 데 꼭 필요한 구성적이고 다채로운 무대 배경이 된다. 자아는 그저 외부 세계에 의해서 '영향을 받는' 것만은 아니다. 이는 자아를 둘러싸고 있는 사회적·문화적·정치적·역사적 맥락과 동떨어져서는 자아가 수립될 수 없기 때문이다. 여러 사회적 과정들이 부분적으로 자아를 구성하고 있고, 어떤 의미에서는 자아에 내재되어 있다. 내적인 준거 틀과 외적인 준거 틀, 어느 쪽도 특별히 우월한 것으로 여겨져서는 안 된다. 모든 형태의 정체성들은 놀라우리만치 내밀하면서도 공적이고, 사적이면서도 정치적이고, 개인적이면서도 역사적인 것들의 상상적인 조립인 것이다.

우리는 사회과학적 관념을 포함한 비판적 지식에 관해서는 거의 생각조차 하지 않는다. 이러한 지식은 자아에 대한 우리의 실천적인 이해 속으로 흘러 들어와서 그 이해에 기여하고 있는데도 말이다. 하지만 자아의 사적인 내용을 채우는 지식 능력은 그 뿌리까지 학문적·사회적인 힘에 의해 형성된다. 영국의 사회학자 앤서니 기든스(Anthony Giddens)는 문외한인 일반인의 지식이 사회과학의 전문적인 언어에 응용되는 것과, 사회과학의 연구 성과물이 개인의 일상적인 현실에 효용성을 발휘하는 것을 함께 지칭하기 위해서 '이중해석학(double hermeneutic)'이라는 용어를 만들었다. 사회과학 철학자들은 문외한인 일반인의 개념들이 필연적으로 과학의 논법 속으로 침투해 들어가는 방식을 탐구하는 데 주로 힘을 쏟는다. 반면 기든스는 사회학자답게, 어떻게 해서 사회과학 개념들이 삶 속으로 일상적으로 들어와서 우리가 삶을 재규정하는 데 도움을 주는지에 초점을 맞추어 왔다. 기든스에 따르면 경제학이나 정치학, 또는 사회학의 언어는 쓸모 있고 교화적인 방식으로 정보를 주는 지식을 제공하는 데 머무르지 않는다. 오히려 사회과학의 언어는, 이런 지식이 오늘날의 경제, 정치, 사회에 기초가 되어 감에 따라 훨씬 더 근본적인 의미에서 지식을 창조한다. 예를 들어 경제학의 담론은 그것이 묘사하는 바로 그 사회 세계 속으로 들어와서, 그 세계를 구성한다. 사람들은 현대 경제 속에서 하루하루 일을 처리하면서, '유동성'과 '인플레이션' 같은 용어에 어느 정도로는 정통하고 있고, 실천 속에서 은연중에 의식하고 있는 것이다. 개개인이 유동성이나 인플레이션을 지배하고 있는 논리적인 원리를 말로는 자세히 설명할 수는 없을지 모른다. 하지만 비록 그렇다고 하더라도, 바로 이 개인들은 은행에 가거나 가격이 오르기 전에 상품을 구매하거나 할 때마다, 실천적으로는 그러한 개념들에 대한 지식을 갖고 있음을 보여 준다. 기든스가 보기에는 사회생활의 어떤 측면을 연구한다는 것은, 사회과학의 연구 성과물들이, 관련되어 있는 사회적 실천들 속으로 다시 통합될 수 있음을 의미한다.

사회과학의 실천적인 영향력을 피할 수 없다는 기든스의 주장은 자아를 연구하는 데에도 중대한 귀결과 함축을 가져온다. 자아는 고정된 실체라기보다는 오히려 능동적으로 구성되는 것이기 때문에, 개인들은 자신의 개인적인 정체성의 실체를 설명하는 지식을 통합하고 수정할 수 있는 능력이 있다. 예컨대 라이프스타일이라는 개념을 살펴보자. 오늘날 라이프스타일은 자아 정체성과 사회 조직 모두에서 결정적으로 중요한 측면이다. 한때 라이프스타일은 부자와 유명 인사의 전유물이었다. 그러나 광고를 통한 라이프스타일의 대량 상품화는 갈수록 정체성을 선택과 개별성과 미학과 가처분소득과 소비의 영역 쪽으로 열어 놓았다. 하지만 무척 흥미롭게도 '라이프스타일'이라는 말은 예전엔 매우 다른 것을 의미했다. 『옥스퍼드 영어 사전*The Oxford English Dictionary*』에는 심리학자 알프레드 아들러(Alfred Adler)가 1929년에 라이프스타일이라는 용어를 만들었다고 기록되어 있다. 아들러는 초기 유년기에 형성되는 개인의 본질적인 성격 구조를 묘사하기 위해서 라이프스타일이라는 개념을 사용했다. 더 자세히 말하면, 그는 일생에 걸쳐 작용하는 개인의 행동과 정서적인 반응을 설명하기 위해서 그 말을 동원했다. 그는 삶의 핵심적인 스타일이 유년기의 첫 4년이나 5년 사이에 기초가 만들어지며, 기억의 편린들이 라이프스타일의 동기를 개인에게 보존해 준다고 주장했다. 이윽고 라이프스타일이라는 아들러의 개념은, 개인들이 더 큰 사회에서 자신의 사적인 실천적 활동을 수행하는 데 사용하는 지식의 공동 창고 속으로 들어갔다. 이 지식은 광고 제작자와 시장에 의해서 수정되어, 자아 경험을 라이프스타일 추구와 틈새 하위문화의 용어들과 관련해서 능동적이고 상상적으로―그리고 틀림없이 때로는 다소 고압적으로― 재구축하도록 조장했다. 이 지식을 이끌어 온 사람들은 알프레드 아들러라는 이름을 들어본 적은 없겠지만, 현대의 라이프스타일과 자아의 구성에 끼친 아들러의 영향은 거대한 것이었다. 비록 그 영향이 아들러가 예상할 수도 없었고 아마 찬성하지도 않았을 방식이긴 하겠지만 말이다. 이 단계에서 내가 주로 강조하고 싶은 점은, 자아에 대한 전문적인 개념과 실천적인 개념 사이의 관계가 중요하다는 것이다. 다시 말해 개인적 정체성에 대한 학문적인 이해와 대중적인 이해 사이의 관계는 내가 논의할 많은 사회 이론에서 결정적으로 중요하다는 사실이다. 자아에 대한 여러 개념적인 관점들이 개인적 정체성에 대한 우리의 일상적인 이해를 어떻게 매개하고 있는가, 하는 것이 내가 자세하게 살펴볼 주제이다.

## 자아의 개념들

　　　　　오늘날 새롭게 떠오르는 사회 이론의 방향은, 사회 이론이 자아와 자아 정체성과 개인적 주체성의 본성에 관심을 쏟아 붓고 있다는 데에서 아마도 가장 분명히 알 수 있을 것이다. 자아의 사회적 구성에 관한 물음, 개인이 자아의 서사를 짜는 데 사용하는 상징적인 재료들에 관계된 논쟁, 자아 형성이 문화와 사회의 재생산이나 붕괴에서 수행하는 역할에 관련된 이슈들. 이러한 물음과 논쟁과 이슈들이 최근 몇 십 년 동안 사회과학에서 점점 더 두드러져 왔다. 예를 들어 자아라는 논제는 사회학계에서 일하는 사람들에게는 개인과 사회 사이의 관계를 재검토하는 기회를 제공해 왔다. 또한, 정체성이나 주체로 구성된 개인이 사람들과 관계들과 제도들이 사회적으로 구조화된 세계 속에서 상호작용하는 수많은 방식을 자세히 살펴보는 기회를 제공해 왔다. 페미니스트 작가들은 꽤나 다른 이슈들을 자아의 구성에 관련하여 제기한다. 이들은 자아 형성이 젠더와 섹슈얼리티와 욕망의 구별에 연결되는 여러 과정에 관심을 가진다. 현대 포스트모더니즘의 발상을 끌어오는 저자들은 또 다른 도전 과제를 내놓는다. 그것은 자아가 어느 정도나 탈근대적 자아성의 심리학적이고 문화적인 윤곽을 가늠할 수 있으며, 또한 파편화하고 무너뜨릴 수 있는지를 평가하는 것이다. 이러한 모든 접근들이 자아 쪽으로 관심을 돌린 것은 현시대에 대한 비판적인 관점을 제공할 뿐만 아니라, 지식과 문화와 사회의 변동을 이해할 수 있는 중요한 원천을 제공한다.

자아라는 것은 이러한 다양한 이론적인 상호 간섭의 결과인 복합적인 사항으로 나타난다. 그리고 이 책의 중심적인 관심사 가운데 하나는 자아를 둘러싼 현대적인 논쟁을 초보 독자에게 소개하기 위해서 자아와 관련된 서로 다른 여러 의미들을 구별해 내는 것이다. 첫 부분에서 꼭 강조해야 할 것은, 다양한 사회 이론들이 개인 경험의 복합성을 자세하게 그려 내느라 서로 다른 지향점을 택한다는 사실이다. 그리하여 자아가 무엇인지를 개념화하는 일이 두 부류의 사람들 사이에서 뚜렷이 대립하고 있다. 한쪽으로는 인간 주체가 행위의 주체라는 사실을 부정하고 사회 구조가 개인을 결정한다는 주장을 하는 사람들이 있다. 그리고 다른 한쪽으로는 자아의 진정성과 창조성을 찬양하는 사람들이 있다. 이러한 결과로, 자아성을 분석하기 위해 사회 이론가와 사회과학자들이 사용하는 언어는 상당히 다양하다. 이론가들은 어떨 때는 '정체성'이라는 말을 쓰고, 어떨 때는 '주체'나 '주체성'을, 또 어떨 때는 그저 '자아'라고만 한다. 이러한 용어의 차이가 언제나 특별히 중요한 의미가 있는 것은 아니다. 이 모든 용어들은 주로 개인이 주체성과 맺고 있는 관련을 뜻하기 위해서 사용될 수 있기 때문이다. 하지만 이러한 용어들의 차이가 깊은 역사적·정치적 변천을 반영하고 있다는 이유로 그러한 용어의 차이에 관심을 기울일 가치가 있다고 주장하는 사람들도 있다. 이를테면, '자아'의 개념과 '정체성'의 개념이 비슷하기는 하지만, 자아에 기반을 두지 않은 정체성의 형식도 있기에, 말하자면 민족 정체성 같은 집단적 정체성의 형식도 있기에, 두 개념이 의미하는 범위가 다르다는 주장도 그럴싸하게 할 수 있는 것이다. 그러한 해석에서 보면, 집단적 정체성은 공동의 관심사를 수립하고 인정받음으로써 힘을 얻는다. 그리고 이른바 사회적 배제, 민족, 계급 같은 것들을 두고 벌이는 투쟁을 수반하는 연대성의 형식들 위에서 세워진다. 이와 비슷하게 자아도 그러한 정치적·공적 힘을 배경으로 해서 형성되고 규정된다. 하지만 자아의 성립에는 뭔가 심리학적이고 정서적으로는 좀더 주관적인 어떤 것이 동반된다고 이해하는 것이 좋겠다. 특히 욕망과 정서와 감정이 섹슈얼리티, 젠더, 인종, 민족색의 의식적 또는 무의식적인 경험에 영향을 주는 방식으로 주관적인 것이 동반된다는 것이다.

논란의 여지가 많기는 하지만, 쉽사리 변화하고 경험이 유동적이며 참여가 분산된 우리 시대에는 정체성 범주들의 중요성이 극적으로 완화되어 왔다는 사실을 덧붙일 수도 있겠다. 결론을 맺는 장에서 더 자세히 살펴보겠지만, 현대 사회에서는 개인적 불평과 정서적 불안이 집단적인 정체성의 틀과는 갈수록 점점 덜 관련된다. 사적인 문제는 점점 더 많은 경우에 그저 사적인 문제로 남아 있다. 오늘날의 희망과 공포는 개인이 저마다 홀로 경험하는 그러한 것들이다. 앞으로 논의하겠지만, 요컨대 일반적으로 정체성에서 자아로 변환되는 현상을 우리 시대의 새로운 표징으로 보아도 좋을 이유들이 많이 있는 것이다. 이것은 개인적인 경험과 관련해서, 더 큰 세계와 관련해서도 그러한 것일 뿐만 아니라, 지배와 착취의 새로운 형태들에 관해서도 그러하다.

나는 이 책에서 이러한 여러 개념적 차이의 뉘앙스를 자세히 추적하지는 않을 것이다. 주체성의 철학사는 다른 곳에서 폭넓게 논의되었다.[2] 그러나 나는 여기에서 현대의 사회과학 문헌에서 나타난 자아의 여러 변형에 관해서는 짧게라도 이야기를 하고 싶다. 특히 오늘날 언어가 주체성과 정체성 쪽에서 멀어져서 주체와 자아 쪽으로 향해 가는 변화에 관하여 이야기하고 싶다.

넓게 말해, 사회 분석에서 정체성에 대한 물음은 대륙 전통의 사회사상과 사회 철학에서 가장 철저하게 다루어졌고, 영향력도 있었던 것 같다. 정신분석학과 탈구조주의 같은 사상 전통에서 다뤄진 정체성 문제에 관한 논쟁들에 익숙지 않은 독자들은, 내가 이 지점에서 꽤 복잡한 이야기 쪽으로 새는 것을 용서해 주기 바란다. 뒤따르는 장에서 이러한 입장들을 좀더 자세하게 검토하고 비판적으로 논의할 것이다. 그렇기에, 여기에서는 이런 입장의 아주 일반적인 특징들만 지적하기로 하겠다. 이성적인 개인적 주체라는 개념, 그러니까 계몽주의 이래로 서양 사상을 형성해 온 주체 개념에 대해 대륙 전통의 사회사상이 제기한 비판은 다음과 같이 손쉽게 요약할 수 있다. 가장 일반적인 수준에서 볼 때, 자아의 의식이 지식과 행위에 확실한 기초를 제공한다는 생각은 아주 의심스러우며, 결단코 지지할 수 없다. 푸코(Michel Foucault)에서 라캉(Jacques Lacan)과 보드리야르(Jean Baudrillard)에 이르기까지, 보편적 이성이라는 계몽주의의 개념은 권력과 지배의 사회적 관계를 떠받치는 데에 봉사하는 자민족 중심주의의 구조물로 간주되어 낱낱이 해부된다. 보편적 이성은 개인 상호간의 관계와 사회적인 관계 속에서 사고와 감정과 관심의 '다른' 양태들의 정당성을 무시하고 평가절하하는 개념이라는 것이다. 자아의 합리성에 대한 근대주의의 믿음은, 정서적 의존관계와 사람들 사이에 있는 다방면에 걸친 문화적인 연결고리들과 사회적 맥락의 영향력을 무시한다. 그럼으로써, 개인이 자신의 주인이고 자족적인 존재라는 생각을 조장했다. 그러니까 사실상 개인적인 삶의 경험과 사회적 형식들이 지닌 다원성과 이질성을 차단하는 생각을 조장했다는 것이다.

자아에 대한 다른 접근법, 특히 개인적인 정체성과 사회 구조 사이의 관계에 대한 철저히 다른 접근법이 이 모든 것에서 나온다. 프로이트주의와 페미니즘에서 탈구조주의와 포스트모더니즘에 이르기까지, 자아성은 사회적 관계들과 욕망과 언어의 체계를 포함한 다양한 정치적·역사적 힘에 의해서 이미 규정된 것이다. 구조주의와 탈구조주의 사상과 같은 대륙 전통에서는 특히 언어가 개인적인 주체성을 계속해서 무너뜨리기 위한 철학적인 성찰의 초점이 된다. 이러한 전통 속에서 연구하는 저자들에게 개인적 주체는 주로 담론의 효과로 여겨지며, 언어의 모호하고 불안정한 본성의 생산물이나 구조물로 여겨진다. 개인의 정체성에 대한 그러한 접근은 여러 가지 중심적인 정치적 목표를 지닌다. 그 가운데 하나는, 사회 권력과 문화적 지배가 미시 수준에서 작동하는 방식이 특별한 엘리트 집단이나 개인들의 어떤 집단이 다른 집단에게 내리는 일련의 명령의 사슬과 같은 것이 아님을 강조하려는 것이다. 그리고 권력이란 모든 사람에게 영향을 미치는 어떤 힘, 그러니까 언어와 담론과 개인들 사이 상호작용의 구조들을 통해서 작동하는 어떤 힘과 같은 것이라는 사실을 강조하려는 것이다. 또한 그러한 접근법은 개인적 자아의 생산에서 구조들에―이 경우에는 언어의 구조에―특권을 부여한다. 그래서 어떤 이들은 정체성 형성에 대한 부정적이거나 비관적인 평가가 유럽 사회 이론과 철학의 다양한 줄기에서 나온다고 주장해 왔다. 이 말은 특히 라캉의 정신분석학과 푸코의 구성주의 둘 다에 해당할 것이다. 이 둘은 자아에 대한 연구에 기여해 온 바가 크기에 뒤에서 따로 검토할 것이다.

정치 변동과 문화적 변화의 견지에서 볼 때, 이렇게 자아를 철학적으로 분해하고 해체하는 것에서 다양한 사회학적인 함축이 흘러나왔다. 부분적으로는 새로운 이론적 시도와 혁신의 결과로서, 또 부분적으로는 새로운 형식의 정치적 행동의 귀결로서, 자아와 개인의 경험과 사적 정체성의 내적 세계를 규정하고 해석하기 위한 우리의 문화적 어휘 전반에서 근본적인 변환이 있었다. 다시 말해, 학문과 공공 영역의 수준에서 생겨난 자아에 대한 변화된 생각들이 일상생활과 문화의 영역 속으로 파고들 수밖에 없었던 것이다. 예를 들어, 어떤 이들은 특히 1960년대와 1970년대에 발전된 일군의 정교한 페미니스트 이론이 없었다면, 오늘날과 같은 형태의 여성 운동이 지금처럼 영향력을 행사하지 못했을 것이라고 주장해 왔다. 바꾸어 말해 이러한 일군의 사상은 개인적 주체와 사적 정체성에 대한 사회과학과 인문과학의 변화된 생각들에 빚을 졌다는 것이다. 사적인 실험, 자아 변형, 라이프스타일, 그리고 정체성 정치가 출현했던

1960년대와 1970년대 초반의 문화는 몹시 정치화되어 있었다. 그리고 이 문화는 분명히 문화적 실천과 일상생활의 조직 속으로 깊이 파고들었다. 자아의 규범적인 측면과 급진적인 측면 모두와 관련된 다양한 논쟁에서, 사적 정체성과 주체적인 경험에 대한 관심 집중이 점점 더 현저하게 두드러졌다. 그 결과 정치학이 진정 사적인 것으로 재편되어 갔다. 실제로 어떤 이들은 다양한 전통의 비판적 사상 속에서 자아가 너무도 부풀려져서, 이제는 인간의 행위성 문제가 사회적인 힘과 역사적인 힘 모두에서 자유로이 풀려났다고 생각하기도 했다. 나는 이러한 시각에 동의하지 않는데, 그 이유는 차차 밝힐 것이다. 어찌 되었든, 자아의 능동적이고 창조적인 성격을 강조한다고 해서 정체성이 문화적으로나 정치적으로 아무런 조건의 제약을 받지 않는다는 것을 의미하지는 않는다. 그 반대로 사회 이론이 자아 쪽으로 방향을 전환한 것은, 정체성이 인종적 차별 속에서 혼성되고 성별과 젠더를 부여받아 생산된다는 사실이 경제적 불리함과 사회적 주변화, 그리고 정치적 배제의 서로 다른 수준들과 밀접하게 얽혀 있음을 강력하게 강조해 온 것이다.

자아로 방향이 전환한 것은 많은 이유에서 사회과학과 인문과학의 중심적인 관심사로 부상하고 있다. 이는 특히 한편으로 개인이 정체성을 상징적 기획으로 구축해 나가는 것과, 다른 한편으로 지배적인 상징 체계와 이데올로기에 종속되어 가는 과정들 사이에 연결고리를 파악하기 위한 것이다. 하지만 이것이 자아성과 종속 주체화를 동등하게 보려는 것은 아니라고 말해 두어야 하겠다. 비록 1970년대 후반과 1980년대의 많은 비판적 사회 연구들이, 자아에 선행하면서 자아를 형성하는 언어적 또는 상징적인 체계의 생산물로서 자아를 이론화하려고 시도한 것은 분명하지만 말이다. 탈구조주의와 담론 이론, 그리고 정신분석학의 혼합에 바탕을 두고 있는 '주체를 탈중심화하기(decentring of the subject)'라는 유명한 말은 자아의 정체성을 분산되고 파편화된 구조인 언어 속에서 연구하려는 난해한 시도에 불을 댕겼다. 그 결과, 주체의 내적 세계로 돌려졌던 관심은 역설적이게도 철저히 자리에서 밀려났다. 그런데 이는 초점이 언어에 맞춰짐으로써 분석의 대상 영역이 주체를 넘어서 있는 상호주관적(intersubjective) 또는 사회적인 힘 쪽으로 바뀌었기 때문이다. 그리고 이때 주체의 정체성은 이러한 사회적인 힘 속에서 비동일성과 차이와 결핍에 언제나 미리 묶여 있는 상태에 놓여 있는 것이다.

탈근대적인 1980년대가 도래하면서 사적 정체성과 자아의 분석에서 더 많은 변화가 일어났다. 지구화가 근대 사회의 변동에서, 특히 정치, 경제, 문화, 통신의 영역에서 중심적인 위치를 차지해 갔다. 그러면서, 긍정적인 문화적 정체성과 해방적인 정체성 정치에 대한 추구가 다양한 애매성과 극도의 모순을 수반하고 있다는 사실이 갈수록 분명해졌다. 1970년대 정체성 정치의 주창자들이 옹호했던 유연하고 민첩하며 건설적인 정체성은 이제 갈등과 대립의 사회적 힘으로 나타나지 않았다. 그것들은 오히려 시장의 힘과 선진 자본주의의 소비주의적 명령과 조화를 이루거나 공모하는 것으로 나타난 것이었다. 그러는 한편, 집단이주, 다문화주의, 문화적인 아메리카화, 만연된 소비주의를 포함한 새로이 대두되는 정치적 이슈들이 학문적인 의제 쪽으로 밀고 들어왔다. 그리하여, 다시금 자아와 사회 사이의 관계에 대한 새로운 사회 이론들을 낳았다. 정치적인 수준에서는 평화 운동과 환경 운동에서 인권 운동과 시민 운동에 이르기까지 새로운 형태의 정치적 저항이 생겨났다. 그리고 이들은 인간의 행위성에 관한 물음과 사회적 행동의 창조적인 차원에 관한 물음을 새로이 제기하였다. 이것은 이론적인 수준에서는, 유럽 사회 이론과 철학의 정체성 형성 이론 속에 들어 있는 매우 부정적이고 비관적인 요소들에 대한 철저한 비판으로 이어졌다. 특히 개인이 자율적인 사고와 독립적인 성찰, 그리고 사회를 변화시키는 실천을 할 수 있는 역량을 가지고 있는지에 관한 물음들이 중요한 정치적 문제로 대두되었다. 그러나 이러한 변화에 거슬러 주체성과 개인의 종속적 주체화에 대한 연구에서 자아의 창조적인 차원에 대한 연구 쪽으로 흐름이 또다시 바뀌어 갔다.

내가 시사한 바대로, 자아는 수많은 실천적·정치적 이유 때문에 현세대의 중대한 관심사가 되었다. 이러한 맥락에서 정체성 정치의 영향력이 두드러져 나타났다. 정체성의 정치를 두고 벌이는 투쟁이 지난 20여 년에 걸쳐 극적으로 강화되어 왔다. 또한, 젠더, 섹슈얼리티, 인종, 민족색, 다문화주의, 계급, 문화적 스타일 등에 관련된 이슈들이 공적·지적 논쟁에서 전면으로 부각되었다. 정체성 정치의 사회문화적인 지평은 자아를 이론화하고 변형하기 위한 새로운 개념적인 전략들에 바탕을 두었다. 그리하여 여성, 레즈비언, 게이, 아프리카계 미국인, 그리고 그 밖의

낙인찍힌 정체성들을 포함한 특수한 집단에게 고통을 주는 억압과 지배의 특별한 형태에 대한 이해를 제공해 왔다. 정체성 정치는 자아에 대한 대안적인 개념을 계발하는 것과 관련된 문화적·전략적 관점과 다양한 정체성 서사를 생산해 왔다. 또한, 억압적인 관행과 문화와 제도에 대항하는 개인과 집단을 동원할 수 있는 독립적이고 긍정적인 저항을 벌이기 위한 해방의 전략을 만들어 왔다. 정체성 정치를 두고 벌이는 투쟁은, 해방이라는 이름 아래—이를테면 진리, 평등, 정의—여러 정체성들을 통합하기 위해 오랫동안 동원되었던 보편적인 범주들을 의심했다. 그 대신 자아의 창조에, 문화적 스타일의 표명에, 그리고 구체적인 사회적 과정들 속에서 특정한 정치적 개입을 위한 유연한 동맹들을 생산하는 데 초점을 맞추어 왔다.

지난 몇 십 년에 걸쳐서 어떤 다른 이론적·정치적 조류보다도 정체성이라는 주제를 더욱 강조한 쪽은 페미니즘이었다. 이는 적어도 정체성을 문화정치학을 위한 의제에서 가장 중심에 놓았다는 점에서 특히 그러하다. '사적인 것은 언제나 정치적인 것'이라는 구호를 내세우면서, 페미니즘은 제도적인 정치학에서 문화적 정치학으로 가는 전환을 가져왔다. 페미니스트들은 일상생활을 불평등한 권력관계가 생산되는 투쟁의 영역으로 바꾸어 놓았다. 그러면서 페미니스트들은 섹슈얼리티, 성, 젠더의 역사적인 상호작용에 초점을 맞추어 사적 정체성과 자아의 구축과 모순을 분석했다. 1960년대 끝 무렵에는 여성 해방과 성 혁명이 분출했다. 그리하여, 페미니즘의 개념적·정치적 전략들은 가부장제라는 말로 이해되는 남성 지배를 분석하던 일에서, 성생활에 걸쳐 있는 집요한 분할과 차이를 만들어 내는 좀더 국지적인 여러 힘을 연구하는 일로 바뀌었다. 실제로 최근 페미니스트 논쟁에서는 여성 자신들 사이의 갈등에 많은 연구가 집중되었다. 탈정치적이라고 할 수 있을 시대인 오늘날에는, 젠더 관계의 정치적·경제적 변동에 대한 보편주의적 주장들이 라이프스타일과 정체성 정치에 자리를 내주며 소멸해 가고 있다. 페미니즘은 이러한 사정을 바탕으로 번성해 왔으며, 복합적 자아와 문화적 차이, 그리고 젠더 불안정성을 우선하는 데 강조점을 두었다(혹은 그렇게 주장하는 사람들이 있다). 또한 이 시기에는 (흑인 여성과 제3세계 여성 집단들을 포함한) 다양한 새로운 페미니즘이 발생하였다. 그리고 이와 함께, 환경 운동과 평화 운동에서 가정 폭력과 성폭력 경험자들을 위한 포럼에 이르기까지, 탈식민주의적 정체성에서 초국가적인 인권 기구의 창립에 이르기까지 광범위한 사회 변혁적인 정체성 정치학의 다른 형태들도 나타났다. 이러한 과정에서 자아에 대한 분석은 자아를 **정치 구조**나 **사회적 실천 관행**의 파생물로 여기던 것에서, 자아의 **정체성**과 **정보**와 **이미지**를 개인 상호간의 관계와 공적 생활을 재구축할 수 있는 지대로 여기는 쪽으로 바뀌었다. 그러므로 정체성 정치는 아주 광범위한 전망을 지니면서, 많은 문화적 형식과 이론적 체계를 낳았다. 비록 이 책의 주요 관심이 대중의 담론과 정치적 담론 속으로 들어온 자아의 서로 다른 개념들을 식별하는 데에 있기는 하지만, 정체성 정치의 학문적 연구와 문화적인 행동주의 사이의 흥미로운 대화에 관해서도 살펴볼 것이다. 최근의 사회 이론가와 문화 분석가들은 만연한 지구화 시대에 개인의 주체성을 더 정교하게 이해하기 위하여, 프로이트, 마르쿠제(Marcuse), 래쉬(Lasch), 크리스테바(Kristeva), 버틀러(Butler) 등과 같은 학자들 쪽으로 관심을 돌렸다. 그리하여 정치와 문화 속에서 자아성과 정체성이 차지하는 자리를 분명하게 이론화하려는 시도가 더욱 심화되었다. 현대의 사회 이론에서는 정체성의 문화와 갈등이 중대하게 여겨지고 있다. 그리고 사회적 실천 관행과 정치적 변동에 관한 비판적인 대화들 속에서는 사적인 경험과 자아의 유약함이 중심이 되는 것으로 여겨지고 있다.

이러한 개념적인 발전과 변형의 결과로서, 정체성 정치학에 관한 수많은 사회적 이슈가 대두된다. 많은 논평자들은 정체성 정치가 매우 가치 있다고 여기는데, 그 정확한 이유는 이러하다. 소비주의에서 자아는 문화적 스타일과 사적 정체성을 추구하거나 새로운 정보 기술이나 대안적인 하위문화와 운동 같은 것을 추구하고 있다. 그리고 정체성 정치학은 바로 이러한 자아의 수준에서 새로운 형식의 사회 통합과 갈등이 경험된다는 사실에 주의를 쏟고 있다. 이러한 논평자들에 따르면, 비판적인 담론에서 자아와 정체성의 개념들이 가지는 중요성은 가장 넓은 의미에서의 정치와 깊게 결부되어 있다. 말하자면, 정체성 정치학은 공적 생활로부터 고개를 돌려버리는 것을 의미하는 것이 아니다. 그것은 오히려 진보적이고 변혁적인 정치를 고취하는, 진정으로 전지구적인 영향력의 범위를 표현한다는 것이다. 미국의 사회학자 찰스 레머트 (Charles Lemert)는 정체성과 정치 사이의 연결성에 대해 이렇게 말한다.

세계 정치의 여러 변화들이, 관련성은 있지만 긴급하지는 않은 논쟁을 불러일으키는 바로 그때에, 사회적 정체성의 의미에 관한 논쟁이 가장 한창이라는 사실은 분명 우연의 일치는 아니다. 이 둘은 서로를 동반한다. 세계가 판독 불가능한 법칙에 따라 변화함에 따라서, 정체성은 갑작스레 탈중심화된 세계 경제 시스템이 그렇듯, 그와 똑같이 불안정한 사회적인 사물이 되었다. 기존의 세계 체제가 일단 와해되기 시작하면, 사회적 불안정성은 가장 작은 부분들에서 가장 큰 부분들로 이동하면서 혼란을 일으키는 것으로 보인다. 정체성이 광범위한 정치적 관심의 주제로서 신기하지만 부정할 수 없는 활력을 얻고 있다는 사실은 분명히 근대 세계의 불안정화와 연결되어 있다.[3]

레머트의 논평은 시사하는 바가 크다. 한쪽의 대규모 이주, 다문화 국가, 대중매체의 영향, 문화의 미국적인 획일화 같은 사회적 힘과, 다른 한쪽의 사적 정체성과 자아에 대한 심도 있는 질문—또는 레머트가 말하듯이, 활력—사이의 연결을 강조한다. 전지구적인 힘과 사적인 성향 사이의 이러한 상호 연결은 자아를 둘러싼 점증하는 최근의 불안과 논란을 이해하는 데 근본적으로 중요하다. 오늘날의 지적인 풍조에서는, 주체성의 복합적인 자리들, 곧 섹슈얼리티, 젠더, 인종, 계급, 문화, 권력 등이 제도화된 체계나 조직 속에 속박되는 것을 거부한다는 주장이 상투적으로 나오고 있다. 자아는 질서 잡힌 구조에 저항하는 요소로 묘사되고, 이론적이고 분석적인 범주화를 따돌리는 것으로 여겨진다.

이러한 견해에서 자아는 급진적이고 전복적이며, 기존의 사회적 의미들에 대한 도전의 주관적인 원천인 것이다. 하지만 자아가 오늘날 사회 이론에서 중요하게 대두된 이유는, 부분적으로는 정체성이 정신분석학과 페미니즘과 포스트모더니즘에 이르는 아주 다양한 새로운 사회 지식을 고취했기 때문이다. 이러한 각도에서 본다면, 자아의 개념들은 새롭게 대두되는 정치 투쟁의 형식들 속에서 중심이 된다. 그리고 자아의 그러한 개념들은 기호(sign)와 섹슈얼리티에서 이데올로기와 국제적인 관계들에 이르는 모든 분야에서 권력의 체제에 저항하는 여러 주체적 형식에 활기를 불어넣고, 더 나아가 그 주체적인 형식을 구성하는 것을 돕는다.

하지만 다른 비평가들이 보기에는 정체성 정치학은 거의 힘을 발휘하지 못한다. 이러한 비판에 따르면, 정체성 정치학은 정치를 개인이 혼자서 사적인 정체성을 추구하는 일로 축소한다. 그러면서 시대의 핵심적인 정치적·제도적 이슈에서 비껴간다. 정체성에 몰두하는 정치는 개인적 선택을 집단적 행동보다 우위에 놓고, 개인주의를 정치 활동의 전통적인 집단적 수단보다 우선한다는 것이다. 그 결과는 일종의 **반정치적 정치**이다. 그리고 이는 공적인 관심사를 사적인 것으로 만드는 일을 조장한다. 또한 현대의 남녀로 하여금 정체성의 문제는 그 무엇보다도 개인적인 고려 사항이고 사적으로 해결해야 하는 문제라고 상상하게끔 만든다. 정체성 정치의 문화는 갈수록 점점 더 고립되고 고립시키는 목소리들로 채워지고 있다. 그리고 사적인 고민거리를 공적인 이슈에 이어주는 데 필요한 문화적 자원들은 거의 없어져 가고 있다. 간단히 말해서 정체성 정치는 그 자신 속에 갇혀서, 더 넓은 정치적 연대에는 무관심하다. 그리고 너무도 편협하고 방어적이어서, 인정과 존중을 받으려는 정치적 요구가 더 넓은 범위의 정치적 체계의 억압과 어떻게 관련되는지를 올바로 파악하지 못한다. 자아의 구성과 관련한 물음들이 급진적인 정치—말하자면, 성 정치나 탈식민주의와 같은 형태—와 연결되어 온 것은 사실이다. 그렇긴 하지만, 사회적 경험의 주관적인 측면에 주목한다고 해서 언제나 그 자체로 전복적이라는 것은 그다지 확실한 사실이 아니다. 오히려 그 반대가 옳을지도 모른다. 어떤 비평가들은 선진 자본주의 질서는 소비주의의 기호(signs), 약호(codes), 전언(messages) 들에 흠뻑 젖어 있다고 한다. 그래서 자아는 이제 실제로 지배적인 사회적 관심에 의해서 미리 완전히 제어되고 있다고 주장하기도 한다. 이러한 측면에서 본다면 자아에 쏠리는 관심 집중은 정치적 문제의 일부분이지 해답은 아닌 것이다.

정체성 정치에 대한 그러한 가치 평가에는 자아와 자아 경험의 본성에 관한 중요한 시각 차이들이 걸려 있다. 그래서 나는 자아의 역설을 둘러싼 오늘날 논쟁의 문화적 득실을 살펴볼 것이다. 나는 자아를 둘러싸고 벌이는 갈등을 중심적인 참조 논점으로 사용하면서, 사회학 이론, 정신분석학 문헌, 최근의 탈구조주의 이론(특히 푸코의 이론), 페미니스트와 포스트모더니스트의 비판 속에서 자아에 관한 언어를 만들어 냈던 일련의 문화적 불안 요소들을 검토할 것이다. 이 책에서는 그러한 사회 이론들을 검토하고 우리가 자아를 보는 방식에 그 이론들이 끼친 영향을 살펴보려고 한다.


## 이 책의 구성

앞으로 나는 사회과학 영역에서 말하는 자아에 관한 개념과 이론을 소개하려고 한다. 이 책의 목적은 사회 분석에서 사용하는 자아에 대한 발상과 개념과 이론들을 비판적으로 검토해 보려는 것이다. 또한 그러한 접근법들이 자아 정체성과, 자아성과 사적 정체성의 경험을 해명해 온 주요한 영역들을 살펴 보려는 것이다.

1장에서는 자아 문제가 어떻게 사회학 속으로 들어왔는지를 살펴본다. 자아가 사회 세계 속에서 어떻게 구성되고 구축되는지를 이해하기 위한 세 가지 강력한 사회학적 접근법을 소개하겠다. 사람들은 자아 감각을 형성하기 위하여 여러 상징들과 상징적 재료를 어떻게 끌어오는가? 그들은 삶의 궤적에서 능동적으로 구축되고 재구축되는 자아 정체성의 서사를 어떻게 살아 내는가? 이러한 질문을 제기하면서, 나는 자아의 출현에 관한 허버트 미드(Herbert Mead)의 이론에 주로 관심을 기울일 것이다. 그리고 또한 미드의 발상이 상징적 상호작용론의 사회학 전통에서 어떤 방식으로 발전되었는지를 살펴고자 한다. 어빙 고프먼(Erving Goffman)이 자신의 여러 사회학 저작에서 밝히고 있는 바를 따라서, 우리가 자아 정체성에 관한 공유된 이해를 전개하면서 자주하는 극도로 세밀한 구별들도 검토할 것이다. 끝으로 1장에서는 사회 이론의 광범위한 영역을 소개하고, 갈수록 전지구적인 함축과 귀결을 낳는 사회적 영향력과 자아 정체성이 어떻게 서로 연결되어 있는지를 살펴보겠다. 여기에서 영국의 사회학자 앤서니 기든스의 저작을 논의하고 비판적으로 평가할 것이다.

2장에서는 자아에 대한 정신분석학의 개념을 집중적으로 다루고, 특히 프로이트의 무의식 이론을 주된 주제로 다룰 것이다. 2장은 주로 자아의 내적 세계에, 즉 전치(轉置, displacement)와 부인(denial)과 억압의 과정을 통해서 의식적인 정신에서 배제된, 받아들일 수 없는 욕망과 내적인 갈등에 관련되어 있다. 적어도 프로이트는 우리의 이상적인 자아와 현실적인 자아 사이에는 언제나 커다란 간극이 있음을 우리에게 보여준다. 또한, 사적인 자아와 사회적 정체성 사이에는 공백이 있음을 보여준다. 낯섦, 외래성, 타자성, 양가성, 불완전성, 불충분성, 즉 금지하는 욕망과 금지되는 욕망이 모두 프로이트 무의식 이론의 한가운데에 있다. 무의식은 합리적이고 논리적인 설명을 벗어난다. 그리고 자아를 알 수 있고 예상할 수 있으며 제어할 수 있는 것으로 여기는 우리의 상식적인 이해를 근본적으로 뒤집는다. 프로이트의 시각에서 볼 때, 억압된 무의식은 자아가 자기 이해와 자기 인식에 다가가지 못하도록 가로막는 가장 무시무시한 장애물을 의미하는 것이다. 프로이트가 풀어낸 마음의 그러한 수수께끼는 현대 문화에서 개인적 자아의 운명을 추적하려고 하는 다양한 문화 분석가와 사회 이론가들에게 매력적인 것으로 비쳤다. 독일의 비판 이론가 허버트 마르쿠제의 저작에서 슬로베니아의 문화 비평가 슬라보예 지젝(Slavoj Žižek)에 이르기까지, 자아에 대한 프로이트의 생각은 급진적인 사회 비평의 중심에 놓여 있었다. 그래서 나는 정신분석학적 연구가 이룬 개념적인 성과와 그 막다른 골목 모두를 논의하며 추적해 볼 것이다.

구조주의적인 분석 형식에 영향을 받은 저자들은 개인이 사회적 차이의 배치를 배경으로 해서 자신의 정체성을 구축해 가는 방식을 지배하는 문화적 규칙에 주된 관심을 쏟았다. 구조주의에서 암시를 받은 사회 이론에서는, 언어가 자아와 사회 사이의 관계의 핵심부에 자리 잡고 있는 것으로 간주된다. 특히 한쪽으로는 사적 정체성을 조직하는 원리로, 다른 한쪽에서는 사회적인 차이들을 조직하는 원리로 간주된다. 3장에서는 프랑스의 철학자이자 역사가 미셸 푸코가 자아, 권력, 언어 혹은 담론의 분석에 기여한 바를 검토할 것이다. 개인이 권력의 체계를 통해서 자아와 개인적 주체성의 수준에서 자신을 가두어 놓는다는 사실과 그러한 권력의 체계를 밝혀내려는 푸코의 시도를 논의할 것이다. 개인이 사회와 역사와 맺는 관계를 자아의 테크놀로지에까지 전체적으로 추적해 갈 수 있다는 푸코의 독창적인 주장을 비판적으로 평가할 것이다. 그리고 정신치료의 현대적인 형식들은 자아를 강제적으로 관리하는 것이라는 푸코의 강조점도 살펴볼 것이다. 3장은 자아와 사회 사이의 관계를 이론화하기 위해 푸코에게 영향을 받은 다른 학자들의 작업을 살펴보면서 결론을 맺는다.

4장에서는 젠더와, 젠더가 자아와 맺는 관계에 초점을 맞춘다. 페미니즘은 사회 세계에는 젠더가 만연해 있으며, 남자와 여자는 상호 관련되는 뚜렷한 모형들 속으로 사회화되어 들어간다고 주장한다. 그리고 자아에 대한 남성의 감각과 여성의 감각은 젠더 권력의 비대칭적인 관계와 결부되어 있다고 주장한다. 자아의 수준에서 젠더 권력은 어떻게 재생산되는 것일까? 남자와 여자는 어떻게 해서 남성의 젠더 정체성과 여성의 젠더 정체성에 대한 뚜렷이 구분되는 감각을 획득하는 것일까? 정신분석학에서 강한 영향을 받은 두 명의 페미니스트, 낸시 초도로우(Nancy Chodorow)와 줄리아 크리스테바(Julia Kristeva)의 저작을 이러한 배경에서 비판적으로 검토해 볼 것이다. 나는 특별히 초도로우와 크리스테바가 밝히고 있는 자아의 다른 개념들을 살펴보고, 그들이 페미니즘과 정신분석학을 어떻게 혼합하고 있는지를 비교해 보겠다. 또한 오늘날 젠더는 성의 선택과, 성애적 지향성과, 섹슈얼리티와 젠더 수행 혹은 젠더 연기 사이의 연결에 관한 불안의 핵심에 있다. 젠더 정체성을 전복하기 위한 전략에 관한 급진적 성 페미니스트 주디스 버틀러의 작업을 이러한 맥락에서 논의한다. 4장은 자아에 대한 최근의 게이 연구와 레즈비언 연구를 논의하면서, 그리고 퀴어 이론을 비판적으로 평가하면서 결론을 맺는다.

자아 정체성에 대한 해석들은 전지구적인 사회 과정이 일상생활 속으로 확장되어 가는 문제를 둘러싸고 나뉘는 경향이 있다. 또한 경험을 구성하는 사영화(privatization)된 맥락들에 대규모 소비 문화와 새로운 통신 기술이 끼치는 영향력을 둘러싸고 나뉘기도 한다. 어떤 이들은 오늘날 자아가 갈수록 연약하고 균열되고 파편화되어 간다고 생각한다. 전통적 형태의 사회적인 통합이 무너져 갔듯이 자아 또한 그러하다는 것이다. 전지구적 자본주의와 미디어 포화의 시대 속에서 자아는 용해되어 버리는 것이다. 또 어떤 이들은 비슷한 결론에 이르기는 하지만, 마지막 결과를 다르게 보기도 한다. 용해가 아니라 재탄생이라는 것이다. 새로운 탈근대적 형식의 경험과 정체성의 출현을 보는 것이다. 탈근대성에 관한 논쟁을 다루는 5장에서 나는 왜 포스트모더니즘이 자아성에 대한 오늘날의 경험에 정서적 활기를 불어넣으면서도 동시에 경험을 어지럽히고 있는가 하는 문제를 제기하고자 한다. 고용, 여가, 지식, 미디어 생산과 친밀성에서 전지구적 변화들이 갈수록 가속화되고 파괴적으로 변해 가는 시대에, 사적 정체성과 자아를 위한 새로운 도전과 부담이 생겨나고 있다.

마지막으로 이 책의 연구 범위에 대해서 한마디 하겠다. 나는 현대의 사회 이론과 사회과학에서 자아에 관한 주요 개념과 이론 가운데 몇 가지를 간단히 소개하려고 노력했다. 이 책은 주제를 철저하게 논의하려고 쓴 것이 아니다. 나는 정신분석학과 퀴어 이론에서 푸코의 접근과 포스트모더니즘의 접근법에 이르기까지 오늘날의 사회 이론에서 자아에 대한 주요 이론을 분석하면서 논의를 생생하고 간단하게 유지하려고 애썼다. 그런데 이것은 세부적이고 복잡한 사항과 관련해서는 약간의 희생을 감수했음을 의미한다. 그렇기는 해도 나는 독자가 자아에 대한 이러한 비판적인 개론이 본질적으로 중요하고 흥미롭다고 생각하기를 바란다. 만일 독자가 이 책을 읽으면서 자아를 둘러싼 오늘날의 논쟁들을 더 깊이 파고들어 보려는 자극을 받는다면 이 책의 목적은 달성된 셈이다.

# 1

# 자아, 사회, 일상생활

　한 남자와 여자가 화창한 여름날 자기 집 정원을 굽어보며 조용히 이야기를 나누고 있다. 두 사람 모두 자녀들이 햇살 아래에서 놀고 있는 곳을 규칙적으로 건너다본다. 소년과 소녀는 진흙 파이를 만드느라 바쁘고, 아이들 웃음소리에 부부는 자녀들이 즐겁게 놀고 있다는 사실을 알고는 안심한다. 부부는 아이들한테서 눈을 돌리면서, 다가올 휴가 계획에 대한 대화로 되돌아간다. 여자는 비행기 좌석과 호텔 예약을 해야 한다, 아이들을 돌봐 줄 수 있는지 부모에게 확인을 해봐야 한다는 말을 덧붙이면서, 가족생활의 반복적인 일상에서 벗어날 다가올 몇 주에 대해 이야기한다. 그들의 대화는 휴대 전화기가 울리자 짧게 끊어진다. 사업상의 문제다. 남자는 지금까지 하던 대화에서 재정의 세계로 금세 넘어간다. 그러는 동안에 여자는 아이들을 슬쩍 넘겨다본다. 모든 게 다 잘되고 있다고 안심하면서, 그녀는 다시 휴가 계획을 세우는 일로 돌아간다.

이것은 오늘날 서구 사회에서 볼 수 있는 경제적으로 안정된 가족생활의 전형적인 장면일 것이다. 그러나 사회적 상호작용의 수준에서 볼 때 지금 여기에서 무슨 일이 벌어지고 있는 걸까? 특히, 이 에피소드는 자아의 본성에 관해서 우리에게 무엇을 말해 줄까? 많은 사회학자들은 일상생활에서 사회적 상호작용의 상세한 점에 관한 연구를 대단히 중요하게 여긴다. 이는 부분적으로는 자아의 성립이 인간의 상호작용과 개인 상호간 관계의 수준에서 생겨나기 때문이다. 여러 사회학 사상의 전통들이 자아를 사회적 상호작용과 일상생활의 맥락에서 연구하고 있다. 그리고 이러한 전통들은 자아와 사회에 대한 해석과, 그 둘이 상호작용하는 모습에 대한 흥미로운 해석을 개진하는 데 이용될 수 있다. 이를테면, 앞 단락에서 그려 본 가족의 상황에서, 우리는 사회학자들이 자아가 헤쳐 가는 대화와 만남의 '맥락들'이라고 부르는 것에 주목해 볼 수 있다. 좀 더 자세히 말하면, 남자와 여자가 자신들의 사적인 이야기와 자녀들의 행동을 살피면서도 대화를 실제로 잘 유지해 가는 일과, 또 다른 양식의 이야기인 사업 이야기에 몰두하기 위해서 둘 사이의 대화를 딱 중단하는 일 사이에서 어떻게 꼭 알맞게 대화의 자리를 옮겨 가는가 하는 것을 살펴볼 수 있을 것이다. 다른 한편으로는 우리는 어른들보다는 아이들 쪽에 집중하면서 아이들이 하는 놀이를 특별히 강조할 수도 있을 것이다. 어떤 사회학자들은, 우리가 아이들의 놀이 속에서 아이들이 어른의 행동을 모방하는 모습을 알아볼 수 있다고 한다. 그럼으로써 아이들이 자아의 서로 다른 형식들을 실험한다는 사실을 알 수 있다고 주장한다. 예를 들면, 이 아이들은 진흙 파이를 만들면서 어른이 요리하는 모습을 관찰해 둔 것을 다시 연기하는 것처럼 보인다. 소년과 소녀는 아버지와 어머니 혹은 주방장과 종업원이 되어 놀고 있을 것이다. 요컨대, 그러한 역할 놀이를 통해서 아이들은 여러 가지 방식으로 자아가 되는 것을 실험하고 있는 것이다. 한편 우리는 이 상황을 또 다른 관점에서 볼 수도 있다. 우리는 자아 감각이 어떻게 제도적이고 아마도 전지구적인 과정들을 통해서 지탱되는지에 초점을 맞출 수도 있다. 휴가 동안 좀 멀리 떨어진 나라에서 쉬려는 계획을 세우는 일에 주목할 수 있다. 혹은 새로운 통신 기술을 통해 해외 전화를 받는 모습에 초점을 맞출 수 있다. 그러니까 여기에서 자아는 전지구적인 범위에 걸쳐 있는 사회적인 힘과 상호작용하고 있는 것으로 보인다.

우리는 이번 장에서 자아와 자아 정체성에 대한 여러 다른 사회학적 접근들을 살펴볼 것이다. 첫 부분에서는 사회적 상호작용과 일상생활의 상징적 차원에 집중하면서, 자아의 구성에서 언어와 의사소통과 상징이 가지는 중요성을 특히 강조할 것이다. 상징적 상호작용의 이론적인 전통을 소개하며, 미드와 허버트 블루머(Herbert Blumer)의 저작을 논의하고자 한다. 그러고 나서 우리는 자아를 연구하기 위해서 일상생활에서 일어나는 사회적 상호작용의 다양한 형식들의 중요성을 분석하고, 미국의 사회학자 어빙 고프먼의 작업을 살펴볼 것이다. 그러고 난 뒤에는, 자아와 사회를 전지구적인 제도적 과정의 맥락 속에서 연결시켜서 바라보는, 좀더 최근의 사회학적 이론의 발전을 살펴볼 텐데, 특히 영국의 사회학자 앤서니 기든스의 저작에 주로 주목할 것이다.


## 자아, 상징, 타인 : 상징적 상호작용론

우리는 흔히 자아를 주로 사적인 영역으로, 즉 개인적인 생각, 가치, 열망, 감정, 욕망의 내적인 영역으로 여긴다. 하지만 대체로 자명해 보이는 이러한 시각은 사회학자들이 사적 정체성과 자아의 틀을 연구하는 방식과는 아주 대조적이다. 사회학은 자아 형성에서 문화적 형식과 도덕적 규범뿐만 아니라, 다른 사람들과 더 큰 사회가 미치는 영향력을 주목해 볼 필요가 있음을 보여 준다. 특히 개인 상호간 상호작용의 역학에 관심을 가진 사회학자들이 보기에는, 자아는 개인과 사회 세계가 교차하는 중심적인 기제일 수 있다. 그렇기에 사회 분석이라는 목적을 위해서는, 자아는 개인이 늘 일상생활에서 상황과 맥락에 대해 내리는 부수적인 해석이나 규정과 더불어서 고려되어야 한다.

조지 허버트 미드(1863~1931)는 상징적 상호작용이라는, 자아와 관련된 이론적 사고의 일반적 전통의 터를 닦은 사람으로 널리 알려져 있다. 흥미로운 사실은 미드는 자신을 상징적 상호작용론자로 부르지 않았다는 것이다. 그는 자신을 전형적인 철학자이거나 사회심리학자로 여겼고, 직업 활동의 대부분을 시카고 대학에서 가르치면서 보냈다. 미드의 이론적인 영향은 아주 광범위했다. 그는 대륙 철학 연구에 몰두했으며, 찰스 쿨리(Charles H. Cooley, 1864~1929), 윌리엄 토머스

(William I. Thomas, 1863~1947), 찰스 퍼스(Charles S. Peirce, 1839 ~1914), 윌리엄 제임스(William James, 1842~1910), 존 듀이(John Dewey, 1859~1952)와 같은 사회학자, 심리학자, 철학자를 포함한 미국의 프래그머티즘 전통을 발전시켰다. 그는 다양한 저자들의 사상을 자유롭게 동원하여 자아 감각의 출현에 대한 강력한 설명을 내놓았다. 좀 기죽이는 얘기로 들릴 수도 있겠지만, 미드가 자아에 대한 자신의 이론을 아주 명확한 방식으로 정교하게 다듬었다는 점은 지적해 두어야 하겠다. 그러므로 자아에 대한 미드의 주요한 발상은 그리 큰 어려움 없이 설명할 수 있을 것이다.

학생들에게 수업한 강의 노트를 편집해서 사후에 출간한 『마음, 자아, 사회 *Mind, Self and Society*』[1]에서 미드는 자아 구성의 사회적 본성에 대한 해석을 개진했다. 넓게 말해서, 미드는 사회적 자아를 매우 강조한다. 우리들 각자는 개인으로서 다른 자아들과 서로 얽히면서 우리 자신의 자아성에 대한 감각을 형성한다. 우리 자신의 자아 감각과 다른 이들의 자아 사이를 뚜렷하게 가르는 선을 그을 수는 없는 것이다. 이는 미드에 따르면 "타인들의 자아가 존재하고 우리의 경험 속으로 들어와서 존재하는 한에 있어서만, 우리 자신의 자아도 존재하고 우리의 경험 속으로 들어오기 때문"[2]이다.

미드에 따르면 자아 구성의 핵심에는 언어가 자리 잡고 있다. 다른 동물과는 달리 인간은 상징을 통해서 의사소통을 한다. 이러한 사실에서 후에 '상징적 상호작용'이라는 용어가 나오게 된 것이다. 상징은 우리 자신의 마음과 다른 이들의 마음속에서 대상을 표상한다. 유년기에 우리가, 그 대상이 부모이든 형제이든 아니면 인형이든, 그러한 대상을 상징적으로 사고하는 것을 배워 갈 때, 우리는 반성적 사고를 하고 자율적인 행위자가 되는 길로 가는 첫발을 내딛는 것이다. 언어는 이러한 연결의 축이다. 언어에 다가가지 않고서는, 상징적인 의미로 이루어진 구조화된 세계에서 자아로 사고하고 행동하는 데 꼭 필요한 상징들에 다가갈 길이 없는 것이다. 미드가 말하기를, 상징은 그 상징이 의미를 지니게 되는 사회 집단에게 보편적인 성질을 지닌다. 상징은 그것을 통해서 개인들이 자아 감각을 빚어내고 다른 사람들과 상호작용하는 공용 화폐인 것이다. 따라서 자아가 된다는 것은 어떤 속성을 공유한다는 것이다. 그리고 이 말은 우리가 자신의 사고와 감정과 태도를 바라봄으로써 다른 이들의 행동을 해석할 수 있다는 것을 의미한다. 어떤 의미로는, 남의 태도를 이해한다는 것은 그 사람의 관점이나 입장, 또는 느낌에 공감한다는 것이다. 예컨대 친구의 가족 가운데 누군가가 죽었다고 해보자. 그러면, 우리는 자신이라면 어떻게 느낄지를 상상하면서 친구의 상황을 '보려고' 할 것이고, 이때 슬픔과 연민의 감정이 생겨나는 것이다. 우리는 친구가 느끼는 방식과 그가 반응할 여러 가지 서로 다른 방식들을 거의 정확하게 안다고 느낀다. 이는 부분적으로는 우리가 '내 자신이 그의 입장이라면' 하고 자신을 상상하려고 하기 때문이다. 시인이 말의 어떤 양식을 창조해 냄으로써 다른 사람들 속에서 강렬한 감정의 경험을 불러일으키고자 할 때도, 그러한 공통 속성에 의존하는 것이라고 미드는 지적한다.

미드가 보기에 자아는 개별적이면서 일반적이고, 행위자이면서 수용
자이고, 동일성이면서 차이인 것이다. 거칠게 말해서, 이 말은 자아는 행
위 주체이어서 그것을 통해 개인이 다른 이들과의 관계 속에서 자신을
경험하는 그런 것일 뿐만 아니라, 자아는 또한 자아를 지닌 개인이 알맞
다고 생각하는 대로 다루는 대상이자 사실임을 의미한다. 우리는 매일같
이 정확히 이런 방식으로 우리의 일상생활의 경험을 구축해 간다. 찌르
고 밀치고 제안하고 충고하고 일깨우고 비판하고 칭찬하면서, 사회 세계
에서 우리 행동의 흐름을 만들어 간다. 우리는 "잘했어!" 혹은 "이 바보!"
라며 우리 행동의 결과들을 훑어보면서 자신에게 말하고 있을 것이다.
미드가 보기에 결정적으로 중요한 점은, 우리가 자아의 영역을 그렇게
조망하는 일이 언제나 타인들의 반응과 관련되어서 수행된다는 것이다.
그리하여 '자아'를 지니고 있다는 말은, 자신의 행동과 감정과 믿음을 자
신에게 중요한 의미를 지닌 타인들의 관점에서 보아서 통일된 구조로 여
길 수 있는 능력을 지니고 있음을 필연적으로 의미한다. 타인들이 자아
의 행동을 바라보고 해석하는 것처럼 말이다. 이러한 각도에서 볼 때, 자
아는 속속들이 사회적인 생산물이고, 사회적인 상징적 상호작용의 결과
물이다. 새롭게 생겨나면서도 계속 진행되는 창조, 사고, 감정, 태도의
구조 짓기, 역할 취하기 등 사회 세계에서 일관성을 유지하고 방향을 잡
아 나가려는 노력에 필요한 모든 일의 결과물인 것이다.

이야기를 나누는 사람들 사이에는 생각, 태도, 성향, 그리고 암묵적인

이해와 감정이 엇갈리고 얽혀 들어 있다. 담화와 대화의 역학에 대해 성찰해 본 사람이라면 누구든지 이러한 사실을 알 것이다. 그리하여 우리가 이른바 '좋은 대화' 속에서 다른 사람이 자신의 정체성과 남들과 더 큰 세상과의 관계에 대해 가지는 구체적인 이해를 떼어 낼 수 없음을 알 것이다. 이것이 바로 미드가 개인의 자아 속에는 "타인들의 태도"가 북적거리고 있다고 말할 때 의도하고자 했던 말이다. 사회생활의 전 범위에 걸쳐서 우리는 다른 사람들이 우리를 보듯이 우리 자신을 보는 것을 배운다. 그러면서 계속되는 사회적 상호작용과 대화에 비추어서 우리의 자기 이해를 조정하고 변형하는 것이다. 미드는 자아와 타인들 사이의 이러한 계속되는 대화를 "제스처의 담화"라고 부른다. 그리고 이는 우리가 모든 상호작용에서 상징들을 교환하고 자신과 타인의 해석과 규정을 열심히 주시하고 있는 모습도 포함한다. 개인은 유년기에 기초적이고 초보적인 자아 감각에서 출발하여 어른의 정체성을 지니게 되는 쪽으로 일생의 궤적을 따라서 움직여 간다. 그러면서, 문화의 도덕적 성향과 가치에 맞물려 들어가는 정체성을 획득해 가고, 그에 따라 사회적 상호작용이 그러한 담화적인 제스처를 둘러싸고 조직된다.

특히 유년기의 발달은, 미드가 자아를 이해하는 데에 중심이 된다. 미드는 자아 감각의 출현을 개념화하면서 유아기와 유년기의 놀이에 상당한 강조점을 둔다. 왜냐하면 미드가 지적하는 바에 따르면, 어린이가 사회 세계에 관해 배우고 사회 세계와 상호작용 하는 것을 배우는 것은 바로 놀이를 통해서이기 때문이다. 놀이는 제멋대로이기도 하면서 구조화되어 있기도 한 경향이 있다. 놀이는 특히 아주 어린 어린이들 사이에서는 겉으로 드러난 구조나 질서가 없이 흘러간다는 의미에서 제멋대로이다. 하지만 또한, 어린이가 상징적으로 규정된 일련의 사회적 역할을 차용한다는 의미에서는 구조화되어 있는 것이다.

부모가 보고 있는 정원에서 놀고 있는 소년과 소녀의 이야기를 다시 한번 살펴보자. 진흙 파이를 만들면서 소년과 소녀는 한때는 아버지와 어머니의 역을 맡을 것이다. 그리고 그 다음에는 상점 주인과 손님의 역을 맡을지도 모른다. 그렇게 하면서 아이들은 다소 잘 규정된 모든 태도와 반응을 연습한 것이다. 소년과 소녀는 부모가 하는 행동을 보았던 것을 흉내 내면서, 혹은 텔레비전에서 배우들이 하는 행동을 보았던 것을 흉내 내면서 인물이 가진 일련의 특성들을 잘 다룰 수 있는 것이다. 이것이 바로 미드가 "남의 역할 떠맡기"라고 부른 것으로서, 자아가 사회의 요구와 압력에 맞추어 나가는 주요한 방식을 의미한다. 사실상 미드는 어린이들의 놀이에서, 분화된 사회 질서의 초보적 상태를 알아볼 수 있다고 생각했다. 서로 다른 역할들이 상호작용하고 서로 보완하면서 책임과 의무를 서로 교환하고 있는 것이다. 그리고 이러한 패턴은 자아의 일부분이 된다.

나는 앞에서 상징적 상호작용론의 관점에서 바라본 자아는 사회적 생산물이라고 말했다. 그러나 이제 이 말을 어느 정도는 완화해서 말해야겠다. 미드는 자아를 개념화하면서 '나는(I)'과 '나를(Me)' 사이에 결정적인 구별을 한다. '나를'은 사회화된 자아이며, 인생의 초기 몇 년 동안에 타인들의 태도를 경험하고 내면화한 것으로 이루어진다. '나는'은, 미드가 이 말을 사용하는 것에 따르면, 사회화되지 않은 자아로서, 사적인 욕망과 욕구와 성향의 모둠이다. '나는'의 이러한 더 자발적인 바람과 소망은 자아를 타인으로부터 구별하는 데 봉사하고, 뭔가 새롭고 창조적이고 혁신적인 것을 사회 과정 속으로 불어넣는다고 이야기할 수 있다. 미드는 이러한 자기 인식의 성취는 자아가 '나를'을 '나는'에서 구별할 수 있을 때 생겨난다고 말한다. 따라서 사회와 문화의 요구로부터 반성적 거리의 수준을 획득할 때 생긴다고 한다. 이러한 개념적인 이동은 미드로 하여금 그의 자아 이론이 결정론적이라는 부담을 피할 수 있게 해준다. 말하자면 자아는 사회의 일반적인 태도의 단순한 반영이거나, 혹은 사회 구조를 내면화한 것에 불과하다는 결정론을 피하도록 해주는 것이다. 미드의 자아 이론은 그러한 결정론과는 상당히 떨어져 있다. 이는 그가 각 개인이 사회적 관계에 특별하고 독특한 방식으로 대응한다고 주장하는 것을 보면 알 수 있다. 미드는 "태도는 집단으로부터 얻어 온 것이지만 개인 속에서 조직화되는 것이다. 또한, 이전에는 결코 표현되지 못했을 태도가 표현될 수 있는 기회를 제공하는 것은 바로 개인이다"[3] 라고 말한다. '나를'과 '나는' 사이의 구별은 그러므로 사회적 만남 하나하나에 우연성과 양가성의 수준을 도입한다. 그러니까 사회적 맥락 속에서 '나는'은 '나를'에 반응하지만, 우리는 정확히 어떻게 '나는'이 반응할 것인지를 확실히 알 수는 없는 것이다. 따라서 '나를'과 상호작용하는 '나는'은 사회 구조의 변동에서도 어떤 역할을 하는 것이다.

상징적 상호작용론에서 또 다른 중요한 인물은 허버트 블루머이다. 미드의 제자인 블루머는 사회과학에서 자아의 분석에 대해 미드의 이론이 가지는 함축을 펼쳐 놓으려고 시도하였다. 블루머의 주장에 따르면, 사회과학에서 특징적인 것은, 인간 행위자가 기계적인 방식으로 인간의 행태에 반응하는 것이 아니라, 인간이 타인들의 행동과 더불어 자기 자신의 행동을 해석하고 규정한다는 사실이다. 이것은 사회과학의 목적과 논리가 자연과학의 그것과 동일하다고 믿고 있는 그러한 (당시에는 그 수가 많았던) 사회학자들이 틀렸다는 것을 의미하는 말이었다. 실제로 인간 행위에 대한 연구는 자연 속 사물의 운동과 사건을 분석하는 것과는 상당히 다르다. 블루머에 따르면, 사회과학에서 자연과학적인 관점을 사용해서는 자아의 명백히 상징적인 특징들을 올바로 파악할 수 없다. 인간의 상호작용은 "상징의 사용이나, 해석이나, 다른 이의 행동의 의미를 확정하려는 일에 의해서 매개되어 있는 것"[4]이다. 여기에서 해석이라는 문제를 제기하는 것은 자아가 인간 경험에 의미를 부여하는 과정에 물음을 던지려는 것이다. 블루머에 따르면 대상은 단지 행동을 위한 자극에 그치는 것이 아니다. 그것은 오히려 '자기를 가리키는' 과정을 통해서 인식되는 것이다.[5] 의식적인 생활, 자아의 생활은 계속되는 자기 지시의 과정이다. 요컨대 이 말의 의미는 사회생활에서 인식되는 모든 것은 거꾸로 자기를 가리키고, 자기 해석에 의해서 의미를 부여받는다는 것이다. 따라서 블루머의 말에 따르면, 개인의 행동은 "구축된 것이지 자극의 발산은 아닌" 것이다.[6] 개인의 행동은 자기 지시를 지속적으로 주시하고 해석하면서 이루어지는 것이고, 또한 타인들이 의도하고 행동하는 것과 타인들이 맡고 있는 역할을 지속적으로 주시하고 해석하는 계속적인 과정 속에서 펼쳐지는 것이다.

그러므로 상징적 상호작용론자들이 보기에는 사회적 삶의 연구는, 개인이 능동적으로 구축하고 해석하는 인간 행동의 의미를 분석하는 일과 밀접하게 얽혀 있다. 이제 사회학자들은 자아의 창조적인 관여에 대한 그러한 이해를 통해 사회적 상호작용의 복잡성을 민감하게 느낀다. 또한, 개인들이 소통하는 맥락과, 그러한 맥락에 관련된 사람들의 정체성에 대해 개인이 내리는 해석도 감지할 수 있다. 사회학적인 상호작용론자들은 개인이 타인의 행동과 자신의 행동에 부여하는 설명과 암묵적인 이해와 의미에 주목한다.

하지만 상징적 상호작용론은 몇 가지 약점을 지니고 있다. 그리고 이러한 약점은 상징적 상호작용론이 자아 연구를 위한 일반적인 이론적 작업 틀로서 가질 수 있는 매력을 제한한다. 한 주된 비판은 미드와 그의 추종자들이 그려 보이는 자아의 모델은 너무도 이성적이고 의식적이며 인지적이라는 것이다. 많은 비판가들이 보기에 상징적 상호작용론자들이 그리고 있는 자아는 주로 생각하는 자아의 모습이지, 감정과 정념을 지닌 자아가 아니라는 것이다. 미드는 '느낌'을 그가 자아로부터 떼어내 버린 영역인 생리학적인 영역과 결부하는 경향이 있다. 그래서 미드가 설명하는 자아는 특이하게도 육체를 갖지 않은 것처럼 보인다. 그리고 최근의 페미니스트와 포스트모더니스트의 저작에서 영향을 받은 많은 사람들은 미드의 설명의 이러한 특징이 자아에 대한 비판적 이론을 발전시키는 데에는 부적당한 것으로 여길 것이다.

　마찬가지로, 상징적 상호작용론은 정서적인 영역을 희생하고 인지적인 영역에 강조를 두었다. 이는 자아에 동기를 제공하는 무의식적인 요소들에 관한 프로이트의 통찰에 영향을 받은 여러 저자들에 의해 부적당한 것으로 비판되어 왔다. 우리가 다음 장에서 살펴볼 테지만, 프로이트가 보기에 자아는 무의식적인 충동, 그러니까 욕망과 소망과 환상에 의해서 구조화된 것이다. 미드의 자아 이론은 정신과 자아의 한가운데에 무의식적인 힘이 있다는 이론에 의존하지 않는다. 자아는 상징적 상호작용론자들에 의해서 주로 인지적인 것으로 여겨진다. 이는 자기의식의 씨앗이, 사회 과정에 참여하면서 확립된 '제스처의 담화'와 조화를 이룬 정체성을 의식적으로 조종하고 구축하는 개인으로부터 파생되어 나온다고 이해되기 때문이다. 하지만 프로이트의 관점에서 볼 때, 미드와 그의 후계자들은 자아와 사회 사이에 너무도 매끄러운 관계를 설정해 놓은 것이다. 자아가 전적으로 상호작용을 통해서 구축되기에, 그러니까 개인은 다른 사람이 자기를 보듯이 자아를 바라보기에, 개인과 사회 사이에는 갈등이 거의 없거나 아예 없는 것처럼 보일 것이다. 말하자면, 프로이트가 『문명 속의 불만 *Civilization and its Discontents*』[7]에서 지적했듯이, 한편에 있는 개인의 욕망과 소망과 환상과, 다른 한편에 있는 사회적 통제와 문화적 질서를 위한 요구들 사이의 긴장을 미드는 전혀 알아보지 못하고 있다는 것이다. 미드는 언어에 접근하는 것이 우리로 하여금 자기의식적인 행위자가 되게 해준다고 주장한다. 또한 그것은 자아 인식과 자기 이해를 할 수 있는 우리의 발전된 능력을 통해서 사회의 가치와 도덕 체계를 재생산하도록 해준다고 주장한다. 하지만 미드의 시각에서는 신체의 경험과 무의식적 형태의 사고와 같은, 경험의 다른 수준들과 자기의식 사이에 있는 미끄러짐이나 긴장이 느껴지지 않는다.

끝으로, 상징적 상호작용론으로는 자아와 자아 정체성과 관련된 더 정치적인 문제들을 제대로 검토하고 평가하기가 어렵다. 문화적 배제의 과정이 자아의 발달에 해를 끼치고 손상시키는 복합적인 방식들을 잘 살피지 못하는 것이다. 사회 통제의 문제는 사실 개인에게는 문제가 되지 않는다고 미드는 주장한다. 이는 사회의 요구들이 개인을 구성하는 일부분이 되는 방식 때문이다. 미드는 이렇게 이야기한다. "자기비판은 사회 비판에 본질적이다. 그리고 자기비판에 의해 통제되는 행동은 본질적으로 사회적으로 통제되는 행동이다. 따라서 사회적 통제는 인간 개개인을 짓누르거나 개인의 자기의식적인 개별성을 말소하는 것이라기보다는, 오히려 그 반대로 그 개별성을 실제로 구성하고 있으며 개별성과 뗄 수 없이 연결되어 있는 것이다." 하지만 이러한 관점은 도가 지나칠 경우에는 정치적 지배에 대한 어떠한 생각도 하지 못하도록 차단해 버릴 수도 있다. 3장에서 논의하겠지만, 프랑스 역사학자 미셸 푸코의 저작은 이와는 대조적이다. 그는 사회적 네트워크와 관련하여 개인적 자아의 사회적 조립에 대해 훨씬 더 무시무시한 관점을 내놓는다. 푸코나 프랑스 정신분석학자 자크 라캉의 영향을 받은 사회 이론가들이 보기에는, 사회적 상호작용의 구조화된 세계는 상징적 상호작용론의 관점이 인정하는 것보다도 훨씬 더 심하게 개인의 표현을 짓밟을 수도 있는 것이다.

권력과 지배의 사회적·정치적 관계가 자아 구성의 일부분이 되는 다양한 형식들을 상징적 상호작용론이 전적으로 판독해 내지 못한다고 말할 수 있을 것이다. 하지만 그렇다고 하더라도, 그 일반적인 이론적 작업 틀이, 상징적 해석이 정체성을 형성하고 하루하루 사회생활의 과정에서 자아와 타인들 사이의 상호작용을 규정하는 극도로 섬세한 과정을 조명해 내고 있다는 것은 여전히 사실이다. 미드의 작업은 자아에 관한 오늘날의 논의에서 아주 중요한 것이 된 어떤 주제들을 강조하고 있다. 아이는 타인들과 더 큰 세상과 능동적이고 창조적으로 관계를 맺어 가면서 정체성 감각을 발달시켜 간다는 것, 언어와 의사소통은 사적 정체성과 자아의 조립에 중심축이 된다는 것, 자기의식의 발달은 타인의 역할을 떠맡는 것과 긴밀하게 얽혀 있다는 것 등이 그러한 주제들이다.

## 자아 연출 : 고프먼

어빙 고프먼(1922~1982)은 일상생활과 사회적 상호 작용, 그리고 자아의 생산에 관한 가장 뛰어나고 혁신적인 사회학 연구자의 한 사람으로 폭넓게 알려져 왔다. 그는 하루하루의 활동을 연극의 비유를 사용하여 분석한다. 그러면서, 특정한 사회적 무대 배경 속에서 개인이 배역을 연기하고 인상(impression)을 연출하는 방식들에서 가장 공통되고 습관적인 것이 무엇인지를 찾는다. 고프먼이 보기에 자아는 다양한 상황이 설정된 맥락 속에서 연기하는 가지각색의 배역들을 의식하는 데에 있는 것이다. 그러한 연기는 개인이 타인들에게 풍기고 만들어 내보이는 자신의 인상을 끊임없이 감시하고 살피는 일을 하도록 만든다. 따라서 공적인 정체성은 관객을 위해 상연되는 것이며, 사적인 자아는 그러한 연기가 정체성에 본질적으로 중요하다는 것을 알고, 일상적인 사회적 상호작용 속에서 존중과 신뢰를 유지하는 데 본질적이라는 것을 안다.

이러한 개괄적인 설명으로부터, 고프먼이 사회적으로 구조화된 자아에 대한 사회학적인 개관을 전개하고 있는 것이라는 추정을 할 수 있을 것이다. 개인이 타인들에게 자아의 인상을 만들어 내느라 몰두하고 있는 상징적으로 규정된 역할과 지위와 관계의 중요성을 고프먼이 강조하는 걸 보면 이 말도 어느 정도는 정확하다고 하겠다. 그리고 이러한 한에서 고프먼의 작업도 상징적 상호작용론 전통의 흔적을 보여 주고 있다. (고프먼은 1940년대에 시카고 대학에서 대학원 공부를 했는데, 그곳에서 허버트 블루머의 영향을 받았다.) 하지만, 비록 고프먼이 때때로 상징적 상호작용론자로 그려질 때도 있지만, 실제로 그의 작업은 자아를 정확히 상징적 상호작용론자들이 고려하지 않는 의미로 개념화하고 있다. 말하자면 고프먼은 자아가 일상생활에서 인상을 전략적으로 조종하는 가운데 특정한 역할과 규범을 끌어오기도 하면서 동시에 그러한 역할과 규범을 넘어서는 것으로 보고 있는 것이다. 다른 말로 하면, 정체성은 사회

제도가 인준하는 사회적 역할을 수용하고 그에 충실함으로써 구축될 수 있는 것이다. 하지만 그러한 역할을 어떻게 실행에 옮기고 연기를 무대에 올릴지를 결정하는 창조적이고 성찰적인 행위자는 바로 개인이다. 그리고 그렇게 함으로써 개인은 자아 정체성을 구축하는 것이다.

고프먼은 자신의 가장 유명한 책인 『일상생활 속의 자아 연출 The Presentation of Self in Everyday Life』(1956)에서 아주 재치 있고 활기차게 대면적 상호관계의 일상적인 혹은 당연시되는 세부 사항들을 분석한다. 그가 주로 분석에 몰두하고 있는 것은 자아가 다른 사람에게 자신이 행위자임을 보여 주기 위해 사용하는 연극적인 기술들이다. 자아성을 내면적인 성격이나 개성과 동일시하는 상투적인 가정을 뒤흔들어 놓으면서 고프먼은 이렇게 말한다.

> (자아는) 자아의 소유자로부터 파생되어 나오는 것이 아니다. 자아는 행동의 모든 장면에서 파생되어 나오는 것이며, 보는 이들이 사건을 해석할 수 있도록 해주는, 국지적인 사건들의 그러한 속성에서 생겨나는 것이다. 제대로 무대에 오르고 상연된 장면은 관객들이 자아를 연기된 인물에 귀속시키도록 한다. 그러나 이러한 귀속, 이러한 자아는 실현된 장면의 **산물**이지 장면의 **원인**은 아닌 것이다. 따라서 연기된 인물인 자아는 특정한 장소에 놓여서 태어나서 자라고 죽는 유기체가 아니다. 자아는 상연되는 장면으로부터 퍼져 나오는 극적 효과이다. 그리고 여기에서 특유의 문제이자 결정적인 관심사는 그것이 믿음을 얻을 것이냐 얻지 못

할 것이냐 하는 것이다.[8]

    정체성을 '극적 효과'라고 말하는 것은 간단히 말해서 자아와 정신의 통상적인 동일시를 허물어뜨리는 것이다. 만일 정체성이 상연되는 것이라면, 그때 자아는 어떤 결과이지, 원인이 아닌 것이다. 우리는 자아를 우리의 활동이나 생각, 또는 믿음이나 세계 속에 존재하는 방식의 원천으로 생각하는 경향이 있는지도 모르겠다. 하지만 실제로는 우리는 숙련된 사회적 연기를 실현함으로써 우리의 정체성에다가 사적인 의도와 주관적인 잠재성을 소급해서 부여하고 있다.

    예를 들어 고프먼이 '역할 거리(role distance)'라고 부르는 것을 살펴보자. 역할 거리란, 개인이 역할과 자아 사이의 분리를 표현하느라 사용하는 수단을 개념화하기 위해서 고프먼이 만든 말이다. 그래서 이를테면 여름방학에 상점 점원으로 일하는 대학생은 이러한 사회적 역할에 의해서 상징적으로 규정되지 않는다. 그리고 이는 학생이라는 것과 방학 때의 일이라는 상태에 부여된 사회적 의미들 때문이다. 하지만 고프먼이 역할과 자아의 분리에 주목하면서 말하고자 하는 것은 정체성이 역할 뒤에 숨어 있다는 것이 아니다. 또한, 그 연기 뒤편에서 연기자를 더 정확하고 분명하게 볼 수 있다는 것도 아니다. 오히려 그 반대로 역할 거리는 개인의 자아에게 자기 자신을 진지하고 확실하게 구성할 기회를 준다는 것을 의미한다. 따라서 의사는 환자와 가벼운 이야기를 나누면서 의학적 진단 결과에 대한 환자의 불안감을 덜어 줄 수 있고, 그럼으로써 자신의 의학적 능력에 대한 신뢰감을 심어 줄 수도 있을 것이다. 이런 의미에서 역할 거리는 자아의 직업적인 신뢰성을 증진시킬 수도 있는 것이다.

고프먼에 따르면, 개인은 자신의 행위와 처신을 다른 사람들과 맞춰 가면서 '안면(face)' 혹은 '정면(façade)'을 얻고자 애쓴다. 그는 이러한 것을 면밀히 살펴봄으로써, 자아의 생산과 상호작용의 맥락들 사이의 밀접한 관련성을 그려 볼 수 있다고 한다. 고프먼은, 모든 자아 연출은 사회적 관습, 윤리적 가정, 그리고 무대의 물리적 특성에 걸맞은 몸가짐을 수반하는 상호작용의 틀에 둘러싸여 있다고 말한다. 자아는 주어진 어떠한 상호작용의 틀 속에서도 받아들여질 수 있는 자아 이미지를 연출하려고 애쓴다. 그러면서, 고프먼이 '전방(front)' 구역과 '후방(back)' 구역이라 부르는 것 사이의 특정한 구별을 반드시 만들어 낸다. 자아 연출의 전면(frontal aspect)에는, 무대에 오른 사회적 배경이나 만남에 알맞지 않다고 느껴지는 정체성의 측면을 괄호로 묶어 내거나 칸막이로 가리는 일이 언제나 함께 있다. 따라서 텔레비전 뉴스 진행자가 (정장 상의와 넥타이라는 의상을 이용하여) 연출하고자 애쓰는 권위자의 '얼굴'은, 그가 입고 있지만 화면에서는 보이지 않는 청바지와는 중요한 대조를 이룰 수 있는 것이다. 대부분의 사회생활 영역에서 개인들의 '최전방(up-front)' 연기는 자신이 비추고자 하는 얼굴에 대해서 그다지 걱정할 필요가 없는 후방 구역의 행동과 대조된다. 사회생활의 어떤 구역에서는, 예를 들면 식당에서는, 전방 구역과 후방 구역 사이의 구별이 합리적으로 잘 규정되고 확정되어 있다. 그러나 고프먼의 관점에서는 인간의 모든 상호작용과 자아의 극화는 일정한 맥락 속에서 이루어지기에 인간이 그 속에서 구역 구분을 이용하는 것은 본질적인 일이다.

고프먼은 개인은 자아의 역량을 타인들과 사회 세계에 끊임없이 전시해 보여 줄 수밖에 없다고 주장한다. 이것은 자아 정체성의 상시적인 감시를 수반한다. 한걸음 더 나아가, 사람들은 몸의 자세를 어떻게 취할까 하는 것도 포함하여 겉으로 봐서는 가장 사소한 측면에도 일종의 주시를 하고 있다. 고프먼은 우리가 자기 주시의 실수를 교정하려는 시도의 한 범주를 '응답 외침(response cry)'라는 말로 기술한다. "빠르게 박물관 비상구 쪽으로 걸어가던 한 여자가 문을 지나가다가 자신의 실수를 알아차리고는 '이런!' 하고 말을 내뱉으며 제자리로 돌아간다."9 그 여자의 응답 외침('이런!')은 처음에 보기에는 그저 감정을 표현하는 돌발적이고 사회화되지 않는 행동처럼 보인다. 그 여자가 불쑥 내뱉은 외침은 어쨌든 다른 사람에게 향해 있는 것으로 보이지는 않는다. 그러나 고프먼은 그렇지 않다고 말한다. 그 여자는 그러한 방어적인 듯한 외침을 하면서 주위에 있는 타인들에게 자신의 침착함을 보여 주고 있으며, 자신이 실수했음을 스스로 인식하고 있다는 것을 알려주고, 그럼으로써 그것이 단지 실수였을 뿐임을 다른 사람들에게 확실히 주지시키고 있는 것이라고 고프먼은 주장한다. 우리는 자기 주시를 하고 있고 자기 제어를 하고 있음을 타인들에게 보여 주기 위해서 응답 외침을 사용하는 것이다. "응답 외침은 감정이 밖으로 흘러나오는 표시가 아니라 사회적인 관련성이 흘러 들어오는 표시이다"**10**라고 고프먼은 말한다.

고프먼의 자아 이론에도 난점은 있다. 우선 사회생활을 연기로 보는 고프먼의 시각에는 좀 혼란스러운 점이 있다. 그것은 모든 사람들이 연기를 하면서 자아의 겉모습을 조작하고, 진짜가 아닌 모습을 연출하여 무대에 올리고 있는 것처럼 그려진다는 것이다. 미국의 사회학자 앨빈 굴드너(Alvin Gouldner)가 유명한 비평문에서 주장하기를, 고프먼은 우리에게 비도덕적인 사회적 세계를 보여 주고 있다고 한다. 굴드너가 보기에 고프먼의 작업은 미국 대중문화의, 그러니까 시장 거래와 시장 조작과 미디어의 영향력이 사적 정체성과 자아의 조직으로 죽 흘러 들어가는 그러한 문화의 가장 음흉한 이데올로기적 측면의 특정한 부분을 표현하고 있다는 것이다. 이러한 비판을 잘 파악할 수 있는 한 가지 길은, 고프먼의 연기하는 자아를 우디 앨런(Woody Allen)의 영화에 나오는 기묘한 인물인 레너드 젤리그(Leonard Zelig)의 이미지 틀 속에 집어넣어 보는 것이다. 젤리그는 자아성이 너무도 없어서 자신의 삶이 완전히 연기 속으로 녹아들어 버린 인물이다. 젤리그는 다른 사람에게 좋은 인상을 주려는 일에 너무나 빠져든 나머지, 함께 있는 사람이면 누구든지 그 사람의 특성을 말 그대로 몸에 지닌다. 재즈 클럽에서는 흑인 음악가가 되었다가, 식당에서 스파게티를 먹고 있을 때는 이탈리아 사람이 된다. 그리고 나중에 그가 독일에 있을 때는 히틀러의 나치 당원이 되어 나타난다. 고프먼의 연기하는 자아를 우디 앨런의 영화 〈젤리그〉와 관련해서 이해해 보는 것도 어느 정도까지는 도움이 될 것이다. 하지만 그것은 겉모습을 가장 중시하는 문화 속에서 인상 관리를 하는 데 들이는 심리적 비용에 대한 오싹한 느낌을 우리에게 준다.

고프먼이 자아 구성의 연기적인 차원을 강조한다는 것은 의심의 여지가 없다. 하지만 그가 사람들을 쇼를 꾸미고 있거나 인상을 조작해서 만들어 내고 있는 단순한 연기자로만 보고 있는지는 분명하지 않다. 실은 오히려 랜들 콜린스(Randall Collins)가 주장하는 바대로 고프먼의 사회학은 정확히 그 반대를 시사하며, 자아를 속속들이 도덕적인 것으로 그려 보인다. 콜린스에 따르면 사람들은 도덕적 질서를 향하여 맞춰져 있는 상호작용적인 의례에 일상적으로 몰두하고 있다. 그리고 그러한 도덕적 질서 속에는 타인에 대한 존중과 사회적인 처신 요령과 개인 상호간의 신뢰가 표현되어 있다. 이러한 각도에서 보면 도덕적 질서는, 말하자면 미드가 그렇듯, 윤리적인 의무 사항들을 내면화한 것의 결과는 아닌 것이다. 오히려 도덕성은 자아 생산 과정의 일부분이다. 도덕성은 외적인 규범이나 금지 사항의 집합에 지나지 않는 것은 아니다. 그것은 오히려 개인이 일상적 상호작용에서 자신의 세계를 지속적으로 규정해 내는 복합적인 방식들을 한데 묶어 주는 특징이다.

능란한 사회적 연기에 대한 고프먼의 설명의 핵심에 도덕적 감수성이 있다고 결론을 내리든 없다고 결론을 내리든, 연기하는 자아가 여하튼 인상 관리를 걱정하고 불안해 하는 까닭을 알기는 여전히 어려운 것 같다. 왜냐하면 고프먼의 자아 이론은 놀랍게도 사적인 생활과 사회적 관계 맺음의 정서적이고 성 심리적 역학에 관해서는 말해 주는 바가 거의 없기 때문이다. 분명한 사실은, 고프먼이 모든 개인들이 나날의 사회적 상호작용에서 연기하는 수많은 역할들 배후에는 자아가 서 있다고 주장했다는 것이다. 하지만 문제는 고프먼이 연기하는 자아를 형성하는 심리적 지향성이나 정서적 성향에 대해서는 아주 모호한 태도를 보인다는 것이다. 예컨대 고프먼의 연기하는 자아를 정신분석학적으로 해석해 본다고 하자. 그렇다면, 인상 관리에 대한 그러한 지나친 관심을 자아의 깊은 불안의 증후로 볼 수도 있을 것이다. 아마도 나르시시즘에 의해 각성되어 자기 가치와 자율성에 대한 개인의 감각을 손상시키는 불안의 증후로 볼 수 있을 것이다. 고프먼의 자아 이론이 사적 정체성의 그러한 혼란들을 분석하는 데 어떻게 이용될 수 있을지를 알기는 쉽지 않다.

자아에 대한 고프먼의 성찰 속에는 욕망에 대한 물음이 없다. 하지만 상황 속에 놓인 연기자라는 자아의 이미지는 확실히 현대 문화가 가치를 부여하는 이른바 '참된 자아'에 대한 강조에 의심의 눈길을 던지고 있다. 참된 자아에 대한 강조는 정신분석학 이론의 몇몇 변형을 포함하여 많은 형태의 사회사상에서도 분명히 찾아볼 수 있다. 자아가 도덕 규정과 문화적 이상을 내면화함에 따라서 안정된다는 생각의 가면을 벗겨 내면서, 고프먼은 개인적 주체성에 대해 생각하는 방식을 변형시킨다. 이는 자아를 결과물―말하자면, 가족이나 사회나 역사의 산물―로 보는 것에서 자아를 상황에 따라 규정되는 것으로 보는 좀더 유동적인 생각으로 바뀌어 간다는 것을 의미한다. 많은 사회 이론들은, 특히 탈근대성 이론은 사적 정체성과 사회생활을 표면, 이미지, 연기, 단편(斷片), 구축을 통해 여과된 것으로 보려고 한다. 연기하는 자아라는 고프먼의 이론은 그러한 포스트모더니스트 감수성의 선구자로 이해되어도 좋을 것이다.

## 성찰성과 자아 : 기든스

사회학에서 앤서니 기든스의 작업이 가지는 영향력은 고프먼의 영향력과 비교할 만하다. 두 사람 모두 자아에 대한 강력한 해석을 내놓았다. 그러나 고프먼이 개인들 간의 상호작용에서 끌어온 관찰을 바탕으로 자아 이론을 전개하였다면, 기든스는 자아에 대한 자신의 설명을 제도적이고 전지구적인 힘에 훨씬 더 많이 결부시킨다. 기든스(1938~)는 자신의 학문적 경력의 많은 부분을 캠브리지 대학에서 보냈고, 그리고 나서는 런던 정경대학의 학장이 되었다. 그는 사회 이론, 철학, 정치학, 그리고 사회사상사에 대한 아주 많은 책을 썼다. 1990년대에는 사회 분석에서 자아가 차지하는 역할에 점점 더 많은 관심을 가지게 되었고, 그의 책 『현대성과 자아 정체성*Modernity and Self-Identity*』(1991)[11]과 『현대 사회의 성·사랑·에로티시즘 : 친밀성의 구조 변동*The Transformation of Intimacy*』(1992)[12]은 최근 사회 이론의 논쟁에 강한 영향을 미쳤다.

기든스가 말하는 자아 이론의 핵심은 '성찰성'이라는 개념이다. 이것은 사적 생활과 사회생활이 생산되는 과정을 파악하는 데 매우 중요한 의의를 지닌 개념이다. 성찰성이란 자기 규정하는 과정으로 정의될 수 있는데, 이 과정은 삶의 가능한 궤적에 관한 심리적이고 사회적인 정보를 잘 주시하고 성찰하는 것에 의존해 있는 과정이다. 자아와 사회에 관한 그러한 정보는 현대의 문화적 삶에 단지 부수적인 것은 아니다. 그것은 사람들이 하는 일과 그 방식을 실제적으로 구성하고 있는 것이다. 기든스는 이렇게 말한다. "근대 사회생활의 성찰성은, 사회적 실천 관행이 바로 그 실천 관행에 관해서 생겨나는 정보에 비추어 끊임없이 검토되고 개정되며, 그에 따라서 그 실천 관행의 성격이 본질적으로 바뀐다는 사실에 있다."[13] 어떤 점에서 보면, 여기에서 강조하고 있는 것은 의미를 만들어 내는 과정의 풍부함과 관련되어 있다. 또한, 개인이 문화적 삶과 그 문화의 사회적 행동의 조직적인 흐름을 **읽어 내도록** 해주는 확실성과 불안의 혼합과 주로 관련되어 있다. 문화적 기호들을 아주 정교하게 읽어 내라는 명령은 아마도 우리의 가속화되는 탈근대적 정보 시대의 지표일 것이다. 이는 (논평이 앞선 다른 논평을 참조하고, 그것은 또다시 더 앞선 논평에 바탕을 두고 있는) 진지한 사회 비평에서부터 대중음악의 최신 흐름에 이르기까지 모든 곳에서 분명하게 드러나고 있는데, 이러한 것들은 언제나 스타일과 장르의 패러디를 불러오고 있다. 다른 점에서 보면, 성찰성은 문화적이고 주관적인 것들을 넘어서 뻗어 나가 사실상 제도적인 사회생활에 깊이 뿌리를 내린다. 도시의 인구통계학적인 특징들을 도표로 만드는 일에서부터 항공기 비행경로의 변경을 조사하는 일에 이르기까지, 전문가의 성찰적 체계가 일상생활 속으로 침투해 들어오는 것은 근대성의 세계에 중심축이 되고 있다.

예를 들어 결혼과 가족과 자아 정체성 사이의 연관관계를 살펴보자. 결혼과 가족보다 더 직접적으로 자아에 영향을 미치는 사회생활의 영역은 거의 없다. 전통적으로 결혼 유대는 주로 경제적인 결합 구조를 지녔다. 남편은 결혼을 공적 세계의 활동을 준비하는 장소로 이용했고, 반면에 아내는 자녀들과 가정에 집중했다. 낭만적 사랑이라는 생각이 그러한 경제적인 고려 사항의 힘을 대단히 약화시켰다고는 하지만, 가부장제에서 제도로서의 결혼이 여전히 경제력과 밀접하게 얽혀 있었다는 것은 의심할 여지가 없다. 여하튼 서구 사회에서 후기 근대적 유형의 결혼은 남자와 여자가 애정, 존중, 사랑, 평등, 자율, 자아 보전의 성취를 추구할 수 있는 제도적인 맥락을 제공해 왔다. 최근 몇 십 년 동안에 성과 성 사이의 관계에서 변화가 있기는 했다. 하지만 여전히 낭만적 사랑의 관념은 결혼생활에서 사적이고 성적인 실현을 추구하는 데에 심리적으로 중심이 되고 있다. 이와 함께 결혼은 자아의 심리적 발달을 위한 주요 무대가 되어 왔다. 이는 자아의 발달이 유년기와 청년기, 그리고 일반적인 사회관계 속에서 길러진 친밀감과 관련된 태도들을 통해서 조직되고 있기 때문이다.

하지만 오늘날 '검은 머리 파뿌리 될 때까지'의 결혼은 지나간 세대의 산물로 보인다. 많은 선진 사회에서는 초혼자의 거의 절반이 이혼 경력이 있으며, 재혼 이상에서는 통계치가 더욱 좋지 않다. 그러나 헤어지고 이혼하는 사회의 더 넓은 문화적인 귀결은 무엇일까? 이혼과 재혼과 사실혼의 증가가 사적인 경험과 자아의 수준에 미치는 영향은 어떤 것일까? 개인의 사적 생활의 조직은 구속력 있는 가족 유대가 해체함에 따라서 어떻게 달라지고 있을까? 보수적인 사회 비판가들에게는 결혼 파탄이 사회의 도덕적인 타락을 보여 주는 주요 신호로 보이는 것 같다. 이러한 비판 속에서는 제도로서의 결혼이 약화되어 가는 것이 성적인 방탕과 도덕적 결핍과 관련지어져 있으며, 이를 가부장적 가족의 쇠퇴가 빚어낸 결과로 보고 있는 것이다. 이들은 보통 1960년대의 성 혁명과 페미니즘의 부상, 또한 대안적인 생활양식과 포르노그래피와 환각제 문화의 확산을 포함한 이러한 전후 맥락 속에서 많은 장기적인 사회적 영향력을 찾아내고 있다. 보수주의자들에 따르면 이러한 사회적 힘의 영향력 아래에서 자아는 공적 생활과 정치적 의무에서 후퇴한다. 그리고 도덕적인 구속은 순간적인 자기도취적 만족을 얻으려는 강력한 욕망을 위해서 물러나고, 애정관계는 단기적이고 일시적이며 우연적인 만남들로 파편화된다고 한다.

이러한 관점은 최근까지도 정치적 영역에서 상당히 널리 퍼져 왔지만, 이는 사실상 이혼과 재혼의 복합적이고 모순적인 경험에 대한 사람들의 현실적인 반응을 방어적으로 거부하는 것에 바탕을 두고 있다. 보수적인 비판에서는, 개인들은 자아와 문화에 영향을 미치는 친밀성 관계의 변동에 주로 수동적으로 반응하는 존재로 그려지고 있다. 이러한 배경에서는 개인이 정서적으로 보람 있고 만족스러운 생활에서 차단되어 있는 것으로 보일 수밖에 없다. 그러나 개인들이 결혼의 끝을 자아의 붕괴와 수동적으로 동일시한다는 것은 사실이 아니다. 또한 사람들이 자신의 정체성과 행복감을 재형성하려는 희망을 포기하고 있다는 것도 사실이 아니다.

기든스는 바로 이 지점에서 논쟁에 끼어들면서, 성찰성에 대한 자신의 설명을 결혼과 이혼과 자아에 관련짓는다. 기든스에 따르면, 오늘날 개인들은 자아 정체성과 섹슈얼리티와 애정관계에 영향을 미치는 극적이고 강렬한 변동이 결과적으로 빚어낸 새로운 기회와 위험에 능동적으로 대처한다. 기든스가 보기에도, 이혼이 분명 자아에게 상당한 고통과 상실감과 애탄을 동반하는 위기이기는 하다. 하지만 많은 사람들은 결혼 파탄에서 생겨난 정서적인 궁지를 헤쳐 나가려는 적극적인 발걸음을 내딛는다. 별거와 이혼은 자녀 양육 방식에 영향을 미치는 재정적인 문제를 처리하는 일과 더불어, 자아에 대한 정서적 관심도 불러일으킨다. (일이 잘못되었고 기회를 놓쳐 버렸고 하는 등의) 과거와 (자아실현을 위한 다른 가능성과 기회 등의) 미래의 영역을 차근차근 정리해 보는 일은 새로운 자아 감각을 실험하는 일을 반드시 수반하는 것이다. 이는 정서적인 성장과 자아의 새로운 이해와 더욱 강한 친교로 이어질 수도 있다. 돌이킬 수 없는 파탄에 대한 보수주의적인 비판에 맞서서, 기든스는 자아를 건설적인 쇄신으로 열려 있는 것으로 본다. 재혼과 가족생활의 성격 변화는 이런 면에서 기든스에게 결정적으로 중요한 것들이다. 그는 이 점을 다음과 같이 펼쳐 보인다.

많은 사람들, 어른들과 아이들이 지금 혼성 가족 안에서 살고 있다. 이는 보통 지난 시대처럼 배우자의 죽음 때문에 빚어진 결과가 아니라, 이혼 때문에 결혼 유대가 재편되었기 때문이다. 혼성 가족의 아이는 부모가 여러 번 결혼한 결과로 두 명의 어머니나 아버지, 양쪽의 형제와 자매를 다른 복잡한 인척관계와 더불어 갖게 될 것이다. 호칭마저 어렵다. 의붓 어머니를 '어머니'라 불러야 할까 아니면 이름을 불러야 할까? 이런 문제를 해결하는 것은 모든 관계 당사자들에게 힘들고, 심리적으로 많은 비용을 치러야 하는 일일 수 있다. 하지만 새로운 종류의 사회적 관계를 이룩하기 위한 기회 또한 분명히 존재한다. 우리가 확신할 수 있는 한 가지는 여기에 수반되는 변화들이 단지 개인에게 외적인 것만은 아니라는 사실이다. 이러한 새로운 형식의 확장된 가족 유대는 자신이 그 일에 가장 직접적으로 휘말려 들었다고 생각하는 바로 그 사람들에 의해 세워져야 하는 것이다.[14]

기든스가 보여 주듯이 부부의 헤어짐은 자아를 열린 기획 속으로 밀어 넣는다. 과거를 되짚어 보고, 미래를 상상하고, 복잡한 가족 문제를 해결하고 새로운 정체성 감각을 실험하는 것 등이 그것이다. 더 나아가 결혼과 애정관계를 실험하는 일은 필수적으로 불안과 위기와 기회를 수반한다. 하지만 기든스가 강조하는 바와 같이 자아와 사회 사이의 관계는 고도로 유동적인 것이며, 절충과 변화와 발전을 포함하고 있는 것이다.

오늘날의 사회적 실천 관행들이 미래 삶의 결과를 형성하는 방식은 이혼 통계, 연애관계의 성공과 실패에 대한 확률 비율 계산, 결혼 결정과 관련해서 가장 두드러지게 드러난다. 기든스가 말하기를, 모든 사람은 어떤 의미에서는 현재의 젠더 불안정성이 장기적인 관계 맺음에 어떻게 영향을 끼치는지를 알고 있다. 기든스에 따르면, 오늘날 사람들은 높은 이혼율의 문화적 배경을 뒤에 놓고서, 그리고 그러한 배경 지식을 통해 결혼이 실제로 어떤 것인지에 대한 이해와 생각을 바꾸어 가면서, 결혼을 하거나 재혼을 한다. 관계에 대한 이러한 성찰적 감시가 바로 결혼과 애정관계에 대한 기대와 열망을 변형시키고 있는 것이다. 자아와 사회와 성찰성 사이의 관계는 역동적인 관계이며, 일을 처리하는 전통적인 방식들을 끊임없이 뒤엎고 있다.

기든스의 작업은 많은 사회 이론가들에게 영향력을 미치고 관심을 불러일으켰다. 하지만 자아가 자기 통어적이고 자기 감시적인 기획이라는 기든스의 주장에 당혹감과 불신을 보이는 사람도 있다. 기든스의 비판자들이 보기에는, 자기를 만들어 가고 자기를 현실화해 가는 성찰적 기획이라는 것이, 권력 투쟁과 정치 투쟁을 단순히 변화에 대한 사적인 관심으로 축소하는 사회 이론에서 나타나는 명백히 개인주의적인 경향을 보여 준다고 한다. 여기에서 핵심적인 관심사는 기든스의 성찰적 자아 이론이 개인주의적 자유주의 이데올로기에, 그러니까 주권적인 개인의 자아가 사회의 심장부에 놓여 있다는 관념에 너무도 딱 들어맞는다는 것이다. 내가 보기에 그러한 비판은 다소 핵심을 비껴가고 있다. 기든스가 고심해서 강조하려는 것은 지구화되어 가는 사회적 영향력들과 사적인 생활 사이의 점증하는 상호 연결성인 까닭이다. 따라서 성찰적 자아는 단지 자기 통어하는 것이라기보다는—비록 기든스가 때때로 그런 느낌을 주기는 하지만─엎치락뒤치락하는 사회생활의 요동 속에 성찰적으로 얽혀 있는 것이다. 하지만 기든스가 사회적 행위자의 자기 이해와 암묵적 지식을 지나치리만큼 강조한다는 난점도 있다. 이는 기든스가 다른 저작에서는 인정하고 있는 사회 권력과 정치적 지배의 문제들과의 연결 고리를 끊어 버릴 위험이 있다. 특히 지배와 권력 상실에 대한 탈구조주의와 포스트모더니스트의 설명에 영향을 받은 사회 이론가와 문화 비평가들이 보기에는, 개인은 사회적 실천 관행과 문화적 약호와 도덕규범에 대한 지식과 경험을 통해서, 자아실현의 제한적인 수행과 억압적인 형식들과 관련하여 비판적으로 분석될 수 있는 것이다. 이러한 각도에서 볼 때는, 기든스가 성찰적 행위성의 신호로 여기고 있는 것은 사실상 사회적 제어의 형식인 것이다.

기든스가 자아를 성찰적 감시와 관련지어서 자리매김하려는 시도는 정신분석학이 주체성을 환상과 억압된 욕망과 관련지어서 구축하려는 것과도 맞부딪칠 수밖에 없다. 다음 장에서 논의하겠지만 정신분석학 비평가들은 프로이트의 사상을 오늘날 문화와 정치의 양가성과 기피증에 연결지으려고 다양한 전략을 사용해 왔다. 이러한 연결에서 핵심적으로 중요한 것은 자아가 타자와 맺는 관계에서 드러나는 무의식적 유대와 애착의 다양성이다. 개인을 자기 동일성을 지닌 이성적인 존재로 보는 전통적인 이해와는 반대로, 정신분석에서 개인은 환상 속에서 효력을 지니는 일련의 주관적인 동일시를 드러내 보인다. 무의식적 환상에서 경험되는 다수의 주관적 동일시라는 생각은 자기 주시하는 성찰적 자아라는 기든스의 개념을 난처하게 만들 여지가 있다. 이는 주로 기든스의 작업이 의존하고 있는 일련의 개념적인 대립항, 곧 능동적/수동적, 지식/욕망, 정신/육체 등의 대립항들을 위협하기 때문이다.

이러한 비판은 우리가 애정관계와 결혼의 예로 돌아가서 살펴보면 더욱 구체적으로 이해할 수 있을 것이다. 기든스의 입장에 따르면, 오늘날 여자와 남자는 섹슈얼리티, 사랑, 결혼, 가족, 일과 관련된 극적인 변동의 문화적 배경을 두고 친밀성의 관계를 추구하고 있다. 많은 사람들이 이러한 사회적 변화를 기꺼이 받아들인다. 어떤 사람들은 혼란스러운 인상을 받고 있을 것이다. 젠더를 사고하고 실천하는 방식에서 일어나는 현재의 변화를 무시함으로써 일을 해나가려고 애쓰는 사람들도 분명히 있다. 하지만 분명코 이러한 사회적이고 성적인 문제들은 사적인 문제와 개인 상호간의 위기로 모든 이에게 밀어닥치고 있다. 그래서 섹슈얼리티와 젠더와 관련된 우리의 성찰적인 불만들을 둘러싸고 자아와 사회가 불가피하게 함께 묶여 있다는 데에서는 기든스의 주장이 확실히 옳다. 하지만 우리가 아무리 현재의 역사적 순간을 의식하고 있으려고 애쓰더라도, 우리는 모두 특정한 정서적 과거와 앞선 세대의 역사에 연결되어 있는 것이다. 그리고 바로 여기에서 기든스는 어려움에 맞닥뜨리게 된다. 이는 우리가 삶에 질서를 부여하고 좀더 성찰적인 방식으로 세계의 의미를 이해하려는 의식적인 시도들을, 감정과 기억과 욕망의 영향이 얼마나 제한하고 있으며, 그것과 갈등을 일으킬 수 있는지를 기든스가 경시하고 있기 때문이다. 따라서 유년기에 부모의 정서적인 유기로 고통 받았던 사람은 사람들과의 사귐을 받아들이려는 혹은 거부하려는 아주 방어적인 정서적 욕구를 보여 줄지도 모르는 것이다. 그러한 욕구와 욕망은 자아와 세계에 대한 성찰적인 지식과 자동으로 갈등을 일으키는 것은 아니지만, 사회적 실천 관행의 언어로 환원되지 않는다.

나는 자아가 사회적 또는 정치적 개념이 아니라 심리학적인 개념이라는 그러한 생각에 의문을 던지면서 이 책을 시작했다. 또한 나는 개인적 주체성이란, 자아가 그것을 통해 정체성을 유지하고 재생산하는 행위 주체가 아니라, 문화의 의무 사항과 사회적 삶의 요구들을 개인이 내면화하고 그 과정에서 대응하는 방식의 산물일 것이라고 주장했다. 이제 우리는 개인이 정체성을 형성하는 방식이 모든 사회학의 중심적인 문제임을 알 수 있다. 사회적 형식과 문화적 전통이 자아에게 미치는 영향력을 강조한다고 해서 개인이 그저 외적인 힘의 산물일 뿐이라는 말은 아니다. 그 반대로 개인이 사적인 경험과 정체성을 구축하느라 끌어오는 문화적 자원과 사회적인 상징적 재료는 언제나 창조적으로 사용되고 해석되며 변형된다. 이것은 자아의 사회적 기원에 대한 미드의 설명에서 매우 분명하게 드러난다. 미드에 따르면, 자아란 개인이 가족 속의 인물과 '일반화된 타자'와 관계를 맺는 맥락 속에서 정체성 감각을 구축하기 위해 상징적 자원을 동원하면서 능동적으로 구축하고 발전시키는 상징적인 기획이다. 자아의 형성과 재형성이 의존하고 있는 이러한 종류의 상징적 상호작용은 일상생활의 물질적 조건에서 제거되지 않고, 사회적 상호작용에 영향을 미치는 문화적 힘들에서도 제거되지 않는다. 우리는 미드의 자아의 사회학이 개인적인 자아 구축의 이러한 측면을 상호작용의 사회적인 상징적 형식에 연결지으려는 시도에서 부딪치게 되는 몇 가지 문제를 살펴본 바 있다. 내가 주장했던 대로, 문제의 일부분은 미드가 사회적 차별화의 개념을 전개하지 못했다는 사실에서 비롯한다. 또한 사적이고 사회적인 변동의 과정을 설명해 내지 못했다는 사실에서도 비롯한다.

자아가 **지식을 가진 행위자**라는 사실은 미드와 다른 상징적 상호작용론자들의 작업에서 분명히 드러난다. 하지만 고프먼이 보여 주듯이, 자아의 지식 소유 능력은 근본적으로 개인들 사이의 수많은 작은 무대장치들과 근본적으로 결부되어 있다. 그리고 이러한 무대장치들 속에서, 그리고 이를 통하여 하루하루의 생활이 조직되는 것이다. 따라서 개인은 '교정하는 실천' 속에 몰두함으로써 자아를 늘 '수선'하거나 '받침대를 대'거나 하는 것이다. 예컨대 다른 사람들이 체면을 세우도록 도움으로써, 그리고 무엇보다도 초점이 맞추어진 상호작용에서 겉모습을 주시하고 조절함으로써 가능한 것이다. 우리들 대부분은 거의 언제나 겉모습이 우리가 만나는 타인을 상대하는 일에서 근본적으로 중요하다는 것을 알고 있다. 고프먼의 자아 이론은 이것이 왜 그래야 하는지에 대해 자세한 개념적 설명을 제공한다. 비록 많은 비평가들이 고프먼의 작업에서는 자아가 의심 많은 겉모습 조작자의 수준으로 축소되어 있다고 비판하기는 하지만 말이다. 나는 자아에 대한 고프먼의 설명이 그러한 비판이 받아들이는 것보다는 상당히 더 복잡하다는 것을 보여 주었다. 신뢰와 요령은 사회적 상호작용의 구속력 있는 특징이고, 따라서 사적인 정체성의 구성과 재생산에 결정적으로 중요한 것이다. 요컨대 고프먼의 자아 이론이 사회적 관계의 고도로 도덕화된 세계를 묘사하고 있다는 것은 의심스러운 주장이다. 그의 작업은 도덕성이 자아의 가장 실천적인 성취에서 중요한 부분을 차지하고 있다는 사실을 보여 준다. 오늘날 어떤 비평가들은 개인적 자아와 사회적 상호작용 사이의 관계나, 정체성과 사회 구조 사이의 관계의 문제로 걱정하는 것 같다. 나는 자아 정체성에 대한 기든스의 사회학에 대해 간단히 설명하면서, 사적 정체성이 현존하는 사회적 관계에 의해서 어떻게 구조화되는가 하는 문제보다 훨씬 더 많은 것이 여기에 걸려 있다는 사실을 보여 주려고 애썼다. 왜냐하면 기든스에 따르면, 근대성과 결합된 거대한 제도적인 변동이 우리가 누구인가 하는 문제와 우리가 자신을 생각하는 방식의 조직 속으로 들어오는 그런 세상에서, 자아는 계속적인 성찰성의 과정으로 생각되어야 하기 때문이다. 기든스의 사회학에서 자율적인 사고 능력과 성찰성의 능력은, 온 지구를 휩쓰는 오늘날의 사회적 변동의 광범위한 맥락 속에서 자아가 일종의 정서적인 미끄럼 방지 홈을 팔 수 있도록 해준다. 여기에서 기든스는 근대 사회를 변화시키는, 특히 정치, 경제, 문화, 통신, 이주, 환경 문제, 공공 정책, 군사 문제의 영역에서 사회 변동을 가져오는 지구화의 현재적 양상을 염두에 두고 있다. 기든스의 작업은 지구화의 복잡한 과정이 어떻게 자아를 재편하는지를 보여 준다. 그러면서 정교한 이론적인 방식으로, 정체성과 사회 구조가 끊임없이 서로 얽혀 드는 방식들을 강조한다. 자아에 대한 기든스의 설명을 비판하는 사람들은 대체로 두 갈래로 나뉜다. 후기 근대 혹은 탈근대의 시대에 정체성의 성찰적 지향을 아주 열광적으로 장려하는 쪽이 있다. 그리고 자아의 성찰적 역량은 (사회적 관계와 욕망과 언어의 체계를 포함한) 다양한 힘들의 그늘에 덮여 있다고 하는, 좀더 비관적이긴 하지만 어쩌면 좀더 그럴듯한 주장을 하는 쪽이 있다.

내가 지금까지 정리한 여러 자아의 사회학들은, 정체성이 우리들 모두가 사적인 세계와 사회적 세계에서 경험하고 표현하는 특별한 정서적 욕구에도 속해 있다는 사실을 못 보고 있다. '정서적 욕구'라는 말로 나는 우리의 사회적인 규정 조건 밖에 있는 어떤 것을 가리키는 것이 아니다. 이 말은, 개인적 자아가 사회 세계에서 타인들과 복합적으로 영향을 미치며 상호작용하는 방식들을 가리킨다.

이번 장에서 시사했던 바대로, 20세기의 사회학 이론들은 자아의 구성을 이해하기 위한 정련한 이론적 무기들을 제공한다. 그러나 자아의 사회학은 친밀성과 사적 생활의 궤적과 변동을 열심히 탐색하기는 하지만, 자아 경험의 내적인 세계에는 거의 관심을 두지 않았다. 기든스는 나름대로 이런 딜레마를 의식하고 있는 것 같다. 아마도 그런 까닭에 최근에는 자아의 사회학을 좀더 사적이고 정서적인 방향으로 끌고 가려고 애썼던 것 같다. 한편 20세기에는 자아에 대한 다소 어두운 이론적인 시각도 제시되었는데, 이제는 이러한 시각을 검토해 볼 차례이다.

# 2

# 자아의 억압

가장 단순하게 말해서 자아는 정신과 물질 사이의 중개자로, 우리의 내적 세계와 외적 세계를 엮어 주는 것으로 생각될 수 있다. 앞 장에서 논의한 사회학적인 접근법들이 강조하듯이, 개인은 사회와 문화의 상례적 과정과 흐름과의 관련 속에서 자아를 규정하는 틀을 펼쳐 간다. 특히 자아의 경험은 나날의 사회생활에서 다른 사람들이 보이는 행동과 반응에 의해서 강하게 영향 받는다. 개인 상호간 관계의 본성과 깊이와 윤곽을 지각하는 것은 정체성을 구성하고 재생산하는 데에 중심이 된다. 또한, 사회와 문화와 정치생활의 맥락 속에 자아성을 심어 놓은 데에도 중심이 된다. 자아의 이러한 측면을 성찰해 보는 것은 정체성이 **구축된** 현상이라는 평가를 내리는 것이다. 이 말은 정체성이 개인의 행동과 선택을 통해서, 사고와 성향과 느낌과 욕망의 양식화를 통해서, 그리고 사회 질서와 맺는 관계 속에서 주관적 경험이 구조화되는 것을 통해서 수립된다는 사실을 인식하는 것을 의미한다. 우리들 대부분은 아무리 부분적으로라도 타인들과 맺는 관계 속에서 우리가 특별한 역할을 수행하거나 실행하고 있다는 것을 조금은 느끼고 있다. 우리는 일상생활의 사회 무대 사이에서 움직여 가면서 우리가 만들어 내고 있는 서로 다른 종류의 정체성들을 알고 있다. 가족 구성원이나 사랑하는 사람들이 있는 곳에서 개인이 행동하는 방식은, 말하자면 직장 동료나 운동 상대자를 만나는 방식과는 꽤 다를 것이다. 가족과 학교와 직장에서부터 쇼핑이나 친목 모임이나 인터넷 서핑에 이르기까지, 이 모든 사회적 장(場)은 서로 다른 종류의 자아를 불러낸다. 또한 이런 사회적 장을 통해 우리는 서로 다른 자아를 구축하고 있는 것이다. 우리는 무수한 자아를 통해서 더 넓은 세상에서 우리의 경험을 실험하고 규정하고 있기는 하다. 하지만, 그 여러 자아들을 통일체로 만들어 주는 무언가, 즉 자아의 어떤 내적인 중심핵 같은 것이 있음을 개인이 느끼는 것은 드문 일은 아니다. 아직도 많은 사람들은 자아를 변화하는 상징적 맥락들에 그저 사적으로 반응하는 것으로 보지 않는다. 그리하여, 나날의 생활의 사회적 도전과 맥락을 주재하고 거기에 대응하는 응집성 있는 정체성 감각을 지니고 있다.

사적 정체성이라는 이슈는, 이 책의 다른 장에서 보겠지만, 오늘날 사회과학과 인문과학에서 논란이 매우 분분한 문제다. 핵심적 자아 감각이 사적·공적 생활을 영위하는 데 중심이 된다고 여기는 사람들이 있다. 이러한 입장과 손잡고 있는 이론가들은 자아가 다른 사람들과 더 넓은 세계와 맺는 관계를 통해서 능동적으로 구축된다고 주장하기도 한다. 하지만 어떤 이들은 개인이 아무리 능동적으로 자신의 세계를 구축한다고 해도, 형성된 자아는 변환을 일으키는 문화적 자극과 파편화시키는 사회적 현상의 폭격을 끊임없이 받는다고 주장해 왔다. 그러한 이론가들이 보기에는, 사적인 생활과 친밀한 관계의 표면 아래에 잠복하고 있는 사회적 혼란과 이데올로기적 동요로 가득한 세상에서는, 자아를 위한 어떠한 통일성도 구축하기가 점점 더 어려워지는 것이다. 그래도 어떤 이들은 자아성의 곤란을 최근 시대의 정치사가 던져 놓은 복잡한 난문과 관련짓기보다는, 심적 쾌락과 그 억압, 정서적인 충족과 그 부인의 문제로 보고 접근한다. 이런 입장의 핵심은 감정과 욕망과 소망과 충동에, 간단히 말해 자아의 내적 세계와 관련되어 있다. 여기에서 자아와 사회 사이의 관계는 갈등과 긴장과 양가적 감정의 관계이다. 하지만, 이는 단순히 사회적·역사적 힘이 자아를 침해하기 때문은 아니다. 오히려 감정적인 혼란과 성적 모순은 자아의 문제에 내재해 있는 것으로 다루어진다. 이러한 시각에서는, 개인과 사회가 상호 침투하는 복합적인 방식의 뿌리에 욕망이 자리 잡고 있는 것이다. 사적인 불행과 실패의 문제, 죄책감과 도덕적 가치의 문제, 성적인 괴로움과 젠더의 문제, 자기 파괴와 불만족의 문제, 공격성, 파괴성, 폭력의 문제, 이러한 사회적·문화적 소외의 형식들 또한 근본적으로 심리학적인 것이다. 말하자면 사회의 조직이 그 구성원들의 생활의 정서적인 중심핵 속으로 침투해 들어가는 것이다.

자아상에 대한 이러한 이해는 개인이 사회 세계에 적응하는 방식은 오직 곤란에 처하고 문제를 일으키는 방식뿐임을 강조한다. 그런데, 이러한 이해는 실질적으로 정신분석학의 창시자인 지그문트 프로이트의 통찰에서 비롯된 것이다. 아마도 프로이트는 그 누구보다도 자아에 대한 현대의 생각에 많은 영향을 미쳤을 것이다. 하지만 프로이트와 그의 이론을 이야기하려는 어떤 시도도 보통은 여러 가지 어려움에 처한다. 정신분석학의 스승에게는 수많은 다른 모습이 있기 때문이다. 자기 인식의 수수께끼에 빛을 던져 주고 억압의 은폐를 벗겨 내는, 무의식적인 마음의 창시자 프로이트가 있다. 섹슈얼리티와 젠더 정체성의 내재적인 모순을 강조하고, '정상적인' 성적 관계라는 이야기를 멸시하며, 인간 섹슈얼리티의 '도착적인' 기원을 설파하는 성 급진주의자 프로이트가 있다. 또한, 정상적인 젠더 가정들을 지지하면서 인간관계의 중심핵에 놓여 있는 구조와 질서를 찾아내는 모럴리스트 프로이트가 있다. 개인적 자유의 투사인 프로이트가 있고, 무의식적 욕망에는 아무런 해결책이 없다고 주장하는 사회적 현실주의자 프로이트가 있다. 계몽주의의 사도 프로이트가 있고, 심지어는 인간 주체성의 미완과 결핍을 가차 없이 선언하는 포스트모더니스트 프로이트가 있는 것이다. 모든 사람이 프로이트와 정신분석학의 이론적 건축물에 관한 의견을 하나씩 지니고 있는 것처럼 보인다. 성적 모순과 감정적 불일치에 대한 프로이트의 위압적인 주장에 사로잡힌 사람들이 보기에 그는 천재이다. 한편 어떤 이들은 그가 허풍선이이며, 돌팔이 의사이고, 이론은 거짓인데다, 그가 현대의 견해에 끼친 영향은 비참한 지경이라고 주장한다. 프로이트의 주장 가운데 어떤 것이 시간의 시험을 가장 잘 견뎌 낼지를 판가름하는 것은 무척이나 까다로운 일이다. 다행스럽게도 어쨌든 이 일은 지금 우리의 관심사가 아니다. 자아는 인식되고 제어되며 통어되는 어떤 것이라는 생각에 프로이트가 제기한 의문은, 자아의 구축과 해체에 대한 우리의 이해를 더욱 깊게 할 수 있을 만한 방식으로 검토해 볼 것이다.

욕망과 문화의 상호 침투가 자국을 남겨 놓은 자아, 혹은 자아들이 이번 장의 논제가 될 것이다. 이번 장 전체에 걸쳐서, 나는 자아에 대한 프로이트의 정신분석학적인 개념화에 집중할 것이다. 그러면서 자아 경험과 자기 이해라는 이슈를 다루고 있는 다양한 정신분석학 이론들의 발전에 특별히 주목할 것이다. 사회 이론가와 사회과학자들이 자아의 비판적 이론을 개진하기 위해 사용하는 서로 다른 방식의 정신분석학들은 나의 논의를 이어주는 또 다른 끈이 될 것이다.


## 정신분석학과 자아

"자신의 자아는 자신의 자아로부터 잘 숨겨져 있다." 이 말을 한 사람은 프로이트가 아니라 프리드리히 니체였다. 하지만 우리의 삶은 우리 자신에게 알려지지 않고 욕망과 정념에 의해서 지배된다는 니체의 명제는 프로이트의 정신분석학에서 가장 구체적으로 정식화되었다. 프로이트는 자아를 철저하게 분열되고 균열되며 양가적인 것으로 이해하는 방식의 기초를 놓았다. 그는 개인적 주체가 언제나 자신과 어긋나 있다는 발상을 다듬어 놓았다. 비합리성의 악령과 대결하면서,

프로이트는 깊이 숨어 있는 욕망을 탐험했을 뿐만 아니라, 인간의 상상력과 창조성의 가장 깊은 원천도 드러내 보여 주었다. 프로이트는 이렇게 말했다. "자, 이것 하나라도 배워 두어라. 너의 마음속에 있는 것은 네가 의식하고 있는 것과는 일치하지 않는다는 사실을."[1] 프로이트가 살던 때의 비엔나에서 이 말이 얼마나 물의를 일으켰는지를 오늘날 정확히 알기란 어려울 것 같다. 이 말은 자아 통제와 자기 구속에 혈안이었던 빅토리아 시대를 배경으로 놓고 이해할 필요가 있다. 자아에 대해 의문을 던지면서, 프로이트는 자율적 개인의 완전히 독립적인 자기의식이라는 서구의 관념에 일격을 가했던 것이다. 정념을 훈육하는 일을 최고로 중요하게 여긴 19세기 부르주아적 가치들의 견지에서 볼 때, 정신의 자기 은폐를 강조하는 프로이트의 주장은 불온하면서 동시에 해로운 것이었다. 그것은 프로이트가 자기의식과 마음의 등식을 깨뜨려 버리면서, 자아를 심리와 정서의 중심에서 효과적으로 몰아내었다는 의미에서 불온한 것이었다. 또한 그것은 코페르니쿠스가 인간의 우주를 뒤집은 일과, 다윈이 인류를 동물 왕국의 틀 속으로 옮겨다 놓은 일에 뒤이어, 에고가 자기 집의 주인이 아님을 프로이트가 보여 주었다는 의미에서 당시 사람들의 자존심에 상처를 입혔던 것이다. 에고는 숨어 있는 무의식적 욕망의 하인이라고 프로이트는 말한다. 무의식의 비합리적인 힘이 의식적인 지성에 대해 가지는 중요성을 밝혀내면서, 프로이트는 합리성과 자아성에 대한 우리의 이해를 새로이 써 나갔다. 그리하여, 합리성과 자아가 양가적 감정과 제어되지 않는 힘과 무의식적인 고뇌로 가득 차 있음을 보여 주었다.

프로이트는 종종 무의식의 발견자로 간주되지만, 완전히 정확한 말은 아니다. 계몽주의 시대에는 꿈, 환상, 시적 상상력과 같은 정신적 상태에 대한 많은 철학적·과학적 성찰이 있었다. 프로이트보다 훨씬 앞서서, 아리스토텔레스, 피히테, 쇼펜하우어를 비롯한 여러 철학자들이 무의식적인 욕망을 언급했다. 또한 괴테와 실러 같은 시인들도 문학적 창조의 뿌리가 무의식적인 마음에 있다고 했다. 하지만 프로이트의 독창성은 그가 무의식을 성적 억압과 관련지었다는 데에 있다. 특히 그는 억압된 무의식의 내용과 윤곽과 구조를 그려 보았다. 프로이트는 억압은 무의식을 파악하는 열쇠이며, 사적·공적 생활의 많은 측면들이 왜 불안과 갈등과 긴장으로 가득 차 있는지를 이해하는 열쇠라고 말한다. 프로이트의 억압 이론의 핵심에는, 문화가 성애적 활동과 성적 지식에 지나친 구속을 가한다는 견해가 놓여 있다. 프로이트에 따르면, 세기말 유럽의 문화는 개인들에게 상당한 심적 손상을 입혔다. 정념의 지배와 관련된 엄격한 규율과 통제를 통해 신경증과 강박 행동을 조장하는 문화였던 것이다. 프로이트는 현대 문명이 성 사이의 관계와 관련하여 특히 억압적이라고 생각했다. 사회적 규범의 준수는 성 에너지를 가로막는 데 기여했다. 특히 부르주아 가족생활의 수준에서, 억압이 주는 부담은 너무도 커서, 그 결과로 감정과 정념과 정서생활에서 점점 더 멀어져 가는 불안에 사로잡힌 남녀들이 생겨나는 것이었다.

프로이트에 따르면 무의식의 대부분은 억압되는데, 그러한 사실은 이제 억압 자체의 본성에 관한 중요한 의문을 제기하도록 한다. 프로이트가 생각하는 바로는, 억압된 무의식은 사고와 기억이 잠시 동안 저장되었다가 쉽사리 불러올 수 있는 그런 정신의 영역이 아니다. 이 영역에 대해서 프로이트는 '전의식'이라는 말을 따로 마련해 둔다. 이와는 달리 무의식은 자아가 망각을 통해 제거했던 욕망, 소망, 충동, 관념으로 이루어져 있다. 그러한 망각 때문에 우리의 정신적 활동의 커다란 부분이 자기 인식으로는 다가갈 수 없는 것이다. 프로이트는 망각과 무의식 사이의 이러한 연결을 주로 자기 방어적인 책략으로 본다. 욕망과 소망이 현실과―혹은 좀더 정확히 말하면 '현실 원칙'이 등록된 마음의 부분과―충돌할 때, 나쁜 감정 혹은 용납할 수 없는 감정을 경험하는 것이다. 이러한 나쁜 감정은 이제는 억압을 통해서 자아에서 내몰려 차단된다. 따라서 프로이트가 보기에 의식적인 마음과 무의식적인 마음 사이에는 철저한 단절이 있는 것이다. 자아는 억압 행위를 통해서 인식과 사고와 감정의 무의식적인 형태에 접근할 수 없도록 가로막힌다. 하지만 억압은 결코 완벽하지 않다고 프로이트는 말한다. 만족과 쾌락을 얻으려는 욕망은 억압과 망각의 욕망만큼이나 강하다. 프로이트에 따르면 이렇게 진행되는 마음의 갈등 과정은 꿈, 증후, 말실수, 기억의 왜곡 속에서 감지할 수 있다.

욕망은 영혼에 진흙투성이의 어두운 자국을 낸다. 따라서 프로이트는 성적 욕망의 수수께끼를 푸는 일에는 엄청난 어려움이 따를 것이라고 정신분석학자들에게 경고했다. 프로이트 자신도 임상 연구와 이론 작업을 하면서, 억압된 무의식이 사적 생활과 사회생활을 빚어내는 풍부하고 다양한 방식들을 파악하는 어려움에 끊임없이 부딪쳤다. 이러한 어려움은 부분적으로는 억압이 우리의 일상적 상호작용의 표면 아래에 묻힌 정서적 힘으로서 작동하기 때문에 생겨난다. 그리고 또 부분적으로는 무의식적인 정신 활동의 특징들이 의식의 속성들과 비교해 보았을 때 아주 낯설기 때문에 생겨난다. 프로이트는 무의식은 온통 쾌락을 좇는 것으로 묘사했다. 또한, 자아와 타자들 사이의 경계가, 제멋대로 변하는 미결정 상태인 역장(力場)에 의해서 다스려지는 것으로 묘사했다. 프로이트에 따르면 무의식은 현실성에, 논리나 모순에, 그리고 시간에 철저하게 무관심하다. 이것이 의미하는 바는 간단히 말해서 믿음, 욕망, 소망, 충동은 모순 없이 무의식 속에 존재한다는 것이다. 사람은 부모를 사랑하면서 동시에 미워할 수 있고, 형제를 욕망하면서 혐오할 수 있고, 친구를 받아들이면서 거부할 수 있는 것이다.

많은 비판가들이 다음과 같은 근거에서 프로이트의 무의식 이론을 거부했다. 개인과 집단의 활동에 비합리적인 것이 있다는 것은 명백한 사실이다. 하지만 마음의 한 부분이 억압의 영향 아래 의식에서 분리되어 떨어져 있다는 것을 증명하기는 거의 불가능하다는 것이다. 어떤 이들은 이러한 주장이 설득력이 있다고 생각할 수도 있겠다. 그렇지만 프로이트가 무의식을 오로지 의식과 반대된다는 측면에서만 이해하지는 않았다는 점을 주목해 볼 가치가 있다. 프로이트는 마음속에서 일어나는 모든 것은 본디 무의식적인 형태로 생겨난다고 주장했다. 유아기 후반부에 가서야 비로소 마음이 자아의 의식과 타인들과 더 큰 세상으로 열린다. 그리고 그때도 오직 고통과 상처를 받으면서만 세상으로 열리는 것이다.

이 점을 좀더 자세히 살펴보자. 프로이트에 따르면 개인의 성적 생활과 특히 환상의 심리학적 과정은 태어날 때부터 시작된다. 신생아는 더없이 행복한 만족의 상태로 생활하며, 자기 몸의 모든 부분에서 쾌락을 얻을 뿐만 아니라 엄마의 몸에서 쾌락을 얻는다. 이를 프로이트는 '자기 성애(autoeroticism)'라고 이름을 붙였다. 그는 정신은 본래 그 자신 속에 닫혀 있으며, 광대한 쾌락으로 가득한 희열의 세상 속에, 통일과 나르시시즘과 전능함의 세상 속에 잠겨 있다고 주장한다. 유아는 태어나서는 자신의 생물학적인 욕구를 만족시키기 위해 타인들에게 전적으로 의존해야 하는 세계로 들어온다. 물론 삶의 처음 몇 달 동안 유아의 첫째가는 욕구의 대상은 음식이다. 프로이트는 바로 이 점을 마음에 두고서, 어머니의 젖가슴이 남자아이와 여자아이 모두에게 갈망의 원초적인 대상이라고 주장한 것이다. 어머니의 젖가슴은 성적 욕망의 밑그림이 되는 원형이 된다고 프로이트는 주장했다. 이러한 주장이 오늘날에는 별로 충격적이거나 불온한 말처럼 들리지는 않지만—그리고 어쨌든 이 주장이 정확한 건지 의심할 독자도 많이 있겠지만—프로이트가 빅토리아 시대의 억압을 배경으로 두고 자신의 생각을 펼쳤다는 사실을 기억할 필요가 있다. 그는 어머니의 신체 혹은 좀더 정확히 말해 젖가슴은 유아에게 최초의 완전한 만족과 충족, 그리고 자족감을 제공한다고 주장한다. 하지만 프로이트에게 이것은 생물학적 문제 이상의 의미가 있다. 뭔가 다른 것,

뭔가 좀더 정서적이고 심리학적인 일이 어머니와 아이 사이의 이러한 초기 교류 속에서 일어나고 있는 것이다. 프로이트의 대답은 놀라우리만치 단순하다. 그것은 **성적 쾌락**이라는 것이다. 프로이트에 따르면 아이가 어머니의 젖에서 영양을 섭취할 때, 젖을 빠는 경험이 그 자체로 쾌락을 준다는 것이다. 그러한 쾌락은 인간의 섹슈얼리티 발달을 위한 일종의 형판(形板)을 형성한다고 프로이트는 말한다. "아기가 집요하게 끝없이 젖을 빠는 모습은 만족을 얻으려는 욕구의 초기 단계의 증거이다. 비록 이 욕구가 영양 섭취에서 발원되고 유발되었기는 하지만, 영양 섭취와는 독립적으로 쾌락을 얻으려 애쓰고 있으니, 그런 이유로 **성적**이라는 말을 붙일 수 있고 또 그래야 하는 것이다."**²**

프로이트는 성적 갈망과 가족 로망스에 대한 유년기의 기억들로부터 자신의 무의식 이론을 정립한다. 욕망은 모든 수준에서 언제나 유년기를 되불러 오고, 유아기의 충동과 좌절된 소망의 은밀한 영역을 되불러 온다. 장년기에는 그러한 유년기의 기억들이 환상의 영향을 통해서 필연적으로 복원된다. 우리의 개인사와 사적인 서사는 무의식적인 의미들로 가득 차 있다. 우리의 주관적인 관심사들은, 아무리 우리가 우리 생활을 제어하고 있다고 생각하더라도, 무의식적인 관념과 충동과 환상으로 가득 차 있다. 우리의 꿈과 일상적인 말실수가 강력하게 드러내 보여 주듯이, 우리는 정서적 삶의 많은 부분들을 의식적인 앎을 벗어나는 형태로 경험한다. 프로이트는 이를 무의식이 의식을 중층 결정한다는 말로 표현한다. "어디서 왔는지도 모르고 어떻게 해도 쫓아 버릴 수 없는 생각들이

갑자기 출현한다. 이 낯선 손님들은 에고의 통솔 아래 있는 것들보다 훨씬 더 강력해 보인다."[3]

마음속에 살고 있는 이 '낯선 손님들'을 이해하는 한 가지 방식은 오인(誤認), 그러니까 우리가 다른 사람들과 맺는 관계뿐만 아니라 자신의 자아성을 생각하는 방식에서, 혹은 더 정확히 말하면 공상하는 방식에서 저지르는 전체적인 왜곡과 관련되어 있다. 가장 유명한 프랑스의 프로이트 해석자 자크 라캉(1901~1981)이 보기에는, 개인적 주체는 거울 속에 나타난 자신의 이미지와 자신을 시각적으로 동일시하면서 자아 감각을 정립한다. 라캉은 커다란 영향을 미친 자신의 글「'나'라는 기능의 형성자인 거울 단계(The Mirror-stage as Formative of the Function of the I)」에서 유아의 자아 감각 출현에 거울과 반사면이 미치는 영향력을 분석한다. 라캉에 따르면 어린아이가 반사면 속에서 자신을 볼 때 환희의 근본적인 느낌이 생겨난다. 그는 거울이 완전하고 단일하며 통일된 신체의 이미지를 제공한다고 주장한다. 이런 완전성이나 통일성의 감각은 프로이트가 이론적 논문들에서 나르시시즘의 개념을 탐구할 때 알아내려고 애쓰던 것인데, 라캉은 나르시시즘의 시각적인 혹은 광학적인 발생이 자아의 조건으로서 얼마나 중요한지를 이해할 수 있도록 해준다. 하지만 문제는 거울 속에 비친 통일성의 모습은 보기에만 그렇지 실제와는 전혀 다르다는 것이다. 거울은 사실상 근본적으로 상상적인 것이다. 거울이 주는 만족스럽도록 통일된 이미지는 아이가 실제로 경험하는 조화롭지 못한 신체의 작동과는 완전히 반대되기 때문이다. 한마디로 거울은 **거짓을 보여 준다.** 반사하는 거울은 주체의 바깥에 있는 타자이기 때문에, 자아성에 대한 오인된 느낌을 가지게 한다. 에고 혹은 자아는 하나의 허구라고 라캉은 말한다. 자아성은 존재하지 않는 어떤 것의 얼어붙은 이미지인 것이다.

라캉의 거울 단계 이론은 다양한 학문 분야에 엄청난 영향을 미쳐 왔다. 이는 주로 그 이론이, 바깥에 있는 타자인 어떤 것(거울)이 자아의 상상적인 윤곽을 어떻게 규정하는지를 설명해 주기 때문이다. 라캉이 개념화하고 있는 거울엔 아무런 깊이도 속도 없다는 것을 주목하자. 우리는 순수한 표면, 타자성 속에 뿌리 내린 평평한 이미지에 대해 이야기하고 있기에, 거울 뒤쪽으로는 가 닿을 수 없는 것이다. 이것은 매우 전복적일 수도 있는 생각이다. 라캉이 거울 비추기 과정의 타자성을 강조하는 것이, 인간 본성과 내적인 욕망에 대한 통상적인 관념과 참된 혹은 진정한 자아성이라는 통상적인 관념을 뒤엎기 때문이다. 거울 단계 이론은 에고가 안쪽에서 구성되는 것이 아니라 바깥쪽에서 구성된다는 것을 시사한다. 그러니까 자아의 지각은 외적인 이미지에 따라서 구조화된다는 것이다. 거울 비추기라는 라캉의 발상은 정서 발달, 자기 통어, 자율성에 대한 지배적인 문화 관념들을 웃음거리로 만든다. 자아의 모든 이미지들은 본래적으로 거짓이다. 자아는 망상이기 때문이다. 라캉에 따르면, 거울 단계가 불러일으킨 원초적인 오인 경험은 그 이후의 모든 개인 간의 관계의 경험, 가족 유대와 친구관계의 경험, 사회적·공동체적 결속의 경험, 가장 중요하게는 애정과 사랑의 경험의 기초가 된다.

거울 단계에서 세워지는 자아는 이상적인 상상의 투사물이다. 이러한 심리학적 상태에서는 사적 정체성이 완전하고 통일되고 전능한 것으로 경험된다. 유아의 정신의 환영은 대단히 강해서 자아도 욕망의 다양한 대상도 사회적 차이와 문화적 의미와는 관계없이 규정될 정도다. 프로이트가 볼 때, 유아기의 이러한 나르시스적인 환상은 전 오이디푸스(pre-Oedipal) 시기 내내 생겨난다. 그리고 이 시기에 어린 유아는 자신과 외부 세계 사이를 구별하지 않고 자아와 타인을 구별하지 않는다. 사회적 정체성의 감각이 출현하기 위해서는 아이는 어머니의 신체가 일깨우고 불어넣는 자기 성애적 환상을 넘어야 한다. 그리하여, 문화적으로 형성되는, 부모와 타인과 더 넓은 세상과 맺는 일련의 상징적 관계들 쪽으로 분명하게 옮겨 가야만 한다. 말하자면, 초기의 아이와 어머니 양자의 통일성으로부터 빠져나와서, 유아의 욕망의 대상인 어머니의 신체와 유아 사이에 아버지가 쐐기를 박는 삼자 관계의 단계로 옮겨 가야 한다.

많이들 알고 있듯, 프로이트는 이를 오이디푸스 콤플렉스라고 부른다. 오이디푸스 콤플렉스로 들어가는 아이는 부모와 관련해 좌절감과 구속감에 사로잡히게 된다. 프로이트는 아이가 삶의 이 시기에 강렬한 사랑과 공격성을 경험한다는 사실을 강조한다. 그러면서, 아이가 문화의 상징적 차원을 내면화하고 전유하는 복잡한 방식을 이해하려고 했다. 좀더 자세히 설명하면, 프로이트는 오이디푸스 콤플렉스가 적극적이고 소극적인 측면 모두를 포괄한다고 주장했다. 적극적인 혹은 이성애적 콤플렉스에서는, 아이는 자신의 라이벌인 동성 부모의 죽음을 소망하고, 이성 부모에 대한 성적 욕망을 품는다. 소극적인 콤플렉스에서는, 아이는 동성 부모를 욕망하고, 이성 부모를 증오한다. 욕망과 방어, 사랑과 미움이 오이디푸스 콤플렉스 동안 조직되는 방식은, 프로이트의 시각에서는 사회와 문화와 관련해 인성과 자아성을 구조화하는 데 결정적으로 중요하다. 하지만 인간의 섹슈얼리티를 지배하는 이러한 사회적 규정들은 무의식의 균열되고 불안정한 본성에 대한 프로이트의 견해와는 명백히 반대되는 것처럼 보이기도 한다. (정신분석학이 궁극적으로는 사회적 관습을 강화한다고 주장하는 프로이트 비판자들도 있다.) 하지만 프로이트의 주장은 개인이 사회적으로 승인된 섹슈얼리티와 젠더의 형식을 자동적으로 채택한다는 주장과는 거리가 멀다는 사실을 강조할 필요가 있겠다. 예컨대, 동성애적 대상 선택과 갈등, 그리고 동일시의 흔적은 모든 사람들에게서 발견할 수 있다고 프로이트는 주장했다. 또한 그는 부인과 억압의 층 밑에 있는, 같은 성을 가진 사람에 대한 우리의 성애적 애착은 다른 성을 가진 사람과의 동일시만큼이나 자아의 발전에서 꼭 그만큼 중요한 역할을 한다고 믿었다.

확실히 프로이트 이론에서 심리에 미치는 성과 섹슈얼리티의 영향력은 아주 크다. 프로이트는 그의 저작 전반에 걸쳐 에고 영역의 감정적 자원과 본성뿐만 아니라, 젠더 의식과 성적 차이의 감정적 자원과 본성에 대해서도 몰두하는 모습을 보여 준다. 오이디푸스 콤플렉스의 강렬한 가족 드라마에 노출되는 것은, 젠더와 성적 차이와 복잡하고 양가적인 관계 맺음을 시작하게 되는 것이라고 프로이트는 추정했다. 프로이트는 오이디푸스적인 금지의 구속과 좌절이 인간 섹슈얼리티의 부조화에 근본적으로 묶여 있음을 보여 주려 했다.

프로이트가 오이디푸스적 섹슈얼리티 경험에 관해 개진한 주요 발상은 다음과 같이 손쉽게 요약할 수 있다. 첫째, 프로이트는 당시의 다양한 남성 지배적인 이데올로기와 제도에 대해 성찰하고는, 남자아이와 여자아이 모두 '능동적인' 남성 지향적인 섹슈얼리티를 지니고 삶을 시작한다고 주장했다. 프로이트의 유명한 말을 빌리면 "어린 소녀는 작은 남자"라는 것이다. 둘째, 그는 오이디푸스 드라마의 남근 단계가 시작되기 전까지는 생물학적인 성적 차이가 심리학적으로 중요치 않다고 주장했다. 이 시기는 성적 차이가 음경의 유무와 상징적으로 연결되어 가는 시기인 것이다. 셋째, 프로이트는 이후의 심리적 성적 발달이 각 성에 따라 서로 다른 정서적·문화적 경로를 따르며, 자아는 평생의 문제가 되는 '남성성'과 '여성성'의 획득을 놓고 심한 불안 상태에 놓인다고 주장했다. 프로이트는 인간의 섹슈얼리티가, 미리 규정된 가부장적인 상징들과 구조에 따라서 펼쳐진다는 견해를 거부했다. 그러나 그는 오이디푸스 콤플렉스의 해결과 부권 지배에 관한 일반 이론을 내놓았다. 소년의 경우에는 오이디푸스적 욕망이 아버지의 거세 위협 앞에서 억압된다. 소녀의 경우에는 거세가 이미 가해진 것으로 상상한다고 그는 추정하였다. 유아가 거세 위협에 반응하는 방식은 자아의 밑그림을 그리는 데에 근본적으로 영향을 미친다. 이런 위협은 상상이나 환상의 방식으로 경험된다고 프로이트는 우리에게 일러준다. 남성적인 자아 감각을 획득하는 문제를 살펴보자. 소년은 어머니의 신체를 소유하기 위해 아버지와 경쟁하려고 할 수는 없다. 하지만 남근을 소유하고 있으니 조만간 욕망을 표현하는 데 이를 사용할 수 있다는 사실을 깨닫는다. 그러나 거세 위협은 소녀가 여성적인 자아 감각을 획득하는 데 더 깊은 상처를 준다. 프로이트에 따르면, 이는 거세의 환상이 여성이 처음에 가지고 있던 남성적인 섹슈얼리티를 포기하도록 만들기 때문이다. 여성이 오이디푸스 콤플렉스를 해결하는 과정에서는 욕망이 자신을 덮친다고 프로이트는 주장한다. 그 결과는 '나르시스적 손상'이고, 이는 여자를 '남근 선망에 사로잡히게' 만든다고 한다. 여기에서 우리는 곧바로 여성의 섹슈얼리티와 젠더와 자아에 관한 가장 논란이 분분한 프로이트의 주장을 만나게 된다. 남근 선망, 마조히즘, 질투, 약한 초자아, 이러한 것들이 '여자임의 표지들'이라고 프로이트는 기술하였다. 그리고 이 모든 것을 남성적인 자아 감각과 날카롭게 구별한다.[4]

프로이트는 오이디푸스 드라마를 다룬 그의 저작들에서, 자아에는 언제나 가족과 유년기의 흔적의 그림자가 드리워져 있다는 사실을 보여 주려고 시도했다. 우리는 한편으로 생의 많은 부분을 우리 자신을 발견하려고 애쓰면서 우리 경험을 좀더 낫게 규정하려고 보낸다. 하지만 다른 한편으로 오이디푸스 콤플렉스의 유산은, 우리가 그 일을 환상으로 가득 찬 가족사의 뒤엉킨 틀 속에서 하도록 만든다. 그건 마치 우리가 부모와 형제들에게 느끼는 욕망과 공포와 증오가 전치되어, 평생토록 타인들에게 돌려진다는 이야기처럼 보인다. 실제로 프로이트는 사회적 관계로부터 투사된 환상 가운데에서 자기 성찰적인 개인이 되기 위한 주요한 과업을 선별해 내는 과정을 주목했다. 하지만 그는 자아가 문화의 요구와 사회적 책임감의 부담을 어떻게 해서든지 뛰어넘을 수 있다는 유토피아적인 주장에는 회의적이었다. 프로이트의 자아상은 깊은 분열과 양가성의 이미지이다. 그것은 강렬한 감정과 도덕적 금지, 저항과 굴복, 투쟁과 부인으로 이루어진 세계의 이미지이다. 하지만 프로이트는 자아의 서사를 이야기하면서, 이를 둘러싸고 있는 권력관계와 문화적 틀에는 공평하게 주의를 기울이지 못했다. 프로이트의 후기 저작에서는 인습적인 도덕성과 기성 제도의 힘, 그리고 가부장적인 사회성의 지속에 지나친 특권이 부여되어 있다. 이것은 인습적인 사회에서 아주 강한 인상을 받은 프로이트의 모습이다. 그것은 부르주아 사상가인 프로이트의 모습이며, 필립 리프(Philip Rieff)의 말을 빌리면 "모럴리스트 정신"의 모습이다. 이는 특히 사회성에 대한 프로이트의 설명에서 뚜렷이 볼 수 있다. 그 속에서 오이디푸스 콤플렉스의 경쟁과 선망과 경합은 공적 생활에서 벌어지는 투쟁과 갈등에 대한 가차 없는 비관주의적 이해로 도매급으로 넘겨진다. 주로 정치적으로는 좌파이면서 정신분석에 관심을 가진 어떤 비평가들은, 프로이트와 그의 후계자들이 발전시킨 사회적 삶에 대한 이러한 좀 더 보수적인 해석에 도전해 왔다. 우리는 이 장의 후반부에서 이러한 비판들을 좀 살펴보도록 하겠다.

프로이트가 보기에 오이디푸스 콤플렉스는 정신분석학 이론의 핵심이며, 그 뛰어난 해석 능력에 있어서 근본적으로 중요한 것이다. 오이디푸스는 각 개인의 삶에서 일어나는 본질적인 감정적 사건으로서 강력한 좌절과 갈등과 구속의 경험을 낳는 사건이다. 거창한 주장도 서슴지 않고 하는 사람인 프로이트는 오이디푸스적 욕망이 보편적이라고 주장했다. 그는 근친상간 환상이 초기 유년기에 모든 사람이 경험하는 것이라고 생각했다. 아마도 라캉이 오이디푸스 콤플렉스를, 혹은 그가 상징계라고 부른 것을 심리의 변이성과 우리의 문화적 레퍼토리의 고착 사이의 결정적인 연결고리로 만든 것도 바로 이런 이유 때문이었을 것이다. 라캉은 전후(戰後) 대륙 철학의 최근 이론들을 끌어오면서, 프로이트의 빅토리아 시대 풍의 제국주의적 개인주의에서 나온 자아의 관념을 더 세련된 구조주의적인 감수성으로 변형시켰다. 라캉 정신분석학의 형식주의에서는, 정념보다도 언어의 상징적 질서 속에서 차지하는 위치를 더 크게 강조한다. 프랑스 구조주의에 영향을 받은 다른 사람들과 마찬가지로, 라캉이 프로이트의 오이디푸스 드라마를 자아의 상징적 구축이나 결정과 관련하여 재편하는 데에서도 언어는 매우 중요하다. 개인은 내적인 욕망과 세계의 창조자가 아니라 언어와 상징적 정체성의 버팀목인 것이다. 라캉의 자아 개념화에서 중요한 것은 사람이 아니라 공정이다. 라캉에 따르면 언어 습득 이전의 경험(거울, 왜곡, 환영, 오인의 세계)과, 오이디푸스 콤플렉스 시기를 통과하면서 입문하게 되는 언어의 구조 사이에는 주요한 차이가 있다. 그리고 이러한 차이는 **심적 구조**에 관계된다. 즉 오이디푸스적 각성을 통해서 아이는 한계,

불일치, 타자성, 좌절, 그리고 구속에 맞부딪칠 수밖에 없는 것이다. 오이디푸스 이전의 유아의 소망과 욕망과 환상은 언어를 습득하면서 상징적인 사회 구조에 걸맞게끔 근본적으로 바뀐다. 프로이트에게처럼 라캉에게도 오이디푸스 콤플렉스는 전 오이디푸스적 욕망의 나르시스적인 충만성을 깨뜨리고, 아이를 언어와 문화와 사회 규범과 법적 의무와 구속의 상징적 세계 속에 위치시킨다.

많은 현대의 문화 이론가들은 프로이트와 라캉을 종종 엇비슷한 것으로 간주하지만, 자아에 대한 그들의 접근에는 중요한 차이점이 있다는 사실을 간단이나마 지적하는 것이 좋겠다. 프로이트의 작업은 자아에 대한 '고립주의적' 견해를 제시한다. 어린 유아는 자신 속에 닫힌 채로 삶을 시작하고, 그 이후가 되어서야 뒤늦게 환상의 닫힌 세상을 깨고 사회적 관계 속으로 들어간다. 오이디푸스 열망과 억압된 욕망, 도덕적 금지의 상호 연결은 자아가 사회적이고 정치적인 영역에 참여하는 데 중심이 된다. 이러한 관점에서는 소망과 환상적 생각의 유혹은 개인이 규범적 이상에 따라 살아가지 못할 때 유발되는 죄책감과 불안과 균형을 이룬다. 라캉은 프로이트의 이러한 고립 모델에 이의를 제기하고, 대신에 자아를 애초부터 타인들과의 소통 속에 위치시킨다. 정체성을 틀 짓는 소통 과정은 거울 단계(착란과 상상의 도피)와 함께 시작하고, 상징 질서 속에서 성인의 사회적 관계에 대한 예행연습을 하게 된다. 그리고 이 상징 질서 속에서 언어를 통한 자아의 구축은 그 결과로 성 정체성을 부여받는다. 라캉이 개인 상호간의 관계 쪽으로 이론적인 이동을 한 것은 프로이트 이후 정신분석학의 광범위한 조류와 일치하고 있다.

나는 오이디푸스 콤플렉스에 대한 프로이트와 라캉의 저작을 좀더 논의하고, 4장에서는 젠더와 자아를 놓고 벌이는 논쟁들을 살펴보면서 페미니스트 서클에서 생겨난 정신분석학에 대한 적대적인 반응을 논의할 것이다. 이 단계에서는, 프로이트주의자들은 오이디푸스 콤플렉스기를 통과하는 것이 자아성의 구성에 본질적인 것으로 여긴다는 점만을 강조해 두기로 한다. 정신분석학적 설명은 **주체성의 분열된 본성**을 강조한다. 개인은 한편으로 에고의 나르시스적인 유혹과 다른 한편으로 무의식의 욕망과 공포 사이에서 분열되어 있다. 하지만 사회화에 대한 몇몇 사회학 이론에서 볼 수 있듯이, 오이디푸스기를 통과하고 얻은 이러한 자아 감각이, 그저 사회적 역할을 추상적이고 실체도 없이 받아들인 것만은 아니다. 프로이트주의자들이 이론화하는 것처럼, 분명코 오이디푸스 콤플렉스를 통과한 자아는 완전히 닻을 내린 사회적·도덕적인 행위자이다. 하지만 무의식을 특징짓는 바로 그 낯섦이나 타자성은 상당한 것이어서, 자아의 내적인 표상과 외적인 현실 사이에는 언제나 심연이 도사리고 있다. 프로이트의 이론에서는 외적인 현실은 상상과 환상을 통해서 내적으로 표상되고, 다음에는 정신의 창안과 왜곡 둘 다를 가져온다는 것이다.

대체로 프로이트는 자아와 사회 사이의 관계에서 벌어지는 경쟁과 갈등을 강조하는 경향이 있다. 프로이트가 보기에 오이디푸스 삼각형의 형성력은 매우 커서 갈등과 경쟁, 욕망과 좌절은 자아의 중심적인 경험이 될 정도다. 자아에 대한 프로이트의 시각에서는, 오이디푸스 콤플렉스가 사회적 관계의 매개변수와 사회성의 정치학을 규정하고, 정체성과 애정은 사람들이 그것을 놓고 벌이는 싸움의 희소 자원으로 그려진다. 이것은 고도로 남성적인 자아 모델이며, 자아 발달이 소중한 욕망의 대상, 즉 어머니의 몸을 차지하려고 아버지와 아들이 벌이는 오이디푸스기의 가족 투쟁에 언제나 회부되는 그러한 모델이다. 다행히도 프로이트 이후의 정신분석학은 자아 규정이 개인주의적 에토스에 의존한다는 생각과, 문화와 의사소통에 대한 협소한 견해를 대체로 버렸다. 더 새로운 정신분석학 개념들은 자아들 **사이에서** 벌어지는 복잡한 감정 교류의 형태를 바꾸어 놓았다. 이들은 자아가 언제나 타자의 욕망과 결부된다고 보았다. 이와 관련된 주요한 이론적인 흐름은 자아의 구성 문제에서 아버지의 영향력에서 멀어져 어머니의 영향력 쪽으로 변화해 간다. 어머니의 정서적인 현존이 유아가 '자아'와 '비-자아' 사이에서 핵심적인 구별을 해내기 위한 자원이라는 생각은 프로이트 연구자들에게 많은 논쟁거리였다. 오늘날의 연구는 아이가 생을 시작하면서부터 어머니와 정서적인 대화를 시작한다고 주장한다.

아마도 어머니와 아이 사이의 이러한 정서적인 대화에 대한 가장 시사적인 정신분석학적 설명은 위니콧(D. W. Winnicott)의 이행관계(transitional relations) 이론, 특히 '잠재 공간(potential space)'이라는 발상일 것이다. 위니콧은 어머니가 자녀를 돌보고 같이 놀면서, 함께 있기와 혼자 있기를 배합하는 것을 배운다고 주장한다. 그는 의사소통과 사적 공간과 신뢰의 그러한 혼합이, 어머니한테서 독립되는 것을 배우는 정서적으로 힘든 일을 하고 있는 유아를 돕는다고 말한다. 위니콧은 유년기의 이러한 발달 시기를 포착하기 위해서 '알맞게 좋은 육아(Good-enough mothering)'라는 용어를 만들었다. 그런데 몇몇 페미니스트 저자들은 재빨리 이 용어에 보수적이라거나 시혜적, 또는 가부장적이라는 딱지를 붙였다. 이런 혐의에 대해 어떻게 생각하든, 실제로는 위니콧이 주류 문화에 퍼져 있는 육아의 관습적인 이미지에 비판적이었다는 점을 주목해 보는 것은 흥미로운 일이다. 그는 육아를 목가적이고 갈등이 없는 것으로 보는 오늘날의 이미지가 비현실적이며 해로울 수도 있다고 생각했다. 이런 이유 때문에 위니콧은 '알맞게 좋은 육아'를 관습적 의미의 육아가 멈출 때 생겨나는 일로 규정한 것이다.

위니콧이 생각하는 알맞게 좋은 육아는 충분한 영양 섭취의 문제를 말하는 것이 아니다. 그것은 정서생활의 기대와 불안을 잘 감지하고 아이를 받쳐 주면서도 침해하지 않는 식으로 아이 앞에 머물러 있는 것을 의미한다. 좀더 자세히 설명하면, 위니콧은 옆에 있으면서 아무 말 않기가 자아의 출현에 중심이 된다고 주장한다. 어머니는 아이에게 정서적인 거울로서 행동함으로써 의사소통을 한다고 위니콧은 말한다. 또다시 우리는 '거울 비추기'가 자아의 발달에 결정적으로 중요하다는 사실을 발견하게 된다. 하지만 어머니의 거울 비추기에 대한 위니콧의 설명은 라캉의 이론과는 매우 다르다. 이는 주로 위니콧이 거울을 상상력과 창조성과 숙련성의 이행관계와 관련지어서 이해하기 때문이다. 어머니는 헌신과 배려를 통해서 아이에게 아이의 욕구와 욕망을 되비쳐 준다. 그 결과로 아이는 배려와, 내적 기대와 불안을 억제하는 느낌을 경험한다. 흥분과 기쁨에서 분노와 파괴성까지, 유아의 감정 상태를 너그러이 보아주고 참아 주면서 어머니는 감정의 수용을 전달한다. 그러면 이제는 유아가 다양한 감정에 자신을 맞추어 조율하고, 내적인 감정을 표현하고 상징화하는 일을 시작할 수 있다. 거울 비추기가 더 잘될수록, 자아 감각이 자발적이고 활기차며 자율적으로 발달할 수 있는 가능성이 더 커진다고 위니콧은 말한다. 반대로 거울 비추기가 잘못될수록, 자율성과 실험을 위한 심적 공간이 줄어들고 정상적이고 건강한 발달을 가로막는 잘못된 자아 감각이 생겨날 가능성이 커진다. 요컨대 상호적 관계 맺음과 감정 공유가 참된 자아 발달의 뿌리에 놓여 있는 것이다.

상상력 혹은 위니콧이 '잠재 공간'이라 부르는 것은 자아의 창조성 발달에 본질적이다. 위니콧에 따르면 어머니가 아이에게 실험할 수 있는 기회와 창조성을 발휘할 기회를 줄 때, 어머니와 아이 사이의 공간은 잠재성으로 가득 차게 된다. 예를 들어 아이가 갖고 놀고 마음을 쏟을 대상으로 곰 인형을 받았다고 해보자. 어머니가 너무 나서서 법석을 떨지 않는다면, 곰 인형에는 시간이 갈수록 아이 자신의 상상력이 불어넣어질 것이고, 인형은 새롭고 독창적인 어떤 것으로 변할 수 있을 것이다. 이것이 바로 **심리 공간의 잠재성**이다. 가족이나 문화나 경제에 의해 결정된 것처럼 보이는 어떤 것을 받아들여서, 그것을 뭔가 다른 것으로, 뭔가 더 창의적이고 마술적이며 자신만의 의미로 가득한 것으로 변화시키는 것이다.

내가 지금까지 논의해 온 자아성에 대한 정신분석학적 설명이 아무런 문제가 없는 것은 결코 아니다. 프로이트 이론은 많은 비판을 받았다. 이제 나는 특별히 자아와 관련된 세 가지 주요 비판을 간단히 검토해 볼 것이다.

첫째, 여러 해에 걸쳐서 정신분석학의 학문적 지위에 대한 많은 신랄한 공격이 있었다. 그리고 실제로 최근에는 '프로이트 때리기'가 국제적인 학술 단체와 미디어에서 새로운 절정에 다다르기도 했다. 여기에서 이러한 주장들을 자세히 늘어놓으려는 것이 나의 의도는 아니다.[5] 하지만 자아에 관한 학문적 지식과 정신분석학 사이의 관계에 대해 짧게나마 몇 마디 하고자 한다. 프로이트는 평생 동안 자신이 과학적 전통과 계몽주의의 가치에 끈질기게 전념해 왔다고 주장하였다. 그는 정신분석학을 개인과 집단의 삶 속에서 일어나는 무의식적인 정신적 사건들을 해석하고 이해할 수 있는 과학적 방법으로 발전시키려고 애썼다. 이것이 정신병리학의 영역에 해당할 때는 특히 그러했다. 이러한 노력에도 불구하고 정신분석학은 일반적인 의미에서 '이해'로 여겨질 수는 없다. 바로 이 지점에서, 학문적 지식 이론으로서의 정신분석을 비판하는 많은 평가들이 근시안적이라는 사실을 알 수 있다. 이는 프로이트가 관심 가졌던 일종의 자아 지식이 전통적인, 특히 자연주의적인 과학적 지식의 구상과는 아주 다른 방식으로 작동한다는 사실을 비판자들이 알아차리지 못했기 때문이다. 정신분석에 대한 프로이트 연구법의 중심에는, 기존의 지식 원리에 대한 회의적이고 냉소적인 태도가 놓여 있다. 프로이트는 과학과 진지함이 손잡고 함께 간다는 관습적인 생각을 의문시하고 불신하였다. 우리가 흔히 사소하거나 보잘것없다고 여기는 삶의 영역들이 실제로는 우리가 알아 가고 알려지고 하는 방식에 중심이 되며, 지식 자체를 전달하는 데에도 중심이 된다. 따라서 프로이트는 학계와 과학자들이 종종 중요하지 않다고 여기는 삶의 많은 국면에 주의를 쏟았다. 그는 농담, 꿈, 몽상, 우연한 사고, 말실수에 관해서 글을 썼으며, 개인적 통찰에 필수적으로 동반되는 불확실성과 예측 불가능성에 대해서도 썼다. 그러는 가운데 프로이트는 엄밀한 지식이라는 전통적인 관념을 끌어내렸다. 그는 이해라는 것을 합리성이나 인식적 지식에 대안이 되는 음역이나 의미 공간으로 생각했다. 프로이트의 이론이 추구하는 것은 (일반적으로 정의되는 의미의) 지식이 아니라 **변형**이다. 자아, 감정과 정서, 섹슈얼리티와 욕망, 애정관계와 사적 관계, 궁극적으로 사회관계와 정치관계의 변형을 추구하는 것이다.

둘째, 정신분석학은 사적인 고통과 개인적인 억압을 낳는 외부적인 사회 조건들을 덮어둔다는 날카로운 비판을 받았다. 이러한 주장에 따르면 프로이트는 '믿게 만드는' 환상의 영역을 격상시키면서, 불평등과 억압과 지배의 광범위한 사회적 힘에는 눈을 감아 버리는 치명적인 잘못을 저지른 것이다. 제프리 매슨(Jeffrey Masson)은 유달리 통렬한 비판을 하면서 이렇게 쓰고 있다. "프로이트는 슬픔과 비참과 잔인함이 가득한 현실 세계로부터, 배우들이 자신이 만들어 낸 보이지 않는 관객들을 위해 창안한 드라마를 공연하고 있는 내면적 세계로 강조점을 옮겨 놓음으로써, 실재 세계로부터 멀어지는 추세를 개시했고…… 이는 오늘날 정신분석학의 불모의 뿌리에 놓여 있다."[6] 매슨의 비판은 심상치 않다. 주로 그는 현실적 고통과 상상된 고통을 구분하면서, 프로이트가 성적 학대라는 문제를 무시하면서 억압과 병리 현상의 본질을 이론화했다고 비난한다. 내가 보기에 매슨의 비판은 프로이트의 입장을 의도적으로 잘못 진술하는 것이다. 프로이트는 심리에 미치는 외상이나 성, 혹은 그 밖의 다른 것들의 힘을 부정하지는 않았다. 오히려 프로이트는 세계에 대한 어떠한 경험도, 그것이 아무리 억압적이거나 파괴적인 경험이라고 해도, 모두 다 우리의 내적 세계의 영향에 의해서 매개된다고 주장하였다. 사회적 경험은 언제나 정신에 의해서, 그러니까 이미지와 기억과 기대와 불안에 의해서 깊게 구조화되어 있다. 프로이트 이후에는, 환상은 더 이상 단순히 환영이나 몽상, 또는 도피로만 이해할 수는 없는 것이 되었다. 삶에 대한 우리의 심적 표상들은 세계를 기록하는 것 이상의 일을 한다. 환상은 결코 '사적'이지 않다고 프로이트는 주장한다. 환상은 사회와 문화의 영역 속으로 파고들어 돌아다니는 것이다. 환상은 자아가 사회 세계와 관계를 맺는 중심적인 심리적 매개체이다.

정신분석학이 개인들과 관련하여 정상적이다 병리적이다 하는 구분을 채택하고 있기에, 정신분석학은 그 자체로 보수적이라는 비난은 이러한 점과 연관되어 있다. 여기에서 정신분석학은, 아무리 숨 막히는 공적·문화적 규범이라 해도, 치료를 받는 사람들이 그러한 규범에 더욱 알맞은 방식으로 행동하도록 강제함으로써 억압적인 사회 질서를 지지한다는 비난을 받고 있다. 프랑스의 철학자이자 역사가인 미셸 푸코의 견해에서 보면, 정신분석은 성의 고백과 사회 통제의 유지를 위한 억압적인 조처다. 정신분석학은 성공 지침서나 치료 토크쇼에서 나타나듯이, 공적 고백의 확대에 중심적인 것으로 그려진다. 그러한 고백적인 담론은 오늘날 자아를 이해하고 구축하는 일을 매개하고 있다. 다음 장에서 푸코의 자아 이론을 검토하면서 살펴보겠지만, 정신분석과 고해소 사이를 그렇게 연결짓는 것은 좀 억지여서 설득력이 떨어진다. 고해소의 바탕이 되는 자기 폭로와는 대조적으로, 정신분석은 개인이 자신의 자아와 맺는 관계 속에다가 정서적인 봉쇄와 억압된 욕망을 놓는다. 그래서 프로이트의 작업이 아무리 급진적이고 정치적으로 날카로웠다고 하더라도, 프로이트 이후 정신분석학의 임상 치료적 발달이 체제에 순응적이었다는 주장이 아마도 더 설득력 있을 것이다. 러셀 야코비(Russell Jacoby)는 특별히 힘찬 공격을 펼치면서, 비열하고 타락한 자본주의 사회 질서 속에서 개인의 해방과 행복을 약속하는 정신분석적인 편제를 비판한다.[7] 의심의 여지없이 야코비의 비판에도 어느 정도 진실은 있다. 시장 지향적인 사회적 상황에서 정신 치료가 타인에 대한 돌봄은 도외시한 채 자아에 대한 돌봄과 너무도 쉽게 동일시된다는 비판은 특히 그러하다. 그러나 다른 한편으로는, 사회 이론가와 사회과학자들이 정신분석학 이론을 비판적인 방식으로 끌어와서, 자아와 사회적 관계에 대한 정치적으로 진보적인 설명을 모색하지 못할 이유는 전혀 없는 것이다.

　마지막 세 번째, 많은 페미니스트들은 프로이트주의자들이 가부장적인 가치와 남성 중심적인 가정을 답습하고 있다고 강하게 비판해 왔다. 여기에서 주요 비판은 요컨대 프로이트가 밑그림을 그려 놓은 자아의 이론에는 정치적·이데올로기적으로 젠더 권력이 잔뜩 실려 있다는 것이다. 프로이트는 시몬 드 보부아르(Simone de Beauvoir), 베티 프리단(Betty Friedan), 저메인 그리어(Germaine Greer)를 포함한 많은 지도적인 페미니스트들에게 '가부장제의 변증가'라는 비난을 받았다. 거세 불안, 남근 선망, 수동성, 질투, 히스테리의 개념에 집중된 여성의 섹슈얼리티에 대한 프로이트의 해석이, 자아성의 심리학을 개념화하는 문제에서 이데올로기적으로 큰 부담을 안고 있는 것은 틀림없는 사실이다. 그러나 이와 관련하여 더 최근의 페미니스트 이론은 정신분석학을 완전히 거부하는 것에 대해서는 경고를 해왔다. 오늘날의 페미니스트 사상에서 대두되는 해석적인 전략은, 성 발달에 관한 정신분석학의 설명을 대체로 받아들이긴 하되, 이 설명이 가부장적인 사회 조건들 아래에서 여성이 종속되는 깊은 정서적 고통과 억압을 찾아내는 것으로 이해된다는 전제 위에서만 받아들이자는 것이다. 말하자면, 많은 페미니스트들은 프로이트의 이론을 기술적인 것으로 다루지, 규정하고 처방을 주는 것으로 다루지는 않는다는 말이다. 이런 주장에서는, 프로이트의 정신분석학은 젠더가 부여된 관계 맺음을 변형시키는 성적·정서적 힘들에 대한 강력한 고찰을 대표한다.[8] 젠더를 이론화하는 데에는 여러 문제가 있긴 하지만,

많은 비평가들은 섹슈얼리티에 대한 비판적인 이론을 발전시키고, 젠더 변형과 자아의 자율성에 수반되는 문화적이고 심리적인 여러 차원들을 파악하려면 페미니즘이 정신분석학 이론을 받아들일 필요가 있다고 주장한다. 나는 4장에서 페미니즘이 정신분석학을 어떻게 이용하고 재구축하는지를 좀더 자세하게 살펴볼 것이다.

## 문화와 억압

정신분석학은 억압과 불안과 우울증으로 정서적인 고통을 받고 있는 사람들을 치료하는 임상적 실천으로, 순전히 치료와 관련된 방식으로 흔히 그려진다. 하지만 프로이트의 구상은 정신병 치료를 위한 모델을 제시하는 것만이 아니었다. 정신분석학은 근대 사회를 살아가는 개인들의 무의식적인 동기들에 더 넓은 세계 쪽으로 나아가는 강력한 해석적인 디딤판을 제공하기도 한다. 프로이트는 일생 동안 정신분석학 이론과 사회적·문화적·정치적 과정들 사이에는 밀접한 연관성이 있음을 강조했다. 그는 정신분석학의 임상 외적인 발전이, 문화와 사회가 인간의 역할에 가하는 압력을 우리가 더 깊이 이해하도록 해주는 중요한 열쇠가 될 것으로 여겼다. 프로이트는 문화와 무의식 사이의 연관관계를 분석하는 일을 '응용 정신분석'이라 부른다. 이는 사적인 환상이 공적으로 되는 그러한 변형 과정을 연구하는 것이다. 그리고 놀랄 일도 아니지만, 정신분석의 개념을 문학, 예술, 문화를 탐구하는 데 처음으로 응용한 사람은 프로이트 자신이었다. 따라서 그는 자아와 사회적 관계들을 연구하는 데에 사회과학과 인문과학 전반에 걸쳐서 중요한 가지를 치게 될 일련의 물음을 갖추어 내놓았다.

문화 발전에 대한 프로이트의 생각은 특히 사회 조직화의 본성과 그와 관련된 인성 발달과 자아의 운명을 분석하기 위해 특히 진지하게 받아들여져 왔다. 프로이트는 『토템과 터부Totem and Taboo』(1912~1913)에서 처음으로 '문명화'의 해석을 시작했다. 그는 한편의 문화 발전과 질서와, 다른 한편의 자아의 수준에서 끝없이 소용돌이치는 본능의 포기와 억압 사이에 밀접한 연결고리를 놓는다. 이 점에서 가장 중요한 것은 파괴와 폭력 충동이다. 프로이트에 따르면, 다른 사람에게 해를 가하려는 소망과, 파괴하려는 욕망은 인간 섹슈얼리티의 원시적이고 가학적이며 잔인한 차원과 묶여 있다. 섹슈얼리티의 이러한 가학적인 측면은 타인을 통제하고 정복하고 지배하는 것을 통해서 문화적으로 가장 잘 표현된다. 또한 이러한 것은 자기 지속성의 감각을 제공할 수도 있는 것이다. 폭력과 파괴성 쪽으로 기우는 우리의 심리적 경향이 사회와 문화의 존속에 중요한 위협이 된다는 것은 의심의 여지없는 사실이라고 프로이트는 주장한다.

프로이트의 역작 『문명 속의 불만』(1930)에서는 욕망과 문화 사이의 이러한 싸움이 서사시적 규모로 벌어진다. 프로이트는 바로 이 책에서 문화 비판의 포괄적인 모델을 내놓는다. 그는 문화의 복잡성이 증가할수록 필연적으로 심리적 억압이 강화된다고 말한다. 사회 조직화의 수준이 복잡해져 갈수록 문화 수준도 더 진전되고, 그럴수록 욕망과 감정의 억압이 더욱 커지며, 따라서 폭력과 파괴성의 개인적인 자기 제어의 요구도 더 커져 간다. 사회와 문화에 관한 프로이트의 후기 저작들에서는, 인간의 파괴성은 억압, 반복 강박, 죽음 충동과 연결된다. 파괴 충동은 삶의 욕망보다 크지는 않을지 몰라도 적어도 그만큼은 강하다. 따라서 프로이트는 여러 가지 방식으로 불안한 세대의, 경제 불황과 세계대전에 얻어맞아 비틀거리는 세계의 시대정신을 표현한 것이다. 프로이트가 보기에, 삶의 충동 또는 에로스는 문화적 질서를 빚어내고 문화적 창조성을 기르려는 우리의 시도 한가운데에 놓여 있다. 에로스는 사랑의 피어남이며 정서적 유대이고, 공동체적 결속이며 시민적 연합이다. 하지만 에로스와 나란히 공격성과 파괴성의 충동이 있다. 죽음 충동, 부정성, 타나토스가 있다.

물론 문화와 사회에 대한 정신분석학의 진단을 거부하거나 무시하려고 했던 사람들은 많이 있었다. 이는 종종 방법론적인 근거들 때문이었는데, 그 주요 주장은 프로이트가 복합적인 사회 현상을 심리학적 범주나 설명으로 축소했다는 것이었다. 나의 견해로는 이러한 비판은 프로이트 자신보다는 정통 프로이트주의자들에게 더 알맞다. 정통 프로이트주의는, 특히 사회생활과 문화생활에 대해 단언을 내리려는 시도에서 발전한 것으로서, 이들은 문화와 역사를 '개인'과 '심적 경험'의 수준으로 낮추려는 경향을 띠었다. 그런데 이들은 이러한 범주의 본성에 대해 아무런 물음을 던져 보지도 않았고, 사실상은 자아와 사회의 매개에도 아무런 물음을 던지지 않았던 것이다. 프로이트는 정신분석적 방법을 사용하여 사회적·문화적 문제에 대해서 너무 섣불리 가설을 세우는 것은 개념적으로 위험하다고 경고한 바 있다. 그런데도, 조야한 형태의 '정신분석하기(psychoanalysing)'가 정치적 사건들에 대한 많은 해석에서 행해지고 있는 모습을 쉽게 찾아볼 수 있다. 예를 들어, 정치 변화나 문화 변동의 이슈들이 오이디푸스적인 현상으로 그럴듯하게 잘 설명될 때 특히 그러하다. 이러한 설명들은 확실히 정신분석학에 오명을 가져왔다. 그러한 이론적인 추측은 정신분석학을 방어적으로 사용하고 있는 것이며, 프로이트를 동원하여 보수적인 이데올로기나 억압적인 사회 조건을 유지하려는 것으로 보아야 한다.

사회 진화와 심리적 포기를 프로이트가 동일한 과정으로 본 것을 어떻게 생각하든―그리고 나는 이것이 사회 비판에 어떤 정치적인 함축을 지니고 있는지 간단하게 살펴볼 것이다―문화와 억압과 파괴성에 대한 프로이트의 발상은 자아와 인간관계, 그리고 사회를 더욱 일반적으로 사고하는 데에 여전히 자극이 된다. 인간은 심리적 갈등을 처리하는 수단으로 증오와 파괴성을 타인들에게, 특히 외부인이나 소수 집단에게 투사하거나 배출한다고 프로이트는 주장한다. 프로이트의 이러한 명제는, 사회적 폭력이 도처에서 끊이지 않고 있다는 사실을 설명하는 일에 흥미로운 단서를 제공한다. 이러한 각도에서 보면, 많은 문화 분석가와 공적인 지식인들이 프로이트의 포괄적인 억압 모델을 끌어와서 개인의 심리와 사회 사이의 매개를 파악하려고 한다는 사실도 놀라운 일은 아니겠다.

허버트 마르쿠제에서 슬라보예 지젝에 이르는 유서 깊은 전통에서, 프로이트 정신분석학은 인간 주체들의 구성을 인종주의와 민족주의와 정치 폭력과의 관련성 속에서 더 폭넓게 분석하기 위해 동원되어 왔다. 뒤이어 나는 프로이트의 작업을 사회 이론과 문화 비판에 접목하려는 주요한 시도 몇 가지를 살펴볼 것이다. 그러면서, 특별히 사적 정체성과 자아라는 문제에 주의를 기울일 것이다.

자아와 사회 사이의 복합적인 관계를 이해하기 위해 프로이트를 처음으로 이용한 사람은 빌헬름 라이히(Wilhelm Reich, 1897~1957)다. 프로이트의 동료였던 라이히는 정신분석학자이면서 마르크스주의자였다. 라이히는 이러한 이론적인 조류를 한데 묶으면서 성 혁명이라는 문제를 제기했다. 또한, 이를 실현하고자 급진적인 정신분석학 운동과 정치 운동을 펼치려고 시도했다. 라이히는 『파시즘의 대중 심리*The Mass Psychology of Fascism*』(1933)[9]와 『성격 분석*Character Analysis*』(1933) 같은 책에서 우익 극단주의와 파시즘의 신경증적 뿌리를 분석했다. 그러면서 라이히는 정치가 자아에 미치는 심리적 영향력에 관한 근본적인 문제 제기를 하였다. 그는 파시즘이 야만적인 물리력을 통해서만 작동하는 것은 아니라고 말한다. 파시즘은 관념, 충동, 욕망, 환상을 통해서 정신의 수준에서도 작동한다. 라이히에 따르면, 파시스트 성격 구조의 기원은 성적 욕망에 가해지는 가혹한 압박에서 생겨 나오는 것이었다. 좌절된 섹슈얼리티는 파괴성과 증오와 폭력으로 방향을 돌려서 마침내 발산된다. 특히 라이히는 정치적 폭압과 성적 억압 사이에 작동하는 강한 무의식적인 힘들이 있다고 주장하였다. 라이히의 작업이 다양한 해석을 낳긴 했지만, 그가 제시한 자아 정체성 분석의 핵심은 손쉽게 이야기할 수 있다. 라이히에 따르면, 사람들은 현대 문화의 통제와 구속에 복종하느라 자신의 참된 자아를 억압한다. 이는 경제적 자원과 정치권력이 체계적으로 불평등하게 분배되는 것을 기반으로 세워진 사회 체계들의 경우에 특히 그러하다. 서구 문화의 권위주의를 배경으로, 라이히는 자아의 억압된 에너지와 성 충동을 회복하는 것이 심리적 건강과 정치적 정의 모두를 획득하는 데에 근본이 된다고 주장하였다.

여러 측면에서 라이히는 시대를 앞질렀다. 그는 산아 조절과 낙태의 권리를 옹호했고, 섹슈얼리티와 애정관계에 대한 강습회를 열었으며, 사적 생활과 라이프스타일을 실험하는 일의 대변자였다. (성 억압과 정치적 억압의 세력에 맞서 싸우기 위해, 그는 '오르곤 요법', 그러니까 자아의 에너지를 재활성화하고 '오르가즘 잠재력'의 달성을 목표로 삼는 치료 방법을 개발했다.) 하지만 다른 측면에서는, 라이히의 작업은 순진하리만치 유토피아적이었다. 그의 작업 대부분은 신비에 도취된 외침에 맞닿아 있었고, 그의 이론에는 분석의 정확성이 결여되어 있었다. 자아의 성적 잠재 능력에 관한 그의 모든 급진적인 주장들에 대해서 보자면, 라이히는 성적 쾌락을 평가할 문화적·도덕적인 척도를 전혀 고려하지 못했다. 그는 성적 금지를 없애는 것이 자아와 사회의 수준에서 일반화될 수 있도록 하는 방법상의 난점들도 고려하지 않았다.

프로이트를 이와 비슷하게 이용한 경우는 독일의 비판 이론가 허버트 마르쿠제(1898~1979)의 저작에서도 찾아볼 수 있다. 라이히처럼 마르쿠제도 심리적이고 정치적인 억압이 자아와 깊이 얽혀 있는 것으로 본다. 하지만 라이히와는 대조적으로 마르쿠제는 프로이트의 해석자들이나 다른 수정론자들과는 다르게 프로이트를 읽으려 한다. 그는 프로이트의 정신분석학이 사회와 문화라는 더 큰 틀 속에 있는 개인의 운명에 대한 강력한 해방적인 설명을 담고 있다고 믿는다. 성의 표현성을 증진시키기 위한 라이히의 치료 프로그램을 비판하면서, 마르쿠제는 프로이트의 저작들에 들어 있는 해방적인 잠재성을 드러내려고 노력한다.

마르쿠제는 가장 잘 알려진 자신의 저작 가운데 하나인 『에로스와 문명Eros and Civilization』(1955)[10]에서 현실 원칙이 심리적인 억압과 정치적 압제를 함유하고 있다는 프로이트의 일반 원리와 관련해서 비판 이론을 전개한다. 마르쿠제의 시각에서는, 개인적 욕망과 사회적 질서 사이의 긴장에 대한 프로이트의 해석은 비역사적이고 보수적인 것이다. 마르쿠제는 프로이트가 심리적 억압이 영구적인 문화적 필연성이라고 가정하는 것은 옳지 않다고 주장한다. 프로이트가 충분히 파악하지 못한 것은 자본주의 사회가, 비록 영구적이지는 않더라도 끔찍한 억압의 수준을 만들어 냈다는 사실이다. 바로 이 점이 마르쿠제의 광범위한 정치적 주장에서 결정적으로 중요한 것이다. 이러한 주장을 통해서 그는 문화에 대한 프로이트의 해석을 뒤집으려고 시도한다. 마르쿠제에 따르면, 서로 다른 사회들은 서로 다른 수준의 심리적 억압을 만들어 낸다. 시장 자본주의에서 독점 자본주의로 넘어가면서 특히 해로운 억압의 수준이 생겨났다. 그리고 자아는 경제적 과정들의 경직된 영리 추구 속으로 완전히 편입되어 버렸다. 하지만 이러한 사태는 영구적이지도 않고, 바뀔 수 없는 것도 아니다. 억압적이지 않은 사회는 실제로 가능하다고 마르쿠제는 말한다. 그는 프로이트의 교의가 자유롭게 해방된 자아, 더 성찰적이고 더 열정적인 자아의 가능성을 지적하고 있다고 주장한다. 이러한 의미에서 프로이트의 이론은 정치적 저항을 지지하는 것으로 읽을 수도 있다. 정신분석학은 특정한 판단 척도를 제공하는데, 이를 가지고 사람들은 자신의 정서적 생활과 개인들 상호간의 생활과 도덕적 생활에 관하여 더 열정적이며 더 성찰적으로 되려고 노력할 수 있는 것이다.

프로이트에게 영감을 받아 라이히와 마르쿠제가 발전시킨 사회 이론은 정신분석학의 통찰을 더 많은 대중들에게 알리는 데 기여했다. 그러한 발상들은 1960년대 후반과 1970년대 초반, 성 급진주의 운동과 학생 운동의 정치적 요구들의 맥락에서 특히 시사성이 컸다. 하지만 라이히와 마르쿠제의 발상은 오늘날에는 그다지 큰 논쟁거리가 되지 않는데, 그 까닭을 짚어 보는 것도 흥미로울 것이다. 간단히 대답을 하면, 프로이트의 『문명 속의 불만』에서 마르쿠제의 『에로스와 문명』에 이르기까지, 현대 문화를 고도의 성 억압과 동일시하는 정신분석학적 일반 이론은 잘 봐줘야 방향이 빗나갔고, 못 봐주면 그저 틀렸을 뿐인 것 같다. 성적 다양성, 라이프스타일 실험, 혼인관계 해체의 시대에 성 억압이라는 이슈는 더 이상 예전처럼 큰 두각을 보이지 못한다. 현재에는 사적·성적 실험이 급진적으로 확대되고 있을 뿐만 아니라, 자아의 철저한 파편화와 사회 조직의 침투가 시작되고 있는 것이다.

1970년대와 1980년대 서구 사회에 만연해 있는 문화적 위기와 도덕적 상대주의를 배경으로 하여, 미국의 역사학자 크리스토퍼 래쉬 (Christopher Lasch)는 자아의 병리 현상, 정서 불안의 나르시시즘, 소비 자본주의를 대담하고 놀라운 사회 비판 속에서 엮어 내려고 하였다. 래쉬는 자신의 책『나르시시즘의 문화*The Culture of Narcissism*』(1980)[11] 와『극소 자아*Minimal Self*』(1985)에서 프로이트의 발상을 흥미롭게 끌어들인다. 그러면서, 오늘날의 자아성은 이제 사생활 중심주의로, 자아 이미지와 외모와 몸 가꾸기에 반사회적으로 몰두하는 일로 타락해 버렸다고 주장한다. 그는 서구 문화는 유치한 욕망을 직접적으로 만족시키는 일에만 관심이 있는 자기도취에 빠진 개인들을 적극적으로 장려하고 있다고 말한다. 사적이거나 도덕적이거나 정치적인 자율성도 전혀 없이, 자기도취에 빠진 개인들은 배려와 열린 관계를 형성할 정서적인 능력이 없다. 그 대신에 나약하고 깨지기 쉬운 자기도취적 자아는 깊은 정서적인 공백을 메우기 위해 소비할 대체물을 찾아 헤맨다.

래쉬의 작업은 호평을 받았다. 특히 1980년대에는 현대 사회의 생활 양식이 처해 있는 딜레마에, 특히 심리학적 무게를 부여하는 것으로 평가를 받았다. 래쉬에 따르면, 소비 자본주의는 여론 조작을 통해서 정신 자체의 중심부에 파고들어서 기호와 성향과 가치를 재조직해 왔기에, 이러한 점에서 많은 비난을 받아 마땅한 것이다. 사적 관계의 수준에서 소비 자본주의는 자아를 비인간화한다. 자아는 다른 사람과 관계를 맺고 공공 영역에 참여하는 일에서 뒤로 물러난다. 그런 과정에서 개인은 공허한 사적인 관심사에 대한 추구에 필수적인 심리적 초연함의 감각을 기른다. 래쉬는 자아가 갈수록 텅 비어 간다는 명제를 전지구적 자본주의의 예측 불가능성과 혼란에 연결짓는다. 경제적 불확실성, 오래된 공동체와 전통의 파괴, 늘어 가는 사회적 박탈감과 불안감의 세상에서 사적 정체성은 연약하고 부서지기 쉬우며 위태롭고 나약한 것이 되고 만다.

　래쉬가 보기에 자기도취적인 자아는 우리의 '생존주의 문화'의 산물이다. 주된 과제는 이대로 계속해 나가기, 그럭저럭해 나가기이다. 삶은 언젠가 한꺼번에 사는 것이다. 래쉬에 따르면, 이러한 유폐된 심성은 가부장적인 가족의 쇠퇴와 연결되어 있다. 정신 불안 상태의 나르시시즘은 아버지의 금지와 구속을 내면화하지 못한 것에 대한 심리적 방어기제로서 생겨난다. 아버지는 갈수록 오늘날의 가족생활에서 모습을 보이지 않고, 회사생활의 압력은 아이에게도 영향을 미쳐서 병리적인 결과를 가져온다. 점점 더 많은 아이들이 어머니의 사랑과 헌신의 공생 영역 속을 정처 없이 떠돈다. 그러면서, 결과적으로 차이를 관용하지 못하고 타자성을 수용하지 못하며 한계를 기꺼이 받아들이지 못한다. 이는 프로이트의 오이디푸스 콤플렉스 이론을 직접적으로 끌어온 주장이다. 프로이트의 이론에서는 아이가 문화와 동일시하도록 돕는 사람은 아버지이다. 아버지는 아이가 어머니와 맺는 전 오이디푸스적인 유대를 끊어주는 것이다. 그러나 래쉬는 현대의 사회적 조건에서는 그렇지 않다고 말한다. 가족의 몰락이 자기도취적인 자아의 등장을 초래한 것이다. 이것은 완벽성과 전능성이라는 원초적인 환상에 사로잡힌 자아이고, 의미 있는 문화적·상징적 관계를 맺지 못하는 자아이며, 따라서 자기 가치와 자존심의 감정 속에서 깊이 동요하는 자아이다.

자본주의 소비 사회에서 살아가는 일상의 의미 부재와 피상성의 상징인 나르시시즘이라는 주제는 정신분석학에 밝은 다른 사회 이론에서도 발전되어 왔다. 그리고 아마도 리처드 세넷(Richard Sennett)과 조엘 코벨(Joel Kovel)의 저작에서 가장 흥미롭게 펼쳐지고 있는 것 같다. 많은 주제들이 자기도취적 문화에 대한 그러한 설명에서 되풀이되고 있다. 문화적 소외와 빈약해진 정서적 경험 사이의 관련성, 이미지의 표현 속에서만 정체성을 발견하는 부수적 자아와 미디어 문화의 지배 사이의 관련성, 소비 패턴과 사물들(재화, 용역, 사람)의 교환 가능성과 배려와 신뢰 관계의 붕괴 사이의 관련성 등이 그러한 것들이다. 래쉬의 설명 가운데에서, 특히 정체성 형성의 패턴들을 약화시키는 공격에 대한 제도적인 배경을 형성하는 것은 독점 자본주의와 소비주의의 영향이다.

자기도취적 인성에 대한 래쉬와 다른 학자들의 정신분석학적인 연구는 자아 발달에서 현재 생겨나고 있는 변화들에 대해 다양한 비판적인 통찰을 제공한다. 소비 자본주의가 발달하면서, 자아 정체성은 늘어 가는 혼란과 파편화 과정, 정서 불안의 나르시시즘이 지배하는 과정에 종속된다. 여기에서 가장 취약한 것은 사적인 삶의 자율성이다. 이는 자기도취적인 경향이 더 이상 자아와 사회적 관계 맺음의 수준에서 공적 의식과 차이에 대한 존중으로 대치되고 있지 않기 때문이다. 하지만 자아와 사회 사이의 관계에 대한 그러한 설명은 이 상태 그대로는 너무 부정적이고 결정론적이다. 그래서 많은 문화 비평가나 사회 이론가들에게 어떤 식으로든 도움이 되지 않는다.[12] 이러한 논평자들이 보기에는, 래쉬의 작업은 소비 사회의 파괴적인 측면만을 강조하며, 개인을 순전히 문화적 희생물로만 그리고 있다. 하지만 자아와 정체성의 경험들은 병리적인 나르시시즘에 대한 진단이 포착하고자 하는 것보다 훨씬 더 유동적이고 풍부하다. 자아와 사회 사이의 관계는 권력과 통제가 단순히 한 방향으로 흘러 들어가는 것에만 기대어 있는 것은 아니다. 그리고 실제로 소비주의에 대한 최근의 연구들은 문화가 양가적으로 경험되며, 자아에게 새로운 기회와 새로운 부담 모두를 안겨 준다는 사실을 보여 준다. 앞 장에서 주로 자아의 성찰성에 대한 기든스의 명제와 관련해서 강조했듯이, 정체성과 이미지와 신체의 매력에 대한 증가하는 관심이 탈전통적인 사회 환경의 핵심적 국면으로 부상하고 있다. 그러한 관심들은 자아가 막을 내린다는 것을 반영하는 게 아니라 정체성이 펼쳐진다는 사실을 반영하는 것이다.

래쉬가 현대 문화를 병리적 나르시시즘으로 성격 짓는 것의 한계는, 자아와 감정과 욕망 사이의 관계를 잠깐 숙고해 보면 명백히 드러난다. 래쉬에 따르면, 오늘날의 문화에서 자아 발달은 정서적 공허함과 절망감에 쫓기고 있다. 그리고 나르시시즘이 이러한 것들에서 벗어날 일시적이고 피상적인 도피구를 제공하는 것처럼 보인다. 하지만 다시 생각해 보면 프로이트의 이론은 래쉬의 문화적 호들갑이 함축하고 있는 것보다 더 섬세한 것 같다. 프로이트 자신은 특정한 형태의 자기애가 사회적 관계 맺음에 이로운 것일 뿐만 아니라, 개인이 문화와 정치에 관련되는 과정의 핵심부에 놓여 있다고도 생각했다. 자아와 타인들과의 관계에서 경험하는 감정과 정념은 사회적·정치적 일을 수행하는 데에서도 울림을 지닌다. 바로 이러한 논조에서 정신분석학자 하인즈 코헛(Heinz Kohut)은 나르시시즘의 성격이 자아의 통합성에 심리학적으로 본질적인 것이며, 또한 도덕적·문화적 열망에도 매우 유익한 것으로 평가하였다. 래쉬도 자신의 저작에서 이러한 정신분석학적인 정식화를 어느 정도 인정하기는 한다. 하지만 중요한 것은 그의 문화 비판이 그것들을 어떻게 조화시킬 수 있을지는 분명하지 않다는 것이다.

이와는 대조적으로, 정체성과 자아에 대한 가장 최근의 정신분석학 저작 가운데 어떤 것들은 개인을 사회적으로 수동적이거나 문화적으로 결정되는 것으로 보기를 거부한다. 그리고 그 대신에 정신을 더없이 능동적이고 창조적인 것으로 보려고 한다. 코르넬리우스 카스토리아디스(Cornelius Castoriadis, 1921~1997)는 프로이트주의의 급진적 잠재성을 재생시켜 사회 이론을 위해 이용한다. 그리하여 상상력을 건설적이고 창조적이며 끝없이 흘러나오는, 자아와 사회적 관계의 표상의 원천으로 그려 보인다. 카스토리아디스는 『사회의 상상적 제도The Imaginary Institution of Society』(1987)[13]에서, 환상은 개인이 자아, 타인, 사회, 역사와 관련하여 복합적이고 균열되고 모순적으로 자리를 잡는 장소라고 주장한다. 그는 정신이 표상과 환상을 끊임없이 만들고 다듬는다고 말한다. 표상들의 흐름이 생산됨에 따라서 자아와 타인의 새로운 자아가 규정된다. 그리고 이는 이제 새로운 형태의 환상과 동일시와 문화적 연합으로 이어진다. 카스토리아디스가 보기에는, 프로이트적 무의식의 중심부에는 유쾌한 미결정성이 놓여 있다. 그리하여 자아, 섹슈얼리티, 젠더, 그리고 권력의 통제적인 위계가 끊임없이 재배열되고 때때로는 변형된다. 그리고 이는 적어도 부분적으로는 이러한 그치지 않는 심리적 유출의 결과인 것이다.

상상력의 창조적인 본성에 대한 카스토리아디스의 강조는, 사회와 역사와의 관계에서 자아가 끝없이 생산해 내는 환상과 동일시의 편성에 중요성을 부여한다. 우리는 상상력의 심리적 유출을 통해서 창조자이자 창조된 것으로서, 자아이면서 타인으로서, 동일성이면서 차이로서 우리 자신을 내어놓는다. 우리는 이미 존재하는 사회적 제도와 문화적 관습을 끌어와서 자아와 사회의 새로운 이미지를 생산해 낸다. 그리고 이것은 이제 표상의 원 속으로 다시 되돌아온다. 이 모든 것에서 카스토리아디스의 중심 주제는 창조성, 즉 개인적 자아와 더 큰 사회의 창조성이다. 창조성을 강조하는 카스토리아디스의 이러한 이론적인 입장은 대중문화의 '늘 새롭게'라는 무미건조하고 상업적으로 만들어진 관념과는 거리가 멀다. 카스토리아디스의 입장을 창조성에 대한 대중적인 이해와 구별해 주는 것은, 그가 심리적 표상과 문화적 생산의 수정 가능하고 양가적인 본성을 강조한다는 사실이다. 그리고 이러한 강조는 오늘날의 문화 속에 있는 폭력과 공격성과 파괴성의 더욱 비참한 측면에 대한 성찰을 반드시 동반한다. 카스토리아디스는 이렇게 쓰고 있다. "창조가 필연적으로 '좋은' 창조나 '긍정적 가치'의 창조를 의미하는 것은 아니며, 대체로라도 그런 것이 아니다. 아우슈비츠와 굴락(Gulag)은 파르테논과 『수학의 원리Principia Mathematica』와 마찬가지로 창조물이긴 매한가지이다."**14**
상상력의 사회정치적 경로나 영역이 진보적인 정치에서 광신과 파시즘으로 줄곧 뻗어 나간다는 사실을 포착하는 것은 어려우며, 이해하기는 더욱 어렵다고 카스토리아디스는 말한다. 그러나 사람들이 높게 평가하고 긍정적으로 판단하는 서구 역사의 창조물 가운데에는, 대안적 미래에 대한 탐색과 자율성과 정의에 대한 탐색도 존재한다. 사물과 사태에 물음을 던지는 비판의 실천은 기존의 사회적·정치적 의미에 철저한 도전을 할 수 있는 공통된 출발점을 형성한다.

이러한 흐름과 나란히, 라캉주의 비평가인 슬라보예 지젝(1949~)은 정체성과 자아가 정치적·이데올로기적으로 맞닿아 있다고 지적한다. 지젝은 라캉의 프로이트 해석을 끌어와서, 민족주의, 인종, 민족색, 젠더의 이데올로기들이 자아 속에서 양가적으로 늘 반쯤만 성공적으로 작동한다고 말한다. 그러면서 그러한 이데올로기들이, 불충분과 상실과 결핍의 깊은 심리적 감각을 심어 놓는 방식을 설명한다. 여기에서 정치와 사회는 라캉 이론에서 가정하는 균열되고 탈중심화된 자아를 은폐하거나 메우는 영역으로 간주된다. 자아 속의 이러한 박탈감이나 심적 외상은 개인이 정체성을 받아들이고 다른 형태의 주체성과 삶의 방식을 시험해 보도록 몰아간다. 하지만 개인이 안정된 심리적 동일시와 관련하여 자신의 삶을 제어하려고 아무리 노력한다고 하더라도, 정체성은 여전히 불완전한 것으로 남는다. 자기 딱지붙이기와 자기 규정은 무의식의 파괴적인 영향력 때문에 언제나 실패할 수밖에 없다.

지젝이 변형시킨 정신분석학은 자아의 정체성이 심리적 불충분, 결핍, 부재, 외상의 근본적인 감각들 위에 세워진다는 사실을 인식하고 있다. 지젝이 그렇게 주장하는 대로, 자아와 타인들 사이의 소통을 가능하게 만드는 것은 우리가 상충하는 정념들과 양가적 감정을 타인의 공간 쪽으로 '투사(project)한다'는 사실 때문이다. 이는 단지 고통스러운 감정을 피하려는 수단이 될 뿐만 아니라, 사회적 관계들을 극화하기 위한 막이 되는 것이다. 이것은 프로이트의 자아의 극화와는 아주 동떨어진 얘기처럼 들릴 것이다. 그리고 나는 이런 측면에서 지젝이 프로이트보다는 라캉을 급진적으로 발전시키고 있다고 생각한다. 그래도 지적인 영향을 추적해 가기보다는, 지젝의 근본적인 정치적 논점에 머무르는 것이 더 나을 듯하다. 그것은 타인이나 사회나 공동체를 가능하게 만드는 것은 환상의 침입, 특히 환상이 심리적 삶의 심장부에 있는 공허나 결핍이나 부재를 덮어서 가린다는 사실이다. 지젝에 따르면 자아는 '근본적 적대(antagonism)'로 특징 지워진다. 자아는 언제나 어긋나고 조각나 흩어지고 시들며, 정체성의 어떤 상상된 변형에 따라 사는 데에 실패하고 만다.

이러한 사실은 지젝이 반유대주의를 분석하면서 가장 시사적으로 잘 보여 준다. 지젝에 따르면, 유태인은 오랫동안 근대 사회 자체의 근본적인 적대의 증후로 봉사해 오면서, 투사된 부정적인 정체성을 표상해 왔다. 그리고 시간이 지날수록 사회적 정체성들은 이러한 부정적 정체성을 통해서 응결되는 것이다. 이는 지젝이 상세히 설명하는 대로, 타자성을 유태인에게 투사함으로써, 사회가 겉보기에 갈등이 없는 조화로운 세계를 '수립'한다는 사실을 의미한다. 지젝은 이렇게 쓴다. "유태인의 진짜 '비밀'은 우리 안에 있는 적대이다." 이러한 해석을 내리면서, 지젝은 욕망의 외상을 자아 정체성 속에 있는 터진 자리와 틈, 타자에 대한 증오로 읽어 내면서 그 외상의 핵을 열어젖히려고 시도한다. 유태인의 형상은 자아의 근본적 적대가 빚어낸 특별한 사회정치적 창조물이다. 지젝은 이렇게 말한다. "사회는 유태인 때문에 충만한 정체성을 달성하지 못하는 것이 아니다. 사회는 그 자신의 적대적 본성, 그 자신의 언제 터질지 모르는 폐색의 방해를 받는 것이다. 그리고 사회는 이러한 내적 부정성을 유태인의 형상에 '투사'한다."[15]

지젝은 자아의 파괴에서 탁월한 모습을 보여 준다. 그는 라캉의 프로이트 해석을 정치적 비판을 위해서 정비했다. 그 작업은, 비록 흐릿하고 뒤엉켜 있기는 하지만, 자아를 우리 정체성의 심부에 놓인 뭔가 낯선 어떤 것, 즉 외래성에 되돌려 놓으려는 목적으로 수행되었던 것이다. 지젝이 과장하고 있는 걸까? 아마도 그럴 것이다. 하지만 좋은 정신분석적 비판은 그런 것이다. 우리가 차마 우리 자신에 대해 지닐 수 없어서 피하고 얼버무리는 생각들을 파헤쳐 보여 주는 것이다. 상실의 불가피함, 성적 갈등과 좌절의 중심적 역할, 환상의 유동성, 무의식의 불일치와 모순. 프로이트에게 이 모든 것들은, 정신이 철저하게 상상적이고 창조적이라는 사실을, 또한 자아는 모호함과 양가성으로 가득 차 있다는 사실을 암시했다. 자아에 대한 비판적 지도를 만들기 위해 프로이트의 무의식 이론은 유년기, 섹슈얼리티, 꿈, 욕망, 그리고 일상생활에서 경험되는 정확히 이러한 위협적인 애매성을 되살려 내고 있는 것이다.

# 3

# 자아의 테크놀로지

우리는 오늘날 성적 관습의 변화와 씨름하고, 인간관계의 동요에 맞서 싸우면서, 자아의 다른 규정들을 실험하고, 개인 상호간의 하루하루 생활의 요구들을 처리하면서, 심리적 진실을 추구해 가는 세상에 살고 있다. 문화의 넓은 화폭 속에 그렇게 참여해서 살아간다는 것은 우리가 내적인 삶의 의미라는 측면에서 선택을 인식하고 있음을 의미한다. 이러한 맥락에서 선택이란 자아 감각이 형성되고 재편되는 능동적이고 창조적인 방식들을 이해한다는 것을 의미한다. 또한, 다른 한편으로는 동시에 사적 영역에 대한 우리의 생각에 다른 사람들과 문화가 깊은 영향을 미친다는 사실을 인식한다는 것을 의미한다.

자아와 정체성에 대한 이러한 관련성은 2장에서 살펴본 대로, 종종 치료의 수준에서, 특히 심리 치료나 정신분석의 수준에서 탐구된다. 치료의 상황에서, 개인은 자신의 욕망과 공포와 씨름하는데, 이것이 정서적

풍경이 달라지는 것과 관계되기 때문이다. 자신이 비교적 편안하다고 느끼는 자아의 서사를 구축함으로써, 치료 작업은 이상적으로는 개인이 감정적으로 더 크게 열린 채로 정체성을 선택할 수 있도록 이끌어 간다. 심리 치료의 성공 여부는 논란이 분분한 문제이긴 하지만 어쨌든 목적은 그렇다는 말이다. 정신분석을 비판하는 많은 사람들, 특히 심리 치료의 체제 순응적이고 억압적인 경향을 개탄하는 사람들은, 심리 치료가 개인주의적인 방향으로 기울어져 있는 것에 반대한다. 그러면서, 집단적인 문제가 사적인 병리 현상 때문에 생겨난다는 믿음을 사람들에게 심어 주는 심리 치료의 경향에 반대하는 주장을 펼친다. 이러한 측면에서 보면 심리 치료는 나르시시즘을, 곧 개인적인 행복을 헛되이 추구하는 일을 그 자체로 목적으로 여기는 현상을 조장한다고 이야기할 수 있을 것이다. 심리 치료가 이러한 방식으로 작동할 때에는, 그것을 자기 탐닉으로 보기가 비교적 쉽다. (필립 리프의 고전적인 표현을 빌리면) '치료의 승리'는 이제 치료하는 문화를 생산해 왔으며, 자아에 대해 과도하게 많은 이야기를 쏟아 내는 세계를 만들어 왔다.

물론 충동과 정념의 내면 세계의 부분인 자아와, 의무와 책임의 외부 세계의 부분인 자아 사이에 있는 모순을 우리가 매일매일 경험한다는 사실은 사회 이론과 사회과학의 일련의 분석들에서 되풀이되는 주제였다. 사회 질서와 사적 행복 사이의 이러한 비관적인 갈등에 대한 고전적인 주장은 프로이트의 메타심리학에서 찾아볼 수 있다. 문화의 안전성은 고통, 복종, 억압, 불만을 대가로 지불하고서 얻을 수 있는 것이라고 프로이트는 말한다. 프로이트의 사회는 사람들이 강제로 질서를 받아들여야만 하는 사회이다. 프로이트가 그토록 많은 말을 써 가면서 말하고자 하는 것은, 사회적 질서와 안전과 구조를 유지하려면 사적인 쾌락은 억압되어 현실과 사회적 귀속에 봉사하도록 해야만 한다는 것이다. 프로이트는 바로 이러한 이유 때문에, 현대의 사회 질서가 언제나 왜곡과 환영과 강박에 사로잡혀 있다는 그림을 그렸던 것이다. 이는 이성이 명령하는 규칙과 규제를 무의식이 끊임없이 해체하기 때문이다. 하지만 그는 너무도 희망에 차 있는 이론가였기에 억압된 것이 귀환한다고, 무의식의 진실이 현대 문화의 불만들의 의식적인 삶 속으로 들어온다고 단정할 수 있었다. 여기까지 보면, 프로이트는 자유주의적 비관주의라는 정치적 태도의 본보기로 보인다. 그는 인간을 위한 더 좋은 삶을, 과도한 억압과 체념과 통제의 속박에서 벗어난 삶을 찾을 수 있으리라는 희망을 제시하는 학문을 세우는 데에 자신을 쏟아 부었다. 하지만 그와 동시에 다른 한편으로, 프로이트는 회의주의적인 태도로 권위와 정념, 법과 욕망이 풀수 없게 서로 뒤엉켜 있다는 사실을 인정했다. 프로이트가 보는 사회의 틀 속에서는, 더 큰 사회적 통제가 쾌락과 자유의 더 큰 포기를 의미하는 것과 마찬가지로, 더 많은 질서는 더 많은 억압을 의미한다. 우리가 앞장에서 논의했듯이, 마르쿠제의 프로이트 지향적인 비판 이론에서는, 섹슈얼리티와 자아에 대한 권력의 이러한 강화된 공격이 '과잉 억압 (surplus-repression)'이라는 개념으로 표현된다.

하지만 우리가 이러한 프로이트적인 주장을 그 자신에게 되돌려서, 쾌락과 현실, 자유와 불만, 욕망과 포기라는 대립을 해체해 버리려고 하면 어떻게 될까? 현대의 사회적 삶은 본디 억압적인 것이라는 기존의 지혜에 물음을 던진다면 어떨까? 제기해야만 하는 주요한 물음은 다음과 같다. 오늘날 사회는 정말로 개인의 자발성과 자기표현과 성적 쾌락을 신프로이트주의자들이 주장했던 방식으로 구속하는가? 이런 물음을 던지는 이유는 다음과 같다. 진보한 서구 사회들에서 나타나는 어떤 조류들을 좀더 의심의 눈길로 바라보자. 그렇다면, 섹슈얼리티의 억압이라는 논지와는 반대로, 성과 성적 실천 관행에 관한 공적인 기대들과의 관계 속에서 자아 정체성과 자아를 빚어내는 강력한 문화적 규약들이 있는 것처럼 보일 것이다. 만일 자아의 자리를 권력과 지배 형식들과의 관계 속에다 놓는다면, 이제 섹슈얼리티는 신비스러운 힘의 모습으로 나타날 것이다. 그리하여 자신에 대해 이야기하고, 자신의 욕망을 알고, 자신의 감정을 분류하고, 그리고 자신의 정념을 제어하라는 권고 명령이 이러한 섹슈얼리티라는 신비스러운 힘을 통해서 더 넓은 문화 속에서 형태와 의미를 부여받는다.

　예를 들어 심리 치료를 다시 한번 살펴보자. 심리 치료는 구체적 성과나 치료 효과의 측면보다는 어떤 공정이라는 측면에서 볼 수 있다. 심리 치료의 방법과 용어는 환자가 자아에 대한 다른 규정들을 생산해 낼 수 있는 영역을 제시한다. 그런데 이는 보통 성적 기억과 성적 환상, 그리고 성적 행동을 면밀히 조사하는 것에 의해서 이루어진다. 심리 치료는 우리의 성적 행동을 찬찬히 살피면서, 우리 자신을 더 잘 이해하는 수단을 제공한다. 혹은 그렇다고 흔히들 주장한다. 하지만 이렇게도 이야기할 수 있다. 성적 행동을 면밀히 조사하는 일의 치료 목적은 엄격한 사회 통제의 네트워크를 강제로 조직하는 것이다. 그리고 그것에 의해서 개인이 섹슈얼리티를 인간 행위 동기의 주된 원천으로 여기며 이를 조사하고 분류하며 평가하도록 하는 것이다. 개인이 자신의 참된 자아를 발견하기 위해서 전문가와 상담을 한다고 섹슈얼리티가 해방되는 것은 아니다. 오히려 개인은 섹슈얼리티 관리 체제, 즉 전문가와 생각과 담론과 제도적인 실천이 규정하고 재생산하는 관리 체제에 복속되는 것이다. 이러한 각도에서 볼 때, 심리 치료는 사회적으로 구조화된 일련의 문화적 규약들을 모아 놓은 꾸러미이다. 그리고 그것에 의해 성과 섹슈얼리티가 공적인 조사에 종속되는 것이다. 이러한 관점에서 치료자 '테라피스트 (therapist)'는 강간자 '더 래피스트(the/rapist)'가 되는 것이고, 자아의 비밀을 찾아내 심리적인 통제를 가하는 것이다. 성적 환상과 행동을 조사함으로써, 환자는 자신이 자아에 관한 진실을 발견할 것이라고 믿게끔 유도된다. 하지만 심리 치료의 언어는 그저 사회적 통제를 위한 또 다른 수단이며, 권력의 단언이라고 할 수도 있을 것이다. 그리하여 개인적 주체들의 행동을 관리하고 규제하는 것이라고 할 수도 있을 것이다.

나는 지금까지 여기에서, 1984년에 에이즈로 죽은 프랑스의 철학자이자 역사가 미셸 푸코의 견해를 옮겨서 말하였다. 그는 개인이 자신을 규정하고 타인들과 관계를 맺으면서, 섹슈얼리티에 결부된 금제와 구속에 연루되는 무수한 방식들을 '자아의 테크놀로지'라는 말로 묘사한다. 푸코에 따르면 지난 세기에 걸쳐 서구 사회에서 일어난 가장 특징적이고 논의가 많았던 변동 가운데 하나는, 성이 언어와 담론 속에, 특히 심리치료 전문가와 성과학자와 갖가지 정신의학 전문가와 의학 전문가의 담론 속에 놓이는 방식이다. 푸코는 개인이 나름의 수단을 가지고서 섹슈얼리티의 영역 속에서 자신의 자기 인식과 자기 실천에 영향을 미치는 방식을 탐구하였다. 이러한 탐구는 자아 이론을 발전시키려고 애쓰는 사회 이론가와 문화 분석가들에게 엄청난 영향력을 발휘해 왔다. 이 장에서 나는 자아의 테크놀로지에 대한 푸코의 작업을 탐구하고, 그의 이론적 접근법이 최근 몇 년 동안 사회과학에서 어떤 식으로 발전되어 왔는지를 살펴보고자 한다.

## 자아의 테크놀로지 : 푸코

푸코(1926~1984)는 권력과 지배가 개인에게 작동하는 방식과, 그 결과로 사람들이 자신에 관해서 전개하는 지식에 대한 선구적인 연구를 하였다. 그 덕분에 그는 1960년대 후반과 1970년대 초반에 처음으로 국제적인 명성을 얻었다. 이러한 경력 속에서 푸코는 눈부신 주제들을 다룬 여러 책을 썼다. 이를테면, 푸코는 『광기의 역사 *Madness and Civilization*』(1961)[1]와 『임상의학의 탄생 *Birth of the Clinic*』(1963)[2]에서 광기의 공적인 규정과 정신의학의 발생을 연구했고, 『말과 사물 *The Order of Things*』(1966)[3]과 『지식의 고고학 *The*

*Archaeology of Knowledge*』(1972)[4] 에서는 학문 분과와 권력의 사회적 조직화 사이의 연관성을 제기하는 사회과학의 역사를 제안했다. 그리고 『감시와 처벌*Discipline and Punish*』(1975)[5] 에서는 근대 감화원의 형성과 인간 행동 훈육의 사회적 분기들을 고찰했다. 이 모든 책에서 푸코는 무엇보다도 사회적 제도들이 인간 주체의 정신을 틀 짓는 미묘하고 복잡한 방식들에 관심을 가졌다. 푸코는 특히 관리 권력과 사회적 관습, 그리고 특수한 제도상의 언어들 사이의 연관성에 주목했다. 그러면서, 심리학적·의학적 실천, 그리고 고해의 실천에서 명백히 드러나는 지배와 권력의 조직에 대해서 눈부시게 통찰력 있는 설명을 펼쳤다.

권력에 관한 푸코의 저작이 우리의 첫째 관심사는 아니다. 하지만 그의 초기 작업에는 주목해야 할 여러 측면들이 있다. 이는 주로 이러한 측면들이 자아에 대한 이후의 분석에서도 변화된 형태로 일관되게 나타나기 때문이다. 거칠게 말해서, 푸코는 계몽주의에서 유래한 진화론적이고 진보적인 이데올로기를 거부한다. 즉, 근대적 지식을 지성적인 해방으로 보고 문화와 사회의 인간적인 발전을 위한 기초를 제공한다는 계몽의 이데올로기를 거부하는 것이다. 푸코는 과학적 합리성을 액면 그대로 받아들이는 것을 거부하면서, 대신에 지식을 권력 투쟁으로 보았다. 지식은 개인과 집단을 더 강하게 사회적으로 통제하고 지배하려고 하는 다양한 관리적인 언어들과 관료주의적인 담론들 속에서 벌어지는 투쟁이라는 것이다. 이를테면 푸코는 『감시와 처벌』에서 일탈을 다스리는 법률 제정과 감옥과 사회적 개혁 조치들의 출현을 살펴본다. 그는 그러한 과정에서 일상생활의 다른 영역들 속으로 점점 더 침투해 들어가는 새로운 형식의 훈육과 감시로 이행해 가는 모습을 볼 수 있다고 주장한다. 또한 근대 사회에서 개인들은 그가 '훈육 권력'이라고 이름 붙인, 숨어 있고 단조로우며 보이지 않는 권력에 점점 더 종속된다고 푸코는 말한다. 근대적 감옥의 설립이 이러한 사실을 잘 보여 준다. 처벌이 보통 공개적이고 폭력적이며 구경거리였던 근대 이전의 형벌 유형과는 대조적으로, 근대 사회에서는 징벌 제제로서 수형자를 감금하였다. 그리고 이는 감시, 관찰, 기록, 훈련에 기초를 둔 것이었다. 요컨대 수감자들은 끊임없는 감시의 과정을 통해 처벌을 받는 것이다. (등급 매기기, 분류법, 시간표 등을 포함한) 측정법의 발달은 인간 주체의 세분화된 감시와 훈육을 가능하도록 해준다. 푸코는 수감자들이 끊임없는 감시에 종속되고, 따라서 권력과 지배의 구조에 종속되는 상태를 정의하기 위해서, 정치철학자 제레미 벤담(Jeremy Bentham)으로부터 '판옵티콘(panopticon)'—이 말은 항구적인 가시성의 상태를 가리킨다—이라는 용어를 빌려 온다. 푸코가 보기에는 '감옥의 탄생'은 권력의 제도화, 신체의 훈육, 그리고 억제되지 않은 욕망과 감정의 통제를 위한 수단을 제공하는 것이다.

푸코는 문화의 이러한 합리화 과정이 정신병원, 학교, 병원, 군대와 첩보기관에서도 갈수록 더 뚜렷이 드러나고 있다고 본다. 푸코에 따르면 오늘날 문화에서 권력은 주민들에 대한 관료주의적 감시, 상시적인 정보 수집, 일상생활의 끊임없는 감시를 통해서 사람들에게 행사된다. 요컨대 현대는 '판옵티시즘(panopticism)'의 하나, 즉 개인들이 갈수록 점점 더 권력의 체계에 사로잡히는 사회인 것이다. 그리고 그러한 권력 체계에서, 또 그러한 체계를 통해서 가시성이 사회적 통제의 핵심 수단이 되는 그러한 사회인 것이다. 푸코가 볼 때 사회는 담론의 투쟁으로 이해될 수 있다. 그리고 이러한 투쟁 속에서 권력관계가 형성되고, 훈육과 저항의 특수한 형식들이 살아 있다는 느낌의 본성을 규정한다. 권력의 자리에 있는 사람들은 자신의 물질적·상징적 이익을 진작하기 위해서 담론을 관리하고 단속하는 통제력을 획득하고자 한다. 전체 사회 속의 특수한 삶의 형식들 내에서 받아들여질 수 있는 것과 받아들여질 수 없는 것을 규정하는 담론을 제어하려고 하는 것이다. 그러나 권력은 결코 고정불변의 것이 아니라고 푸코는 경고한다. 권력은 개인들과 집단들과 제도들 사이의 관계로서, 신비로운 힘으로서 가장 잘 이해되는 것이다. 바로 이런 이유 때문에 푸코가 종종 권력의 미시 정치학에 대해서 이야기하고 있는 것이다. 푸코는 이 말로써 사회적·제도적 삶에 참여하고 있는 개인들의 다종다양한 복종과 저항을 의미한다.

권력관계가 사회 통제에 중심이 된다는 푸코의 명제에 대한 여러 주요 비판들이 있었는데, 이것들을 간단히 이야기해 보기로 하겠다. 첫째, 훈육 권력이 근대 사회에서 권력의 일반적 본성을 예증한다는 푸코의 명제는 부족한 점이 있다. 감옥과 수용소 같은 시설들이 개인들을 자신의 의지에 반하여 감금하는 장치들이라는 사실은 틀림이 없다. 하지만 이러한 시설들은 학교나 작업장 같은 다른 근대의 기구들과는 매우 명백한 차이를 지닌다. 개인들은 그러한 곳에서는 하루의 일부분만을 보낼 뿐이다.

작업장과 학교의 장치와 배치가 개인에 대한 일상적인 관료적 감시와 부분적으로 관련이 있다고 주장하는 것은 가능할 것이다. 하지만 그러한 시설들에서는 푸코가 인정하는 것보다 훈육 권력이 훨씬 더 균열되고 분산되어 있다는 것도 여전한 사실이다. 둘째, 푸코는 감시의 중요성을 과장하면서, 개인들이 권력의 지배적인 사회 형식들에 저항하거나 파괴할 수 있다는 자신의 주장을 은연중에 뒤흔들고 있다. 감옥이나 수용소에 대한 푸코의 연구는 저항의 기술에 관해서는 거의 조명하지 않았다. 셋째, 아마도 가장 중요한 것으로 여겨지는 것은, 푸코가 말하는 훈육하는 사회가 개인의 행위성과 지식 능력을 부정하고 있다는 것이다. 푸코는 권력의 사회적 조직화를 강조함으로써 인간 행위자를 수동적인 신체로 설명해 버리는 결과를 낳는다. 앞으로 살펴보겠지만, 이러한 마지막 비판은 푸코의 주체 이론이나 자아 이론이 계속해서 발전하는 데 특별한 난점을 제기한다.

시간이 가면서 푸코는 감시가 모든 사람들에게 똑같이 부여되는 것이 아니라는 사실을 인정했다. 그는 권력 행사의 분석이, 개인들이 나름의 수단으로 자신의 사고, 행위, 쾌락, 존재 방식에 영향을 발휘하는 방법에 대한 고찰과 서로 균형을 맞추어야 할 필요가 있음을 인식했다. 푸코는 이렇게 쓴다.

서구 문명에서 주체를 분석하기를 원한다면, 지배의 테크닉뿐만 아니라 자아의 테크닉도 고려해야 한다. 이러한 두 가지 유형의 자아 사이의 상호작용을 보여 주어야 하는 것이다. 내가 수용소와 감옥 등을 연구하고 있었을 때, 어쩌면 나는 지배의 테크닉에 대해서 너무나 많이 주장했던 것 같다. 우리가 훈육이라고 부르는 것이 이러한 종류의 시설에서는 정말로 중요한 어떤 것이다. 그러나 그것은 우리 사회 속에서 사람들을 지배하는 기술의 단지 한 가지 측면일 뿐이다. 지배의 테크닉을 출발점으로 삼고서 권력관계의 영역을 연구했으니, 앞으로 나는 여러 해 동안 자아의 테크닉에서 출발하는 권력관계, 특히 섹슈얼리티 영역 속의 권력관계를 연구하고 싶다.**6**

여기에서 우리는 다시 한번 사회 분석에서 자아의 능동적인 지위를 인식하는 것이 중요하다는 것을 알 수 있다. 인간 주체들은 창조적이고 지식을 가질 수 있는 행위자들이지, 그저 권력과 지배의 사회적 실천 관행의 수동적인 희생자에 불과한 것은 아니다.

푸코의 작업에 대한 나의 논의는 지금까지는 좀 추상적인 수준에서 다루어졌다. 이제는 문제를 좀더 구체적으로 살펴볼 필요가 있다. 이를 위해서는 푸코의 마지막 연구이자 어쩌면 가장 논란이 분분한 연구 기획인 『성의 역사*The History of Sexuality*』를 자세히 살펴보는 것이 좋겠다. 이 연구는 여러 해에 걸쳐서 여러 권으로 출판되었는데, 저자도 어느 정도는 연구 기획의 전반적인 방향을 확실히는 알고 있지 못했던 것 같긴 하다. 그렇지만 『성의 역사』는 푸코의 주요 논점에 대한 강력한 조명을 제시하는 연구이다. 그 주요 논점은 다음과 같다. 후기 근대에서는 섹슈얼리티에 관한 지식이 개인들로 하여금 섹슈얼리티 관리 체제, 특히 통제되고 금지된 것과의 관계에서 자신의 위치를 정하도록 강제한다. 푸코는 이렇게 쓴다. "사람마다 자신이 누구인지를 알아야 하는 의무, 다시 말해 자기 안쪽에서 무엇이 일어나고 있는지를 알고, 잘못을 시인하고, 유혹을 알아보고, 욕망을 찾아내려고 노력해야 하는 의무를 가진다."[7] 이에 못지않게 중요한 것은, 푸코가 『성의 역사』의 연구를 프로이트주의에 대한 비판적인 평가로서 착수했다는 것이다. 특히 억압의 시대와 억압의 분석 사이에는 단절이 있다는 주장에 대한 비판적인 평가로서 착수했다는 것이다. 이러한 각도에서만 살펴본다면, 섹슈얼리티와 자아의 테크놀로지에 대한 푸코의 이론에 대한 고찰은 성 해방에 대한 신 프로이트주의적 해석, 주로 2장에서 살펴본 라이히와 마르쿠제의 작업과 유용한 비교 거리가 된다.

　『성의 역사』 첫째 권에서 푸코는 그가 '억압 가설(repressive hypothesis)'이라고 부르는 것의 가면을 벗기는 일에 착수한다. 이러한 가설에 따르면 섹슈얼리티의 건강한 표현이 검열되어 왔고, 짓눌려 왔으며, 금지되어 왔다는 것이다. 어찌되었건 서구에서는 이것이 사실이라고 한다. 하지만 푸코는 이러한 가설에 문제를 제기한다. 그리고 실제로 성이 억압되었다는 통상적인 지혜를 파헤쳐 뒤엎으려고 시도한다. 성은 오늘날 문화에서 지하로 내몰려 온 것이 아니라고 푸코는 말한다. 오히려 그 반대로 성과 섹슈얼리티에 대한 논의가 확대되어 왔다. 푸코가 보기에 섹슈얼리티는 끊임없는 감시, 논의, 분류, 배열, 기록, 조절 과정의 결과이다. 섹슈얼리티의 의학화, 특히 성적 도착과 일탈이라는 개념의 구축은 욕망과 성과 권력 사이의 복잡한 상호관계에 초점을 맞추어 왔다. 권력이 성적 욕망을 구속한다는 통상적인 시각에 의문을 제기하면서, 푸코는 권력이 '성적 금기'를 조절하는 데에 봉사할 뿐만 아니라 섹슈얼리티와 그 쾌락을 생산한다는 견해를 내놓는다. 말하자면 권력과 성적 쾌락이 복잡하게 얽히고설켜 있다는 것이다.

이러한 사실을 증명하고자 푸코는 19세기 후반 빅토리아 시대의 섹슈얼리티에 대한 태도를 고찰한다. 보통 빅토리아주의는 고상함, 섹슈얼리티에 대한 침묵, 그리고 가내 영역, 가정생활, 가족 안에서 성의 합리화의 출현과 결부되어 있는 것으로 여겨진다. 하지만 푸코는 그렇지 않다고 말한다. 빅토리아 시대가 되면서 섹슈얼리티가 은밀하고 금지되거나 금기시되던 어떤 것에서, 관리되고 조절되고 단속되어야 하는 것으로 발전해 가는 모습을 볼 수 있다고 그는 주장한다. 예를 들어, 의사나 정신병 의사 등은 수많은 도착을 분류하고 목록을 만들었다. 그리고 이러한 것으로부터 공중 의학, 교육, 범죄학, 성과학이 발달하였고, 그에 따라 성에 관한 이슈들이 끝없이 기록되고 감시되었다. 성과 섹슈얼리티에 관한 이러한 담론들은 사회 속에서 자아 돌보기를 위한 테크닉의 폭넓은 영역의 부분을 형성한다. 그리고 푸코는 이러한 테크닉이 정신을 외적으로 틀 짓는 것이라고 보았다.

자아 돌보기를 위한 테크닉의 발생을 이해하기 위해, 푸코는 성에 대한 서구의 금지를 19세기 학문 분과들과 문화 속의 섹슈얼리티 담론들에 연결할 필요가 있다고 주장한다. 『성의 역사』 서장에서 푸코는 성과 권력의 상호 얽힘을 훌륭하게 분석했다. 이 책에서 푸코는 겉으로는 순진해 보이는 농장 일꾼에 관한 의학적 보고서를 살펴보았다. 그 일꾼은 성적인 일탈 행위 때문에 체포되었고, 병원에 수감되었다.

1867년 어느 날, 랍쿠르 마을의 한 날품팔이꾼이…… 어린 소녀한테서 약간의 애무를 받았다. 그는 주변에서 마을의 개구쟁이들이 한 일도 보았고, 이미 자신도 해보기도 했던 터였다. …… 소녀의 가족은 마을의 이장 앞에서 그를 지목했다. 이장은 그를 헌병대로 넘겼으며, 헌병대는 그를 판사에게 데려갔다. 판사는 그를 기소하고 나서 처음에는 의사한테 맡겼고, 다음에는 다른 두 전문가들이 그를 맡았다. 그들은 보고서를 작성해서 출판하였다. 이 이야기에서 의미심장한 점은 무엇일까? 그것은 이 사건의 사소한 성격이다. 그리고 마을의 섹슈얼리티의 생활에서 날마다 일어나는 이 대수롭지 않은 일, 시골뜨기의 대수롭지 않은 쾌락이 어느 순간부터 집단적 불관용의 대상이 되고, 사법적 소송, 의학의 개입, 주의 깊은 임상적 검사, 그리고 전체적인 이론 구축의 대상이 될 수 있었다는 사실이다. 주목해야 할 점은 그때까지 농촌 마을생활의 한 부분이었던 이 사람에 대해서, 두개골의 크기를 측정하고, 얼굴의 골격 구조를 조사하고, 신체를 검사하여 퇴행의 있음직한 징후들을 찾아내는 데에까지 일이 이르렀다는 것이다. 그리고 그로 하여금 말을 하게 하였고, 자신의 생각과 성향과 습관과 감정과 견해에 관해 말하도록 그를 심문했다는 것이다. 그리고 나서는 그를 범죄 혐의에서 풀어주고는, 마침내 그를 의학과 학문의 순순한 대상으로 삼기로 결정했다는 것, 그러니까 그를 일생 동안 마레빌 병원에 감금해야 할 뿐만 아니라, 자세한 분석을 통해서 학계에 알려야 할 대상으로 삼았다는 것이다.[8]

푸코가 보기에 이 이야기의 논점은 사소한 쾌락이 권력의 작동에 종속되어 있다는 것이다. 그는 이 조사 속에서 신체와 쾌락에 대한 진단과 분석, 측정법, 분류, 세분화가 출현하는 과정을 추적해 간다. 조사 담당관과 의학 전문가들은 이러한 조사를 통해서, 푸코가 보기에는 비교적 해가 없고 악의 없는 쾌락을 조절하고 제어하려고 시도한다.

푸코는 성을 사적 정체성과 자아에 대한 오늘날의 문화적 열광의 초점으로 보고 있다. 사회는 성에 점점 더 많은 시선을 집중함으로써 다양한 담론 속에 어떤 '진리의 체제'를 심어 놓았다. 그리고 진리의 체제 속에서 병리 현상과 일탈을 읽어 낼 수 있으며, 해석하고 발견하고 공개하고 조절하고 제한할 수 있다. 이 모든 것은 수많은 다양한 행동에 영향을 미치는 중심적 담론인 과학과 관련되어 있다. 의학 전문가, 심리학자, 성의학자 그리고 여러 전문가들인 과학자들은 정상과 병리 사이를 구별하기 위해 학문적 지식을 동원한다. 게다가 푸코는 과학이 인간의 행동을 분석하고 해석하면서 성을 창안해 내는 동시에, 성에서 자아의 비밀을 캐내려 한다고 주장한다. 신상 기록부, 진료 기록, 학술 논문, 설문지 등을 수단으로 해서, 과학은 성과 그 진리의 체제를 밝혀내고 그에 대한 법률을 제정할 수 있는 지위를 확립한다.

이제 섹슈얼리티와 자아에 대한 푸코의 연구에서 이론적이고 사회정치적인 파생 결과를 요약해 보는 것이 좋겠다. 섹슈얼리티와 권력과 자아에 대한 푸코의 시각이 가지는 문화적·정치적 함축은 그의 비판가들에 의해서 때때로 우스꽝스럽게 묘사되었다. 그래서 푸코 이론이 가지는 함축의 윤곽을 정확하게 그려 보려는 시도가 중요하다. 우선, 푸코는 조절과 정상화의 과정인 섹슈얼리티 생산이 단지 외적이거나 사회적인 속박의 결과라는 주장을 하고 있는 것이 아니라는 점을 강조해야 한다.

오히려 그의 주장은, 권력이 여러 가지 형태로 성을 금지할 수도 있겠지만, 권력은 또한 욕망, 성향, 욕구, 실천, 활동, 위반을 부추김으로써 다양한 자아 기구들 속에 개인을 말려들게 하는 데 봉사한다는 것이다. 예를 들어, 어떤 성인이 간통에 관한 토크쇼를 시청하고 있다고 하자. 이때 그 사람은 성에 관한 매개된 이야기에 참여하고 있는 것이다. 즉, 젠더 권력과 사회적 위신의 위계뿐만 아니라, 고도로 구조화된 규칙과 관습이 스며들어 있는 이야기에 참여하고 있는 것이다. 이와 비슷하게, 애정관계와 그런 관계를 다루는 방법에 관한 성공 지침서를 읽고 있는 사람은 성적 행동의 의례와 규약에 관한 가르침을 주는 세계 속에 들어 있는 것이다. 푸코가 보기에 개인은 어디에서나 사적이고 정서적인 수준에서 성에 관한 이야기에 연루되어 있다. 그리고 이 개인은 섹슈얼리티 속에서, 그리고 섹슈얼리티를 통한 자아의 교화에 몰두해 있는 것이다.

간단히 말해서, 결국 이것이 말하는 것은, 오늘날 개인들이 자신의 성적 감정과 환상, 기분, 성향, 활동을 자진해서 감시하고 낱낱이 조사하여 제어하려고 한다는 사실이다. 서구의 근대 문화는 성을 정체성의 진리로 여기며, 성에 사로잡혀 왔다. 성인의 용인된 성적 규범에서 일탈하는 일을 빈틈없이 막아 내야만 하는 것이었다. 우리가 살고 있는 삶은 자기 단속의 전의식적 배경막을 뒤에 두고서 사는 삶인 것이다. 푸코는 이렇게 섹슈얼리티의 자기 단속으로 변해 가는 현상을 고백 속에서 판별해 낸다. 특히 자기 징벌의 욕구의 역할과 관련해서, 심리학에서뿐만 아니라 애정관계와 가족 속에서도 판별해 낸다. 요컨대, 푸코는 우리 사회가 '고백하는 사회'가 되었다는 것을 우리에게 말해 주고 있는 것이다. 이 사회는 고백을 통해서 성의 위험을 감시하고 끊임없이 견제하는 사회다. 그는 이와 관련해서 더 일반적인 수많은 역사적 발전들을 그려 보인다. 그러나 푸코의 주장의 주요 요점은 다음과 같다. 로마 가톨릭의 고해소는 신자들의 개인적인 섹슈얼리티를 조절하는 수단이었다. 교회는 주체들이 자신에 관한 진실을, 특히 섹슈얼리티와 관련된 진실을 사제들에게 이야기하러 가는 장소였다. 이러한 관점에서 볼 때, 고해소는 서구가 성에 몰두하는 일의 원천으로 간주될 수 있다. 이는 고해소가 특히 성에 관해서 이야기하도록 인가하고 장려한다는 면에서 더욱 그러하다. 하지만 고백은 18세기 후반 언젠가 쯤에 폭넓은 종교적인 틀에서 벗어났다. 그리고 성에 관한 학문적 연구와 의학적 담론들이 만들어지면서 고백은 조사와 질의라는 형태로 변형되었다. 성은 갈수록 지식과 권력의 네트워크와 결부되었으며, 시간이 가면서 자기 단속과 자기 제어와 자기 질의를 위한 문제가 되었다. 다른 말로 하면, 성은 외부적인 힘에 의해서 통제되는 대신에, 개인의 태도를 훈육하는 문제가 되었던 것이다. 그러고 나서는 이른바 지식과 교육의 문제들과 연결되었던 것이다. 심리 치료와 정신분석학이 현대의 그러한 자기 단속의 주요한 예라고 푸코는 말한다. 심리 치료에서 개인은 성적 실천이나 성애적 환상에 관해 강제로 고백한다는 느낌을 받지는 않는다. 오히려 환자가 누설하는 정보는 자유를 얻는 수단으로, 혹은 억압에서 해방되는 것을 실현하는 수단으로 다루어진다.

성의 역사에 관한 푸코의 다음 책들인 『쾌락의 활용*The Use of Pleasure*』(1985)[9]과 『자기 배려*The Care of the Self*』(1986)[10]가 출판되면서 근대의 기독교 세계에서 고전 세계로, 특히 고대 그리스 문화 쪽으로 강조점이 바뀌었다. 푸코는 오늘날 서구의 섹슈얼리티 체계의 보편성 주장을 뒤엎으려는 수단으로 로마 시대의 도덕성에 관한 연구에 관심을 가졌다. 고전적 성 도덕과 기독교적 성 도덕 사이에는 근본적인 차이가 있다. 후자는 강압과 강제를 통해서 성적 행동을 제어하려고 한다. 반면에, 전자는 섹슈얼리티를 자기 관리되고 자기 통어되어야 하는 어떤 것으로 보고 장려한다. 성적 행위는 때에 맞게 빠져들거나 삼가야 하는 어떤 일이었다. 고전 세계는 '자기 배려'에 대한 관심을 창시하였으며, 그 속에서 개인은 자아의 테크닉, 자기 검토, 자기 양식화라는 문제에 힘썼다고 푸코는 말한다. 푸코에 따르면, 결혼과 혼외관계 모두와 관련해서 성적 행위를 자제하는 훈련에서 이러한 사실을 가장 잘 찾아볼 수 있다. 부부 관계의 측면에서는, 윤리적인 남편이 되는 길은 아내에 대한 애정이 아니라 성과 쾌락과 관련해서 자제력 있게 처신하는 것이었다. 푸코는 이렇게 말했다. "남편이 아내와만 성관계를 맺는 것은 자제력을 발휘하는 가장 세련된 방법이다."[11] 푸코가 보기에, 고대 그리스인과 고전 시대 로마인의 생활의 기술은 자기 절제와 성 행위의 세련된 양식화 사이에 밀접한 연관성이 있음을 증명해 보여 준다. 개인적 자아는, 모든 성적 행위와 관련하여 자기 억제와 절제를 발휘하면서 윤리적인 훌륭함과 도덕적 권위를 확립했던 것이다.

성적 절제라는 생각은 혼외관계에도 해당된다. 푸코는 고전 그리스 사회에서 동성애 행위를 지배하는 미적 가치와 양식적 특징을 상세히 분석하는 일에 상당한 논의를 쏟아 붓는다. 그리스인들은 남자 연장자가 소년에게 느끼는 사랑을 비난하지 않았다고 그는 주장한다. 오히려 그 반대로, 남자들은 어린 소년과 정사를 나누는 것이 허락되었다. 부부 사이가 아닌 성교는 서구 문화의 시각과는 달리 위험하거나 자연스럽지 않은 것으로 여겨지지 않았다. 동성애적 유대는 남자가 이성애의 애정관계를 유지하고 아내에게 헌신하는 것에 방해가 되지 않았다. 소년과 성인 남성 사이의 사랑은 무엇보다도 쾌락의 한 가지 사용법이었다. 그리고 행위와 자기 양식화의 다양한 도덕적 규칙을 수반하고 있는 것이었다. 고전 시대가 섹슈얼리티의 역사에서 황금 시기였다는 주장을 푸코가 하고 있는 것은 아니라는 점을 주목하자. 그리스인들에게 섹슈얼리티는 쾌락의 원천이면서 동시에 불안의 원천이기도 했기 때문이다. 게다가 그리스의 동성애의 본성을 지배하는 많은 제한 사항이 있었기 때문이다. 남자 연장자들은 소년과 동성애 관계를 맺을 수는 있지만, 다른 성인 남자와는 맺을 수 없었다. 성인 남자와 소년 사이의 관계에서도 성적 욕망을 절제해서 드러내도록 요구 받았다. 푸코는 자제와 성적 절제가 개인이 성적 행동을 수행하는 윤리적 체제에 중심이 되는 것이었음을 보여 준다. 섹슈얼리티 영역 속에서의 자제와 자기 인식, 그리고 자기 통어는 고전 시대의 윤리적 체제를 규정했다. 알맞은 형태의 성적 절제가 존재의 방식, 삶의 방식, 자아의 테크놀로지 전부를 틀 지웠다.

푸코는 쾌락의 언어와 신체의 성애화의 언어가 현저하게 두드러진 고전 시대의 자아의 윤리학을 논의하였다. 그러면서 푸코는 자신의 사적인 생활과 사적인 섹슈얼리티에 관한 여러 측면들을 조금씩 드러내었다. 생애 후반의 여러 해 동안 푸코는 공공연한 동성애자였다. 젊은 시절 자신의 섹슈얼리티 때문에 깊은 곤란을 겪었던 푸코는 오랫동안 프랑스의 성문화를 제한적이고 편협한 것으로 여겼다. 1970년대에 미국의 여러 대학에서 강의를 하러 갔을 때에야 비로소, 푸코는 게이와 레즈비언 공동체의 긍정적인 성 정치학과 만났다. 푸코는 게이 정체성과 문화의 주장에 열광했다. 그는 뉴욕에 있는 크리스토퍼 스트리트(Christopher Street, 뉴욕의 유명한 동성애자 거주 지역. 이 지역 이름을 딴 '크리스토퍼 스트리트 데이' 퍼레이드가 해마다 도시를 바꿔가며 열린다.—옮긴이)와 샌프란시스코에 있는 카스트로 스트리트(Castro Street, 2차 세계대전 당시 군대 징

집에서 제명된 동성애자들이 고향으로 돌아가지 않고 정착하여 만든 동성애자 거주 지역. 약 10만 명의 동성애자가 거주하고 있으며, 매년 동성애자 필름 페스티벌, 마라톤 대회 등 다양한 축제가 열린다. — 옮긴이) 구역과 같은 미국 게이 도시 지역의 출현을 '성의 실험실'로 묘사했다. 하지만 그는 게이 성 해방 운동에 관해서는, 특히 게이 됨(gayness)이 공통의 성 정체성을 형성한다는 가정에 대해서는 양가적인 태도를 보이기도 했다. 몇 번이고 되풀이해서 푸코는 참된 자아라는 관념의 가면을 벗기려고 했다. 그는 그가 '캘리포니아식 자아 숭배'라고 부른 것을 가차 없이 비난했다. 그러한 자아 숭배 속에서는 성적 욕망을 판독해 내는 것이 참된 자아의 본질을 드러내는 것으로 여겨졌던 것이다. 성적 본질을 해방시키자고 말하는 사람들에 반대해서, 푸코는 게이 됨이 새로운 정체성의 **창조**와 **발명**을 의미한다고 주장하였다. 또한, 협소한 성적 관계를 넘어서 신체의 다양다종한 부분으로 쾌락이 확대되는 것을 의미한다고 주장하였다. 푸코는 게이 됨에 대해 이렇게 말했다. 그러한 자아의 윤리학은 "참으로 새롭고, 기존의 문화적 형식과는 다를 뿐 아니라, 겹쳐 놓을 수도 없는, 개인들 사이의 관계 맺음의 방식들과 실존의 유형과 교환의 유형을 발명해 내는 문화"**12**를 예고할 수 있다. 성적인 표현과 문화적 혁신을 이러한 방식으로 연결지으면서 푸코는 많은 논평자들에 의해서 오늘날 '퀴어 이론'으로 알려진 것을 예기하는 사람으로 간주되었다. 이 퀴어 이론이란 '퀴어'라는 말을 반어적이고 전략적인 방식으로 이용하면서 남성 중심의 성차별적 문화의 경직된 위계에 의문을 던지고 전복하려는 급진적인 사회 이론을 가리키는 것이다. (정체성과 자아에 대한 퀴어 이론의 비판은 4장에서 살펴볼 것이다.)

푸코의 작업은 근대 섹슈얼리티 문화에 대한 강력하고 도전적인 관점을 제시한다. 그리고 욕망을 해방하는 것이 그 자체로 성적으로 자율적인 사회를 만들어 줄 것이라고 여기는 사람들에게 급진적인 정치적 대안을 제공한다는 것도 틀림없다. 그러나 자아의 테크놀로지에 대한 푸코의 해석을 있는 그대로 받아들일 수 없는 여러 가지 이유가 있다.

첫째, 성에 관한 공적 논의의 역사적 발달이 일률적으로 혹은 일반적으로 자기기만이라고 푸코처럼 가정하는 것은 잘못된 것으로 보인다. 섹슈얼리티의 의학화라는 현상, 그러니까 의사, 성과학자, 정신병 의사, 과학자 들이 성을 객관적인 지식의 장소로 만드는 과정은 중요한 의미가 있다. 그리고 이는 (푸코가 시사하듯이) 인간의 신체와 욕망, 쾌락, 행동, 사회적 관계 들을 제어하는 데 일차적으로 중요한 의미를 지닌다. 하지만 섹슈얼리티에 관한 빅토리아 시대의 담론 급증은 사람들에게 널리 통용되지 않았다. 또한 푸코가 주장하는 바와는 달리, 일반적으로 논의되거나 분석되지도 않았다. 성에 관한 의학적·과학적·심리학적 간행물은 해당 분야의 전문가들만이 주로 구독했다. 19세기 후반 동안에 높은 수준의 문맹률은 그러한 문서들이 폭넓게 보급되고 분석되는 일을 가로막았다. 그리고 심지어 교육을 많이 받는 집단도 이러한 문헌에 쉽게 접근할 수가 없었다고 한다. 섹슈얼리티의 의학화는 지식과 담론의 새로운 세계를 만들어 내는 데 확실히 도움이 되었다. 하지만 그것은 또한 성을 전문가적인 논의의 장으로 한정시키는 구실을 하기도 했다. 이후 이러한 것은 젠더 권력에 연결되었는데, 나는 이에 대해서 간단하게 조금 더 이야기할 것이다. 이러한 지적을 다른 식으로 바꿔서 말해 보자. 푸코는 개인들이 특정한—의학적·심리 치료적·법적 등등의—테크놀로지의 수동적인 희생물이라는 가정을 너무 손쉽게 받아들였다. 그러니까 그는 개인이, 개인적 주체들의 삶 속에 권력/지식을 확고하게 침투시킴으로써 치명적인 영향력을 확립하는 테크놀로지의 수동적인 희생물이라고 너무 쉽게 단정하는 것이다.

이 모든 사실은 자아의 분석에 대한, 그리고 특히 개인과 사회 사이의 관계에 대한 중요한 함축을 지닌다. 나는 푸코가 담론과 언어에 지나치게 집중함으로써, 심리적 충동과 발달뿐만 아니라 인간 경험의 복잡성도 경시하게 되었다고 생각한다. 섹슈얼리티에 대한 푸코의 접근 속에서는, (심리적 성향, 감정적 욕망, 사적인 전기(傳記) 따위의) 경험이 담론을 만들어 내는 것이 아니라, 담론이 인간의 경험을 만들어 낸다. 푸코 입장의 강점은, 개인이 자신을 성적인 주체로 규정하면서, 상징적 담론과 사회적 금지 조항들과의 관계 속에 어느 정도나 고정되는지를 강조한다는 데에 있다. 성적 정체성 만들기는 언제나 사회적 통제 양식과 서로 얽혀 있다고 푸코는 말한다. 하지만 이러한 입장의 약점은, 그것이 개인의 심리적 구성을 무시하기 때문에 행위성과 지식 능력, 욕망, 감정이라는 이슈들을 분석적으로 검토하지 않는다는 것이다. 따라서 푸코의 작업은 종종 권력이 개인 위로, 그리고 개인을 넘어서 한쪽으로만 움직인다는 것을 함축한다. 그리고 그 한 가지 결과는 인간 경험의 심리적 차원들이 단호하게 부정되고 자아가 단지 담론의 부산물로 여겨진다는 것이다. 이러한 사실은 예컨대, 심리요법과 정신분석학에 대한 푸코의 논의에 분명히 들어맞는다. 거기에서 푸코는 심리 치료와 고백 사이의 연결고리에 대해 억지스러운 설명을 전개하고 있는 것이다. 그의 설명이 억지스럽다고 하는 이유는, 종교적인 고해와는 달리, 정신분석학에서는 자기 인식이 무의식의 봉쇄 때문에 방해받는 것으로 여겨지기 때문이다. 이러한 사실은 자아를 개념화하는 일에 아주 중요한데, 감정적인 봉쇄가 기억과 욕망과 유년기와 깊이 얽혀 있기 때문이다. 경험의 틀은 내적으로 구조화되어, 즉 개인의 심리적 성적 발달의 측면에서 조직되어 있기도 하며, 이와 동시에 사회의 상징적 직물에 의해 외적으로 조직되어 있기도 한 것이다. 섹슈얼리티와 자아를 분석하면서, 푸코는 내면적 세계와 외부적 세계의 이러한 침투를 무시한다. 그러면서 개인을 더 큰 사회 세계의 재생산 속에 있는 그저 보잘것없는 하찮은 존재로 떨어뜨린다.

권력에 대한 푸코의 설명이 결국 인간 행위자를 '다루기 쉬운 신체'로 일차원적으로 설명해 버리고, 자아를 그에 걸맞게 환원시켜서 생각하는 결과를 빚고 만다는 비판이 종종 있었다. 한편 자아의 테크놀로지에 대한 푸코의 후속 연구가, 성찰적인 자아 구축과 자기 결정을 더 정교하게 비판할 수 있는 길을 열어 준다는 주장도 때때로 있었다. 예컨대, 로이스 맥네이(Lois McNay)는 푸코의 후기 저작들에서 미학적 자아 구축이라는 주제가 명백하게 드러나고 있다고 주장한다. 맥네이에 따르면, 푸코가 생각하는 미학적인 자아 빚기는 자아를 예술 작품으로 변형하는 것을 의미한다. 또한 일상생활을 자기 수련과 양식화와 미학적 실험으로 재창조하는 것을 의미한다. 맥네이는 푸코가 미학적 영역으로 이렇게 전환한 덕분으로, 자신의 작업의 주요한 틈 가운데 하나, 즉 자아의 이론이라는 틈을 메울 수 있었다고 주장한다. 그리고 이는 그의 저작 전체를 소급해서 다시 읽어 내야 하는 방식을 통해서 가능한 것이라고 주장한다. 그러나 맥네이는 이렇게 말한 뒤에, 푸코가 자아성과 개인 상호간의 관계들과 사회적 변화를 결합하는 방식에는 문제가 많다는 사실을 발견한다. 맥네이는 이렇게 말한다. "자아에 대한 푸코의 생각은, 대상화된 세계에 작용을 미치는 능동적인 자아를 상정하는 철학인 주체의 철학의 근본적 역학 속에 머물러 있다. 이는 또한, 대상으로 규정되는 주체들이나, 제일 주체의 나르시스적인 연장으로 규정되는 다른 주체들과 상호작용하는 자아를 상정하는 철학이다."[13] 나 또한 그렇게 생각한다. 푸코의 강박적으로 자기 통어에 매달리는 개인은 본래부터 단자적이다. 그러한 개인은 자신 속에 유폐되어 있고 정서적인 친밀성과 공동의 유대에서 차단되어 있다. 그러나 여기에서 지적해야 할 더 근본적인 점이 있는데, 그것은 푸코의 후기 작업이 자아에 대한 급진적인 비판을 제시하고 있다고 주장하는 논평자들에게 아주 불리한 것이라고 나는 믿는다. 푸코는 자아가 수많은 잠재적인 정체성을 가능케 하는 미학적인 예술 작품이라는 견해에 도달한다. 그리고 나서는 테크닉과 양식화와 실천의 강렬함을 자아를 다스리는 열쇠로 만든다. 이러한 시각의 형식론은 강조할 필요도 없을 정도다. 푸코는 자아실현이 그 자체로 상호 의존, 신뢰, 친밀성, 애정의 영역들로 둘러싸여 있을 수 있는 가능성을 어디에서도 보지 않는다. 간단히 말해, 푸코의 관점은 개인주의적인 자아관의 한 변형이다. 중요한 것은 단지 행위의 강렬함, 특히 행위의 자아 제어와 자아 통어이다. 자아의 행위가 타인들에게 어떻게 영향을 미치는지는 거의 혹은 전혀 고려하지 않는다.

둘째, 푸코는 젠더에 관해서, 또는 섹슈얼리티와 젠더가 자아의 구성에서 교차하는 것에 관해서는 거의 이야기하지 않는다. 푸코는 섹슈얼리티를 보통 자웅 양성의 쾌락과 감각의 영역으로 묘사한다. 성적인 자기 실천과 자기 제어에 관한 그의 견해는 탈성화라는 그의 폭넓은 정치적 전략의 특징이 되었다. 다시 말해, 젠더 양극성(남자/여자, 남성성/여성성, 주체/대상)의 억압적인 경계를 넘어서 나아가자는 것이었다. 그러나 신체와 그 쾌락들을 재정의하자는 푸코의 탄원이 중요한 것이기는 하지만, 그가 자아의 신체화된 구조를 젠더 양극성과 억압이라는 이슈와 연결하지 못했다는 사실은 중요한 문제가 된다. 확실히 많은 페미니스트들은, 푸코가 젠더에 대한 체계적인 이론을 전개하지 못했기 때문에, 자아에 대한 그의 작업을 페미니스트적으로 이용하는 데에는 깊은 정치적인 난점이 있을 수밖에 없다고 주장한다. 메건 모리스(Meghan Morris)는 이렇게 말한다. "푸코에게 연애편지를 보내는 어떤 페미니스트도 답장을 받을 위험은 없을 것이다. 푸코의 작업은 여자와 사귀고 싶은 남자의 작

업은 아니다."**14** 모리스의 논평은 어떤 의미에서는 정확하지만, 이를 좀
더 밀고 나갈 수도 있다. 왜냐하면 푸코의 관점에서 젠더가 그저 차단되
어 있는 것뿐만이 아니기 때문이다. 오히려 특정한 양상의 여성성이, 즉
사회적으로 구축된 여성다움뿐만 아니라 성별이 있는 여자라는 성질이
전적으로 무시되고 있는 것이다. 이것은 인간의 관계 맺음을 인간적이지
않은 방식으로 그리는 푸코의 설명 속에 일관되게 흐르고 있다. 그가 그
리고 있는 섹슈얼리티의 세계는 대부분의 경우 씩씩한 남자들이 자신을
섹슈얼리티의 주체로 규정하는 수련을 하고 있는 세계이다. 섹슈얼리티
의 곤란한 문제들은 자제력을 발휘하면서 욕망을 성취하고, 절제를 유지
하고, 욕망을 조절하고 있는 남자들이 다스리고 처리하는 것이다. 따라
서 푸코의 섹슈얼리티의 역사는 몹시 남자 이야기 히스토리(*history*)의
남성 중심적인 전통 속에 있다. 그것은 여자가 없는 세계인 것이다. 그것
은 젠더와 사랑은 장기적인 사회적 영향력을 거의 가지지 않는 세상이
다. 그러한 누락은 정말 놀랄 만한 일이다.

　이 점을 좀더 발전시켜 보도록 하자. 이는 많은 사회 이론이 남성 중심
적으로 기울어져 있는 것을 푸코의 관점이 더욱 강화할 뿐만 아니라, 젠
더 권력의 분석에 대해서도 심각한 정치적 함축을 담고 있기 때문이다.
푸코의 일반적인 이론적 지향은 섹슈얼리티가 법률 제정에 의해서 지배
되거나 한정되어서는 안 된다는 것이다. 반대로 그는 자아의 테크닉을
증가시킬 것을, 주체됨과 섹슈얼리티의 구성 양식을 다각화할 것을 주장
하였다. 그러나 성폭력은 어떻게 하는가? 틀림없이 국가가 강간과 같은

범죄를 처벌하는 법률을 제정하는 역할을 담당하고 있지 않은가? 푸코는 한때 강간이 섹슈얼리티와 관련된 행위가 아니라 폭력 행위로 규정되어야 하고 범죄 처벌 대상에서 제외되어야 한다는 주장을 해서 물의를 일으킨 적이 있다. 강간에 대한 푸코의 견해를 잘 살펴보면, 욕망과 범죄, 섹슈얼리티와 법 사이의 연결고리를 깨뜨려야 한다는 이론적이고 정치적인 주장이 놓여 있는 것을 볼 수 있다. 만일 강간 사건이 형사 법정이 아니라 민사 법정에서 심리를 받는다고 해보자. 그렇다면, 그 위법 행위가 사적인 이익과 손해라는 견지에서 고려될 수 있을 것이고, 따라서 국가의 개입에서 벗어날 것이라고 푸코는 추정하였다. 강간에 대한 푸코의 논평이 많은 분노와 적개심을 불러일으켰다는 것은, 특히 페미니스트 계통에서 그랬다는 것은 어쩌면 놀랄 일이 아닐 것이다. 많은 페미니스트들이 젠더 탄압에 관한 논쟁들을 푸코가 이해하지 못하고 있다고 한탄했다. 많은 사람들은 강간을 범죄 처벌 대상에서 제외하는 것은 여성에게 폭력을 가하는 행위나 마찬가지라고 주장했다. 또한, 알맞은 법적 보호 장치를 없애 버림으로써 여성이 위협 받고, 그로 인해 더 넓은 문화에서 여성의 지위를 실추시킬 행위가 될 것이라고 많은 사람들이 주장했다.

끝으로, 자아 성찰과 자율성과 자유라는 문제 제기와 관련하여, 자아의 테크놀로지에 대한 푸코의 설명에서 비롯되는 문제점이 있다. 푸코가 『성의 역사』에서 관심을 가지는 자아의 윤리적 테크닉은 신체의 표면, 쾌락, 감각의 테크닉이었다. 하지만 푸코는 신체와 쾌락의 새로운 질서가 애정관계와 문화적 교제에서 어떻게 변화를 낳을지에 관해서는 비교적 이야기를 많이 하지 않는다. 푸코는 개별화를 자기 감금의 형식으로 보고, 자아를 근대적 권력의 테크놀로지에 흠뻑 젖어 있는 것으로 보았다. 그렇기 때문에, 개인이 사회적 실천 관행을 어떻게 성찰할 수 있을지, 그러한 자율적인 자아 성찰이 사회 변혁으로 어떻게 이어질 수 있지를 숙고하는 일을 꿋꿋이 거부했다. 따라서 더 좋은 사회가 어떤 모습일까, 하는 문제는 제기되지도 않은 상태였다. 자신의 작업 속에 있는 이러한 공백에 대해 푸코는 이렇게 대답한다. 이론이 사회적 삶의 구체적인 조건들보다 앞서서 법률을 제정할 수는 없다. 그렇게 하는 것은, 마르크스주의의 역사가 보여 주었듯이, 정치적인 전체주의를 초래할 뿐이라는 것이다. 푸코는 관계가 어떠해야 할 것인지를 처방하려 하지 않는다. 푸코는 자신의 작업이 개인이 자아 규정과 자아 조절을 실험할 수 있는 잠재적인 공간을 여는 것으로 여겼다. 하지만 다른 한편으로, 신체와 쾌락의 새로운 질서를 부르짖는 푸코의 호소는 한계를 지니고 있다. 그렇게 된 까닭은, 푸코가 섹슈얼리티에 관한 자신의 연구가 가지는 개인 상호간의 함축과 도덕적·윤리적 함축을 논의하지 못했기 때문이다.


## 새로운 테크놀로지, 새로운 자아

자아의 테크놀로지에 대한 이러한 비판이 있기는 하지만, 문학 비평가와 역사학자에서 사회정치 이론가에 이르기까지 많은 저자들이, 인간 주체가 성적 분류법, 문화의 합리화, 주민의 행정적 감시와 관리에 의해 구성되고 조절된다는 푸코의 명제를 받아들여 왔다.

정체성과 신체와 권력 사이의 관계에 관한 오늘날의 논쟁을 개시하면서 푸코의 발상을 영향력 있게 사용한 사람은 영국의 사회학자 브라이언 터너(Bryan S. Turner, 1945~)이다. 『몸과 사회*The Body and Society*』(1984)[15]에서 『신체 조절하기*Regulating Bodies*』(1992)에 이르는 일련의 책에서, 터너는 푸코를 사회학적으로 정교하게 읽어 내는 방법을 발전시키려고 노력했다. 그런데 푸코는 철학자이자 역사가이지 사회학자는 아니었다. 하지만 터너는 푸코의 작업에는 많은 것이 들어 있어서, '신체화된 자아(embodied body)'의 사회학 이론을 전개하는 데에 도움이 될 만한 것을 끌어낼 수 있다고 주장한다. 너무도 오랫동안 자아는 사회학 속에서 묘하게도 신체 없는 모습으로 등장해 왔다. 신체는 주류 사회학의 접근법 속에서는 인간 행위성과 사회적 행위를 구속하는 생물학적인 조건으로만 개념화되어 있다. 하지만 터너는 신체화된 자아를 사회적 상호작용에 근본적인 것으로 본다. 일상생활에서 우리는 신체이고, 신체를 지니고, 신체를 행한다는 것이다. 신체는 개인적 주체의 자아 감각에 결정적인 요소이며, 자아가 타인들과 관계를 맺고 상호작용하는 방식이다. 터너는 자아와 신체와 지식 사이의 관계는 푸코의 작업에서 중심이라고 말한다. 또한, 사회학적으로 해석했을 때, 자아와 사회 사이의 변화하는 관계를 이해할 수 있는 가치 있는 모델을 제공한다고 말한다. 터너가 보기에 신체는 포스트모던 도시 문화의 맥락 속에서 자아 정체성과 물리적인 자기 조절과 섹슈얼리티를 연결하는 것이다. 몸매 가꾸기와 위생과 날씬함과 젊음을 점점 더 강조하는 것은 소비 자본주의와의 관계 속에서 자기 조절을 유지하는 중심적인 받침대가 된다. 신체를 둘러싼, 특히 신체 이미지의 상품화를 둘러싸고 벌어지는 이러한 정치적 투쟁은 자아와 섹슈얼리티의 조절과 관련해서 일어날 뿐만 아니라, 입법적·행정적 구조들을 통해서도 일어나고 있다. 시험관 수정, 낙태, 육아, 그리고 에이즈를 현대의 유행병으로 보고 의학적으로 관리하는 일 등, 이러한 것으로부터 우리는 오늘날의 문화 속에서 신체화된 자아에 대한 점진적인 제도적 관리, 조절과 감시를 목도한다.

터너는 「신체 통치(The Government of the Body)」라는 중요한 글에서 규칙적인 자기 관리와 영양 섭취의 합리화와 신체 단련을 분석함으로써 푸코의 이론적인 관점을 끌어오는 동시에 더욱 발전시킨다.

식이요법은 인간 신체의 미시 정치에 연결되어 있다고 터너는 말한다. 이는 그것이 자아 훈육의 책임을 인간 주체들의 손에다 옮겨 놓기 때문이다. 영양학과 사회과학의 성장은, 개인과 건강과 사망률을 조절하는 일과 관련되어, 주민의 생체 정치(bio-politics)의 일부분으로서 음식 소비에 대한 행정적 관리를 공고히 해준다. 주민의 정치적 관리와 서로 얽혀 있는 특수한 전문적 지식(의학·영양학·사회과학)의 발생을 분석하면서, 터너는 이렇게 주장한다.

식단표는 건강에 '비합리적인' 위협으로 여겨지는 소비 형태를 겨냥한 것이었는데, 특히 과잉 섭취가 비만과 알코올 중독과 연결되어 있는 곳에서 그러하였다. 이러한 식이요법 프로그램은 원래는 귀족, 상인, 런던 선술집과 클럽의 전문직 집단······ 등의 부유한 사회 집단에게 제시된 것이었다. 19세기 후반부에 가서야 비로소 영양학이 경제적인 교도소 운영과 사회의 정치적 관리에서 중요한 것이 되었다. 교도소와 수용소를 효율적으로 관리하는 원리들은, 어떻게 하면 노동계급이 최소한의 양으로 충분한 열량을 섭취하고 버티면서 건강을 유지하고 일할 수 있도록 할까, 하는 문제에 재빨리 응용되었다.[16]

영양학은 음식 소비와 신체에 초점을 맞추면서, 사람들이 점점 더 미리 주어진 행정적 규칙과 규정에 따라서 자신을 돌보도록 유도했다. 그것은 사람들이 전문가의 정보를 따라서 자아를 관리하고 제어하도록 이끌었다.

재미있게도 터너는 자아와 신체화와 젠더 사이의 복잡한 상호관계가 가지는 더 넓은 사회적·정치적 귀결들에 대해서 양가적인 태도를 보인다. 그는 사회 권력이라는 유일한 원천이 신체/자아의 통치를 지도한다고 보지 않는다. 오히려 우리는 신체가 사회적으로 생산되고 조절된다는 사실을 의학에서 패션 산업에 이르는 많은 다양한 상징적 수준들에서 갈수록 더 많이 알게 된다고 한다. 섹슈얼리티와 자아처럼, 오늘날 신체는 구별과 개성의 표지로서 소비 문화 속에 자리 잡고 있다. 신체의 겉모습과 관리는 정체성의 상징적인 표상에 연결되며, 사회의 은유이고,

젠더 분화의 장이며, 인종적·민족적인 문화의 장소, 갈등의 장소이다. 하지만 터너가 보기에 신체화된 자아는 제도적이고 이데올로기적인 힘의 수동적인 산물이 아니다. 그것은 오히려 사람이 일상생활의 상례적인 표현, 해석, 감시 속에서 존재하며 행동하는 일의 본질 그 자체의 필수적인 부분인 것이다. 터너가 보기에 오늘날의 문화에서는 자기 돌보기가 사람들이 신체를 훈육하는 수단들인 열량 측정, 조깅, 헬스클럽 같은 양생법과 더불어서 두 번째 권력으로 변환된다고 한다. 이러한 관점에서 보면, 정체성의 정치학은 몸매 만들기, 단련된 신체, 육체미, 바디 피어싱, 사이버 공간의 신체 등의 신체 지형들로 갈수록 둘러싸인다. 물론 괴로워하고 괴롭게 하는 거식증의 신체도 있다. 섭식 장애는 우리 시대의 핵심적인 자아 병리라고 터너는 말한다. 하지만 이 모든 것에서 신체는 그 자체로 강화된 자아 관리, 자아 조절, 자기 통어의 장소인 것이다.

미국의 역사학자 마크 포스터(Mark Poster)도 푸코의 이론을 이용해서 오늘날 사회적 삶을 조명하고자 한다. 특히, 그는 새로운 통신 기술이 자아에 미치는 영향력에 집중한다. 오늘날 전지구적인 통신망의 확장은 포스터가 '슈퍼판옵티콘(super-panopticon)'이라 부르는 고도로 기술화된 감시 체계를 낳고 있다. 컴퓨터에서 인터넷까지, 팩스 기계에서 이동 전화까지, 기술적 형식은 자아 구성에 대한 새로운 일련의 구속과 가능성을 예고한다. 오늘날 통신망의 속도는 너무도 엄청나기에, 사람들은 이제 전자 매체 통신의 과잉 속에서 '떠다닐' 정도이다. 사이버 공간에 퍼져 있는 이미지와 메시지처럼, 자아도 불안정하고 분산되어 간다. 간단히 말해, 미디어의 포화가 자아를 파편화하는 것이다. 행정 권력과 관료적 감시의 음험한 영향이 이러한 점에서 결정적인 것이 된다. 포스터는 이렇게 말한다.

> 민중은 감시를 받고 그 과정에 참가하도록 훈육되어 왔다. 사회보장 카드, 운전면허증, 신용 카드, 도서관 카드 같은 것들, 개인은 이러한 것을 신청해서 언제나 준비해 놓고 계속 써야만 한다. 각각의 처리 과정은 기록되고, 암호로 바뀌어서 데이터베이스에 저장된다. 많은 경우 개인들은 서식에 맞추어 신상 정보를 기입한다. 개인은 정보의 출처이면서, 동시에 정보의 기록자인 것이다.[17]

포스터는 지배의 사회적 관계에 대해서, 테크놀로지의 동력이 신체 경영, 상례적인 정보 수집, 자아 정체성의 관리와 서로 얽혀 간다고 설명한다. 하지만 사회 통제의 이러한 새로운 형식들은 밖에서부터 사람들에게 부과되는 것이 아니다. 그와 반대로 여기에서 강조하고 있는 것은 자아의 테크놀로지이다. 이는 개인들이 자아와 관계 맺는 형식들을 발전시키는 방법과 기술들, 그리고 개인이 자신을 재현되고, 조절되고, 제어되어야 할 대상으로 만드는 활동들을 의미한다. 이러한 미시 정치적인 접근에서는, 기술 매체와 통신의 발달이 자아의 기술적인 관리와 조절과 지배와 손을 맞잡고 함께 가고 있는 것이다.

이번 장에서 나는 자기 육성, 자기 양식화, 자기 변형이라는 주제를 더 넓은 사회 권력과 지배라는 맥락에서 분석하면서, 푸코의 작업에 대한 비판적인 개요를 제시하였다. 푸코의 작업에서 나타난 자아의 개념은 주체화 과정, 즉 사회적 힘들에 의해서 사적 정체성이 구축되고 포섭되는 복합적인 방식들과 직접 연결되어 있다. 나는 정체성 구축에서 개인에게 영향력을 행사하는 정상화(normalize)하는 힘들을 추적해 가고자 하였다. 그리고 그 수단으로서, 섹슈얼리티와 자아에 대한 푸코의 면밀한 분석을, 다양한 심리 치료의 발전을 더 광범위하게 논의하는 맥락에, 특히 정신분석학에 끌어들였다. 푸코는 성에 대한 기독교의 금지, 특히 섹슈얼리티에 대한 논의를 금지하는 일이, 실제로는 성에 대해 이야기하도록 규범적으로 유도해 간 일과 반대된다고 했다. 나는 푸코의 이러한 일반적인 발상을 살펴보았고 비판적으로 분석해 보았다. 나는 푸코의 작업이, '성 이야기'가 어떤 식으로 우리 문화를 가득 채우고 있는지를 이해할 수 있는 지침을 제공한다고 주장하였다. 특히 사람들이 자신의 성적 감정과 내면적 세계에 관해서 생각하는 방식에 어떤 식으로 영향을 미치는지를 이해하는 새롭고도 흥미로운 지침을 제공한다고 주장하였다. 하지만 나는 정신분석 치료가 그저 개인을 제어하려고, 특히 성인의 성적 규범에서 일탈하는 그러한 개인을 제어하려고 사용되었을 뿐이라는 생각에는 많은 개념적·정치적 난점이 있음을 지적했다. 나는 어쨌든 정신분석학의 경우에는, 이러한 모델이 자아와 섹슈얼리티와 성적 억압을 이해하기에는 별로 적당하지 않다고 주장하였다. 푸코는 심리 치료가 사회의 끊임없는 종속적 주체화와 감시의 더 세련된 기술을 가리킨다고 보았다. 하지만 자아와 정체성의 개념에 이런 식으로 접근하는 데에는 문제점이 있다. 주체가 권력의 작동에 의해서 중층 결정된다는 시각을 제시한다는 측면에서는 그러한 접근법에 여전히 지나친 면이 있는 것이다. 푸코가 '자아의 테크놀로지'라는 발상을 전개한 것은, 대상화(objectification)라는 정상화 공정을 넘어서 주체성을 이론화하기 위한 것이다. 이러한 책략 덕분에 푸코는 개체성의 형식을, 특히 개인이 창조적이고 건설적인 방식으로 자신의 정체성을 구성하는 방식의 다양성을 이론화할 수 있었다. 그리고 동시에 자기표현의 형식을 속박하고 제한하고 억압하는 권력의 양상들을 밝혀낼 수 있었다. 정체성 형성의 적극적인 형식과 소극적인 형식을 결합한 이러한 주체성의 모델은, 이제 근대 사회에서 작동하는 더 넓은 담론적인 권력관계들을 분석하는 일과 연결된다.

　미학적 변형이라는 개념 쪽으로 돌아선 덕분에, 푸코는 후기 저작들에서 자율성의 달성을 재개념화할 수 있었다. 그렇지만, 푸코에게 빚을 지고 있는 대부분의 사회학자와 사회 이론가들은 주체화 과정과 자아의 정상화 과정을 이해하기 위해서, 사회적 영역에 침투해 있는 권력관계에 대한 푸코의 분석을 끌어오고 있는 것도 여전한 사실이다. 터너의 사회학 저작과 포스터의 역사적 연구의 경우에는, 근대적 합리성을 장악하고 있으며 정체성의 수준에서 차이나 타자성과 교섭할 수 있는 공간을 뿌리째 없애 버리는 경직된 정체성 논리를 뒤흔들기 위해서 푸코를 동원하고 있다. 따라서 계몽주의 합리성과 근대성의 이성적 주체에 대한 푸코의 비판은 그 폭넓은 귀결들에서 아직도 사회과학에 엄청난 비판적 가치를 지닌다. 자아에 대한 푸코의 비판이 이렇듯 다양한 방식으로 사회과학 속으로 끌어들여졌기는 하다. 하지만 내가 주장한 바대로, 자아에 대한 이러한 생각에는 어떤 이론적인 한계가 없지 않다. 이런 한계는 특히 주체성의 수준에서는 창조성과 자율성을 개념화하는 것과 관련되어 있다. 또한 자아를 타인과의 관계와 개인 상호간의 관계 속에서 개념화하는 것과 관련되어 있다. 나는 이번 장 전반에 걸쳐서, 자아에 대한 푸코의 분석이 자기 통어와 자기 운영의 형식에 계속해서 특권을 부여하고 있음을 지적했다. 또한 그것은 남성적인 주체성이라는 검토되지 않은 향수 어린 시각에 근거하고 있다는 점을 지적하기도 했다. 이와 관련해서 보면, 주체에 대한 푸코 식의 비판은, 그의 추종자들은 쉽사리 인정하지 않겠지만, 자아에 대한 계몽주의적 생각과 공통점을 지지고 있는 듯하다. 내가 이런 말을 하는 까닭은 자아에 대한 푸코의 논의에서 젠더라는 요소가 빠져 있다는 사실에 주의를 끌고자 하기 때문이다. 지금까지 살펴본 정체성에 대한 여러 사회학적 접근법 가운데 많은 것이 그러하듯이, 정체성을 정신분석학적으로 개념화하는 것에 영향을 준 검토되지 않은 가정들뿐만 아니라, 자아성에 대한 푸코 식의 설명도 남성적 경험의 특별한 형식들에 의존하는 것처럼 보인다. 즉 남성적인 자아를 여성적인 타자들과 관계 맺는 일보다 우위에 놓는 그러한 경험의 형식들에 의존하는 것처럼 보인다는 말이다. 이러한 상세한 비판을 어떻게 생각하든, 젠더라는 주제가 나왔으니 이제 다음 장으로 수월하게 넘어갈 수 있겠다.

# 4

# 자아, 섹슈얼리티, 젠더

오늘날 페미니스트 논쟁은 자아와 정체성에 관한 학제적인 연구의 풍부하고 결실 많은 한 분야이다. 최근 여러 해 동안 페미니스트들은 자아를 분석하려고 정신분석학에서 퀴어 이론에 이르는 다양한 이론적인 사조를 끌어와서 손보아 왔다. 페미니스트들은 자아와 섹슈얼리티와 가부장제 사이의 깊고 오랜 결합을 조사하는 데 특히 몰두해 왔다. 여기서 가부장제란 젠더 관계에서, 그리고 다른 사회적 제도들의 맥락에서 남성 권력이 지배하는 현상을 말한다. 이번 장에서는 이러한 이론적인 교류 가운데 몇 가지를 살펴보겠다. 나는 자아의 비판을 위해 페미니스트와 정신분석학적 관점들을 통합하는 문제부터 이야기를 시작하겠다. 그러고 난 뒤에 최근 페미니스트 논쟁의 추이와 구획들을 살피는 일로 돌아갈 것이다. 그 논쟁은 섹슈얼리티와 욕망과 젠더와 관계된 자아의 구성에 관한 것이다.

## 페미니즘과 정신분석학 : 최근의 두 가지 시각

페미니스트들은 젠더와 자아 사이의 관계를 핵심적인 정치적 문제로 본다. 인간은 수컷과 암컷으로 태어나지만, 사회적인 구축 과정을 통해서 남자와 여자가 된다. 사회과학자들은 사람들이 성 분화된 개인으로 만들어지는 방식을 기술하고자 젠더 재생산이라는 용어를 사용한다. 이 젠더 재생산은 사회화, 역할 습득, 젠더 정형화의 문화적 힘들과 한데 묶여 있는 것이다. 하지만 페미니스트 연구는 젠더 인식이 사회화의 비인간적인 규칙과 규정 이상의 것을 의미한다는 사실을 강조한다. 젠더 갈등과 분열의 문제에 부딪치는 것은 자아 속에서 뭔가 깊은 동요를 경험한다는 것이다. 생의 처음 몇 년 동안에 젠더는 정신 속에 강력하게 박혀 들기 때문이다. 아이의 발달하는 자아 감각은 개인 상호 간의 정서적이고 사적인 세계들이 맞물리는 것을 반영한다. 이러한 세계들은 가족 안에서의 젠더 관계와 밀접하게 결부되어 있다.

오늘날 페미니즘에서 가장 논란이 분분한 이슈는 육아에 대한 아이의 초기 경험들과 관련 있다. 페미니스트들은 여성의 육아와 가부장적인 사회관계 사이의 복잡한 연결고리를 분석하는 데 특히 몰두해 왔다. 어떤 페미니스트들은, 가부장적인 가족을 통해서 굴절된 육아는 젠더 지배를 생산하고 재생하는 일과 서로 깊게 얽혀 있는 것이라고 본다. 자아의 심리학을 형성하는 데에서 여성의 육아가 차지하는 중심적인 지위는 성적 차이와 젠더 불평등의 영속과 긴밀하게 서로 얽혀 있다. 우리 사회에는 육아에 대한 불안이 아주 깊숙이 뿌리박혀 있다. 그리고 이러한 불안은 육아의 문화적인 표상들에서, 광고와 대중매체와 대중문화에서, 그리고 낭만적 사랑과 가정생활에 대한 이미지들에서 여성을 이상화하면서 동시에 격하하는 일에 반영되어 있다.

어떤 작가들은 모성을 여성의 우월한 생물학적 능력을 가리키는 것으로 평가해 왔다. 하지만 대부분 페미니스트들은 사회와 문화가 여러 방식으로 육아를 가두어 온 것을 개탄했다. 프랑스의 페미니스트 철학자 시몬 드 보부아르는 자신의 유명한 책 『제2의 성 *The Second Sex*』[1]에서, 우리 문화가 여성과 출산과 육아를 문화적으로 평가절하하고 있다는 통렬한 고발을 내놓았다. 보부아르의 눈에 비친, 억압되고 소외된 여성은,

> 창조의 긍지를 알지 못한다. 그녀는 스스로를 어두운 힘들의 노리갯감으로 느꼈다. 출산이라는 호된 시련은 쓸모없거나 심지어 골치 아픈 사건처럼 보였다. 그러나 어떤 경우에도 아이를 낳는 일과 젖먹이기는 활동이 아니다. 그것은 자연적인 기능일 뿐이다. 아무런 계획도 들어 있지 않다. 그 때문에 여자는 자신이 존재한다는 사실을 당당히 긍정할 이유를 찾지 못했다. 그녀는 수동적으로 자신의 생물학적인 운명에 굴복한 것이었다……. 가치를 창조하면서 실존 그 자체를 가치로 만들어 온 것은 남성의 활동이다. 이 활동은 삶의 혼란스런 힘들을 지배했으며, 자연과 여자를 억눌러 왔다.[2]

보부아르는 남성적 합리성과 논리를 여성성과 암컷이라는 생물적 조

건과 대조한다. 남성적 능동성과 여성적 수동성 사이의 이분법이 섹슈얼리티와 젠더의 지배적인 문화적 표상들을 특징짓고 있다고 그녀는 주장한다. 여기에서 다루어지는 논점들이 복잡하고, 많은 것이 제각각이긴 하지만, 육아에 대한 페미니스트 분석은 젠더 위계에 대한 보부아르의 설명에서 영감을 끌어왔다. 그러면서, 출산과 육아 속에 있는 여성의 창조적 능력과 잠재력을 회복하려고 해왔다. 그 주장은 육아의 중요성을 문화적으로 더 크게 평가한다고 해서 곤경에 처한 젠더 관계가 저절로 바뀔 것이라는 주장은 아니다. 그러나 많은 현대의 연구는 어머니-아이 관계 속에 수립되어 있는 정서적인 결합과 연속성에 초점을 맞추고 있다. 또한, 어머니로서의 여성의 일에 대한 사회에 만연해 있는 문화적인 저평가를 극복하는 것의 결과로 사회를 변화시킬 수 있는 가능성을 비판적으로 고찰한다.

페미니즘과 정신분석학 사이의 이론적인 대화는 육아의 분석과 그 문화적인 귀결들에 대한 분석에 특히 중요한 것이었다. 많은 페미니스트들이 보기에, 사회적·성적 억압에 대한 프로이트의 비판은, 성적 차이와 젠더 위계의 역학을 이해하는 데 결정적으로 중요하다. 페미니스트들은 프로이트를 따르면서, 오이디푸스 콤플렉스에서 벗어나는 아이가 젠더 구획 속에 안전하게 고착되고, 자아가 남성 지배적인 이성애적 사회관계의 체계 속에 자리 잡게 되며, 개인의 욕망은 성적인 재생산 쪽으로 흘러 들어간다는 주장을 지지했다. 그러면서, 이는 불안과 편집증적인 투사의 무의식적인 힘 덕분에 그러한 것이라는 주장을 지지해 왔다. 물론 프로이트가 남근의 유무 여부와 관련해서 젠더의 기초를 세웠다는 사실은 페미니즘에 아주 곤란한 문제가 되었다. 2장에서 논의하였듯이, 프로이트 이론에서 남근의 소유는 남성성을 성취하는 것과 상징적으로 결부되어 있었다. 반면에 남근의 부재는 여성성의 표지가 되는 것이었다. 몇몇 비판가들은, 프로이트의 이론이 젠더를 성기 지각에 의존한 정체성으로 만들면서, 섹슈얼리티의 사회적 구축에 관한 이슈를 생물학적·해부학적 구별로 환원하고 있다고 말한다. 하지만 그러한 주장을 지지하기는 어려울 것 같다. 프로이트는 생물학적 환원론을 막으려고 무척 조심했고, 실제로 섹슈얼리티에 대한 그의 설명은 성적 욕망과 환상과 지향성의 가변성과 다양성을 강조하였다. 프로이트가 인간 섹슈얼리티의 중심핵으로 규정하는 '다형 도착(Polymorphous perversity)'이라는 말은 인간의 성적 욕망, 지향성, 성향, 실천에는 엄청난 유동성이 있음을 의미한다.

하지만 프로이트의 작업에서 틀림없이 문제가 되는 것은, 그가 아이의 발달을 위한 분리와 개체화를 일으키는 요인으로서 아버지에게 강조점을 둔다는 사실이다. 최근의 페미니스트 정신분석학 연구는 아버지를 젠더 차이와 구획의 기초로 강조하는 것에 강력하게 도전해 왔다. 대신에 페미니스트 정신분석 비평가들은 프로이트의 이론을 뒤집어서, 어머니-아이 관계에 집중하려고 애써 왔다. 이들은 남성성과 여성성의 상징적 표상들이 유아가 어머니에게 가지는 애착에서 파생되어 나온다고 주장한다. 심리학적인 견지에서 볼 때, 어머니는 아버지 이상으로 아이의 젠더 경험에 영향을 미친다. 적어도 생의 첫 몇 년은 유아기 동안 확립된 밀착된 정서적인 유대 때문에 더욱 그러하다. 어머니의 권력이 아이의 발달에 중심적인 힘이라는 이러한 발상은 대상관계 학파(object-relations school) 정신분석학의 영향을 받은 미국의 페미니스트 사회학자 낸시 초도로우(1944~)에 의해서 가장 강력하게 전개되었다. 초도로우의 페미니스트 이론에서는, 여성의 양육이 남성적 인성과 여성적 인성을 재생산하는 데에 강한 심리적 추동력으로 작용한다. 초도로우의 이론에 대한 검토는 정신분석학적인 지향을 가진 페미니스트 이론으로 들어가는 유용한 통로가 될 것이다. 그리고 계속해서 육아에 대한 유럽 페미니스트의 해석과, 젠더 정체성과 자아에 관한 그 귀결들을 그녀의 작업과 비교해 볼 수 있는 무대가 될 것이다.

초도로우는 자신의 획기적인 저작『육아의 재생산*The Reproduction of Mothering*』(1978)에서 여성만의 육아가 젠더 억압으로 이끈다고 주장한다. 그녀의 견해에 따르면, 여성 육아는 노동의 성적 분업의 전 세계적인 특징이기에, 여성 육아가 젠더 발달과 구획을 이해하는 데 중심축이 된다. 초도로우는 다음과 같이 주장한다. 여성은 육아에서 일차적으로 정서적이고 관계적인 사항에 몰두한다. 여성은 자신의 에너지를 자녀와 가족을 돌보는 데 쏟아 붓는다. 반대로 남성은 공적이고 경제적인 업무의 냉정하고 초연한 세계에서 일을 한다. 남성은 자신의 정서적인 삶에 덜 묶여 있을수록 타인들과 더 큰 사회와 분석적으로 관계를 맺는 방식을 더욱 발전시켜 간다. 초도로우는 자아 감각과 함께 젠더 위계의 문화적 논리를 이해하고, 억압적인 사회적 관계에 의문을 제기하려면, 우리가 이러한 젠더 역할의 분업에 대해 더 많이 알 필요가 있다고 말한다.

초도로우에 따르면, 어머니가 뒤쪽에서 서성거리고 있는, 젠더 발달에 대한 프로이트의 모델은 잘 봐야 설득력 없고, 못 보면 명백히 결함이 있는 것이다. 어머니를 아이가 최초로 정서적인 애착을 느끼는 대상으로 자리매김하면서, 프로이트 이론은 모성의 정서적인 귀결들에 관련되는 비옥한 연구 영역을 열어 놓았다. 하지만 역설적이게도 프로이트의 저작에서는, 자아의 심리 구조를 빚어내는 일에서 어머니가 하는 역할이 거의 인정받지 못했다. 대신 아이가 어머니에게 가지는 애착은 침입해 들어오는 아버지의 영향력을 통해서 깨뜨려진다. 이것을 프로이트는 오이디푸스 콤플렉스라는 용어로 이론화한 것이었다. 남근으로 표상되는 어머니/아이라는 양자관계 속으로 파고드는 아버지의 상징적 개입은 남근으로 표상된다. 그리고 이는 자아성, 젠더, 섹슈얼리티, 의미, 합리성, 문화의 구성에 근본적이다. 프로이트 이론은 본질적으로 아버지 중심적이다. 어머니가 자아나 젠더 발달에 투입하는 것은 많은 인정을 받지 못한다. 초도로우는 고전적인 프로이트 이론의 가부장적인 가정들을 거부하면서, 정신분석학의 대상관계 이론 쪽으로, 또한 핵심 젠더 정체성(core gender identity)의 이론 쪽으로 방향을 돌린다. 그렇게 하면서 그녀는 초기 몇 년간 유아의 욕구와 욕망을 고찰한다. 또한 그뿐만 아니라 부모가 아이에 대한 욕망을 경험하고 아이에게 향한 행위를 경험하는 양상을 고찰하는 관점을 펼친다. 초도로우는 자아와 젠더의 구성과 발달은 부모와 아이 사이의 쌍방향 통행을 수반한다고 말한다.

자아와 젠더의 창조는 어머니의 이미저리(imagery)를 내면화, 즉 정서적으로 흡수하고 일체화하는 일에 의존한다는 것이 초도로우의 주장이다. 전 오이디푸스 시기의 초기에는 아버지가 강력한 정서적인 존재로서 두각을 보이지 않는다. 그래서 그때는 젠더 분화의 과정이 어머니가 아이와 관계를 맺고 상호작용하는 양상으로 진행된다. 여기에서 우리는 초도로우가 주장한 내용의 핵심에 이르게 된다. **어머니는 아들과는 다른 방식으로 딸과 관계를 맺는다.** 어머니는 딸을 자신의 연장으로, 자신의 분신으로, 같은 젠더에 속하는 존재로 보면서 딸과 관계를 맺는다. 어머니가 딸을 자신과 같은 존재로 대하기 때문에, 이제 딸은 사적인 정체성과 자율성의 감각을 수립하고자 어머니로부터 떨어져 나오는 일을 극도로 어려운 일로 여긴다. 이것의 귀결은 복합적이다. 초도로우는 딸이 어머니와 강한 정서적 연속성의 감각을 지니고서 성장할 것이라고 생각한다. 이러한 연속성의 감각은 여성이 성인으로 살아가는 내내 친밀성과 관계에 중심을 둔 교제를 하도록 해준다. 그러나 그것은 또한 타인들과 어울리는 일의 어려움, 개인 상호간의 경계선을 잘 긋는 일의 어려움, 자아와 정체성의 혼란을 가져오기도 한다. 이 모든 것들은 딸이 어머니에 대한 사랑에서 아버지가 제공하는 안전 쪽으로 넘어가도록 몰아간다. 이렇게 방어적인 방식으로 아버지와 2차적으로 동일시하는 것은 억압적인 젠더 관계와 가부장제를 은연중에 지탱하는 일에 일조한다.

어머니가 딸에게 부여하는 같음의 느낌은, 아들에게 차이와 다름을 투사하는 것과는 현격한 대조를 보인다. 초도로우에 따르면 소년들은 소녀들보다 더 쉽게 어머니에게서 떨어져 나오는데, 이는 어머니가 남자 아이를 다른 존재로, 타 젠더의 구성원으로 대하기 때문이라고 한다. 아이의 타자성 때문에 어머니는 소년이 분리와 개체화 쪽으로 나아가도록 몰아간다. 소년은 어머니에 대한 최초의 정서적 애착을 부정하는 것을 배워야만 하는 것이다. 어머니에 대한 정서적 의존에서 떠나면서, 소년은 자신의 에너지를 좀더 능동적이고, 흔히는 공격적인 놀이와 관계의 형식들로 향하게 한다. 소년은 어머니의 도움을 받으며 그렇게 하는 과정에서, 자본주의의 경제적 세계가 이후의 삶에서 소년에게 요구할 일종의 정서적인 초연함과 분석적인 형식의 이성적 사고를 준비하기 시작한다.

만일 초도로우가 때때로 젠더 정체성이 그녀의 이론이 암시하는 것만큼 뚜렷하게 나뉘지 않는다는 사실을 고민해 본다면 어떻게 될까? 레즈비언 어머니는 어떤가? 살림하는 남편은 어떤 영향을 미칠까? 또 형제들은 어떤 영향을 미칠까? 그녀의 책에 나오는 여성 육아의 정서적인 뿌리에 관한 이야기는 강력하고도 설득력 있다. 여성적 정체성의 정서적인 핵이 관계 중심적이기에, 즉 여성들은 보살핌과 배려와 공감과 관계 지향 같은 사항들에 강하게 몰두하기에, 어른이 되어서도 다른 사람들과 관계를 맺을 때 그러한 정서적인 자원을 찾는 경향이 있을 것이다. 그러나 여기에서 여성들은 어려움을 맞게 된다. 남성들은 흔히 감정적으로 초연하며, 더 사려 깊고 배려하는 관계 맺음에는 둔감하다. 그렇기에 여성들은 일상적으로 자신의 파트너와 개인적으로 소통하고 성적인 친밀성을 나누는 일에서 자신이 차단된 것으로 느낀다. 이러한 정서적인 교착 상태에서 벗어나기 위해서, 여성들은 대신에 모성의 기대를 품고 그 일에 도전해 보는 쪽으로 향한다. 따라서 초도로우는 어머니가 되려는 욕망이 부분적으로는 현행의 젠더 위계의 왜곡과 병리들로부터 생산된다고 주장한다. 이러한 황량한 평가를 두고, 그녀는 육아 분담이 젠더 차별과 위계의 재생산에 도전하고 전복시키는 수단이 될 거라고 강하게 주장한다.

초도로우의 작업은 육아 역할이 여성에 의해서 재생산되는 사회 구조와 젠더 구획을 분석하려는 가장 사회학적인 성격의 페미니스트 시도들 중의 한 갈래를 대표한다. 핵심 젠더 정체성에 대한, 즉 사회적으로 유발된 여성성과 남성성의 심리적 구축에 대한 그녀의 설명은 잠재적으로 넓은 적용 가능성 때문에 호소력이 있다. 젠더 차별과 학문의 지향성에 대한 의문 제기, 공공 정책과 육아와 관련된 문제, 남성과 여성의 도덕적·윤리적 사고방식 속에 있는 차이들과 관련된 논쟁. 이 모든 것은 초도로우가 그려 놓은 남성적 인성과 여성적 인성의 초상화에 의해서 최근에 촉발된 사회 탐구의 중요한 영역들이다.

하지만 초도로우의 작업은 몇몇 가혹한 비판에 부딪혔는데, 특히 정신분석학 지향적인 다른 페미니스트들로부터 비판을 받았다. 예를 들어 재클린 로즈(Jacqueline Rose)는 초도로우가 성적 정체성과 자아성의 심리적 역학을 설명한 것이 아니라 오히려 젠더 역할에 대해서 의문을 제기한 것이라고 주장해 왔다. 로즈가 보기에, 초도로우의 작업은 '젠더 각인'이라는 사회학적 개념을 살리기 위해서 환상과 무의식이라는 핵심적인 정신분석학 개념들을 제거해 버렸다. 여성과 남성의 심리적 삶은 초도로우의 이론이 제시하는 것보다 더 모순적이거나 분열되어 있다고 로즈는 지적한다. 이와 마찬가지로 재닛 세이어스(Janet Sayers)와 린 시걸 (Lynne Segal)은 초도로우가 여성성을 모성과 융합하는 경향이 있다고 주장한다. 따라서 여성적 욕망은 분석에서 지워져 있다는 것이다.

나의 견해로 볼 때, 여기에는 중요한 난점이 있다. 초도로우는 성적 차이의 구조에 관해서 거의 말하지 않는다. 또한 개인적 주체성과 성적 지향성과 욕망과 환상의 무의식적인 결정 요소들에 관해서도 좀처럼 이야기하지 않는다. 그녀는 어머니가 딸이나 아들과 관계를 맺는 방식이 기존에 확립된 젠더 규범과 잘 일치한다고 가정하는 경향이 있다. 또한 관계 맺음의 이러한 패턴이 자아의 수준에서 아주 윤곽이 뚜렷하고 한결같은 정서적 귀결을 가져올 것이라고 가정하는 경향이 있다. 그러나 우리는 아이가 타인에게 정서적으로 반응하고 대응하는 것이 부모나 문화의 규범들과 관련해서 해석될 수 있다는 가정에 대해서는 조심할 필요가 있다. 이는 프로이트와 다른 정신분석학자들이 주장하듯이 아이가 인지적 양식의 이해를 통해서 뿐만 아니라, 환상 속에서 그리고 환상을 통해서 어머니를 경험하기 때문이다. 이것은 정신분석학 이론에 몹시 주요한 측면이어서 초도로우가 그것을 무시한 것은 심각한 누락이다. 깊은 심리학적 수준에서 어머니가 딸을 자신과 **같은 것**으로 지각한다는 것은, 성적 차이와 그 문화적 구조가 심리학적으로 중요하다는 사실을 확실히 보여 준다. 환상이 이러한 심리적이고 문화적인 구조를 형성, 왜곡, 또는 변형하는 그러한 방식들은 분석이 필요하다.

여기에서 오이디푸스 콤플렉스에 대한 푸코의 이론과, 라캉이 언어와 상징계를 강조한다는 사실이 중요하다. 프로이트와 라캉에게서는, 아이를 어머니의 신체로부터 떼어 놓고 아이를 언어와 상상계의 질서 속으로 던져 넣는 것은 바로 성적 차이의 표지인 아버지의 남근이다. 이러한 접근에서는 욕망이 언어에 바탕을 둔다. 성은 '여성성'과 '남성성', '여자'와 '남자', '그'와 '그녀' 같은 언어학적인 변환기를 둘러싸고 조직된다. 이와는 반대로 초도로우는 젠더 정체성을 확립하는 데에 어머니가 더 중심적인 역할을 한다고 본다. 그리고 그녀는 정서적인 결합과 분리를 분석하기 위해 대상관계 이론을 사용하면서 푸코와 라캉의 아버지 중심적인 관점에 상당한 수정을 가하고 있다. 하지만 성적 차이 그 자체에 대한 의문을 제기하고 문제 삼지 않는다면, 아버지에서 어머니로 강조점을 뒤집는 일에는 급진적인 정치적 의미가 거의 없다. 초도로우는 자신이 끌어들이고 있는 정신분석학 이론이 가부장제 속에 그 자체로 파묻혀 있다는 사실이 문제라는 것을 보지 못하는 것 같다.

2장에서 논의했듯이 프로이트의 저작은 어린 유아의 정신이, 현실에서는 외적으로 표현되는 것이 금지되고 방해 받는 욕망과 소망들을 환상 속에서는 얼마나 많이 만들어 내고 있는지를 보여 준다. 프로이트의 작업은 환상, 욕망, 의미, 전기(傳記)가 관계를 맺으면서 시간을 넘어 지속되는 일관성과 구조를 부여받는 방식들에 관한 일련의 다양한 지적 논쟁에 불을 붙였다. 환상과 젠더 사이의 관계는 자아에 관한 최근의 페미니스트 논쟁에서 특히 화젯거리였다. 앞으로 나는 젠더 연구와 페미니즘에 중요한 영향을 미친 사회 이론가들의 작업을 양육의 재생산에 관한 초도로우의 이론과 비교하기 위한 기초로서 이용할 것이다. 프랑스의 페미니스트 정신분석학자 줄리아 크리스테바(1941~)의 저작은 현재의 논의와 관련해서 상당히 흥미롭다. 그녀는 환상에 대한 프로이트의 설명을 젠더와 자아에 관련시켜 수정하면서 초도로우의 분석과 두드러지게 대조되는 여성 육아에 관한 분석을 전개한다.

육아와 출산에 관한 일련의 도발적인 글에서 크리스테바는 모성 (maternity)에 관한 지배적인 문화적 표상들과 어머니 됨(motherhood) 자체에 대한 심리적 경험, 둘 다를 분석한다. 개중 가장 중요한 글은 「성모 애가(Stabat Mater)」, 「벨리니에 따른 어머니 됨(Motherhood According to Bellini)」, 그리고 「한 정체성에서 다른 것으로(From One Identity to an Other)」이다. 어떤 면에서 보자면, 이런 글에서 크리스테바가 목표로 두고 있는 것들이 초도로우와 아주 같기도 하다. (양육의 심리적 뿌리와 동기라는 이슈를 특히 지적하면서) 모성과 여성성에 대한 학문적 이해를 검토하고 있다는 것, 그리고 프로이트 저작이 모성 연구에 대해서 함축하고 있는 바들을 살펴본다는 것이 그러하다. 그러나 초도로우는 환상과 섹슈얼리티와 젠더의 상호 얽힘에 관한 프로이트 이론의 많은 부분이 불만족스럽다고 주장한다. 그런 반면에, 크리스테바는 (프로이트의 저작을 채우고 있는 가부장적 가정들을 비판하면서도) 모성의 복잡성을 파악하는 데에는, 특히 어머니와 아이 사이에 있는 복합적인 감정적 원동력을 파악하는 데에는 정신분석학의 환상 개념이 너무도 중요하다고 주장한다.

크리스테바는 기독교 신학의 동정녀 마리아 숭배에서 대중문화 속에서 미디어가 만들어 낸 여성의 이미지에 이르기까지, 모성에 대한 지배적인 학문적 이해들이 여성을 대상화하였다고 주장한다. 여성성과 모성이 융합될 때, 어머니의 욕망은 단지 아이를 가지고, 종을 재생산하고, 가부장제라는 이름 아래 어머니의 생물학적 기능을 완수하는 것과 관련되는 한에서만 존재한다. 크리스테바가 초도로우의 작업을 특별히 논의하고 있는 것은 아니다. 하지만 그녀의 개념적인 접근법에서 볼 때, 초도로우처럼 모성 재생산과 젠더 관계를 강조하는 것은 어머니의 욕망을 형성하는 환상과 공포에 대한 진지한 분석을 분명히 가로막는 일이다. 다시 말해서 초도로우가 모성을 다루는 방식은 딸과 아들과 관계를 맺는 패턴에만 집중되어 있기 때문에 어머니의 욕망 자체를 들어내 버린다. 이와는 대조적으로 크리스테바는 욕망과 어머니의 환상 사이의 관계를 조사하려고 하고, 특히 이러한 관계가 자아의 구성에 어떻게 영향을 미치는지를 살피려고 한다.

크리스테바는 어머니 됨의 **실제 행위들**보다도 모성의 **환상들**에 초점을 맞춘다. 그렇게 하면서, 그녀가 자아에 대한 프로이트의 개념화에 빚

176

을 지고 있다는 사실을 분명하게 드러낸다. 크리스테바는 모성이 가부장제에 의해서 훼손되어 왔기는 하지만, 그래도 어머니 되기는 억압된 욕망과 실제로 연결되어 있다고 주장한다. 이러한 도발적인 주장이 의미하는 바를 간단히 정리해 보자. 프로이트는 모성을 억압된 것의 귀환, 즉 자기 아버지의 아이를 낳고 싶은 딸의 묻혀 버린 소망이 되돌아 온 것으로 여겼다. 프로이트의 시각에서 근본적인 것은 여성의 욕망이 오직 남근 쪽으로, 말하자면 오이디푸스 콤플렉스의 상징적인 아버지 쪽으로 향하는 한에서만 존재한다는 확신이다. 크리스테바에 따르면 프로이트는 전적으로 가부장적인 방식 속에서 모성을 구축해 놓은 것이었다. 그러나 이렇게 어머니 됨을 오이디푸스의 남성적인 논리와 결합하는 일은, 여성이 자신의 욕망과 자신의 기쁨과 모성에 대한 양가적인 환상에 목소리를 주는 일을 가로막는다. 크리스테바가 보기에 어머니 됨은 철학·문학·정신분석학 전통이 생물학적이고 사회적인 재생산을 강조하는 것과는 다른 방식으로 접근해야만 하는 것이다.

「성모 애가」라는 제목은, 십자가에 못 박힌 아들을 보는 성모 마리아의 비통함을 가리키는데, 크리스테바는 이 글에서 임신과 출산에 대한 그녀 자신의 경험을 성찰한다. 그녀는 글을 두 담론으로 나누면서, 한쪽 편에는 기독교 신학의 신화적인 언어와 과학의 합리성에 대해서 쓰고, 다른 한쪽 편에서는 어머니 되기에 대한 더 사적이고 자전적인 설명을 전개한다. 이런 방식으로 글의 서사를 둘로 나누면서, 크리스테바는 모성의 이상과 현실 사이에 있는 틈과 갈라짐을 강조하려고 한다. 가장 중요한 것은 그러한 갈라짐 자체가 어머니의 경험을 규정한다고 그녀가 주장한다는 사실이다. 크리스테바가 보기에 모성은 철저한 역설과, 이종성과, 특이성과, 다원성과, 동일성과 차이의 상태를 의미하는 것이다. 크리스테바는 이렇게 말한다.

> 어머니라는 것은 살 그 자체가 끊임없이 떨어지고, 갈라져 나가는 것이다. 그리고 그 다음에 언어가 갈라져 나가는 것이다. 언제나 그래 왔다. 그러니까 이런 또 다른 심연이 몸과, 몸속에 있었던 것 사이를 열어 놓는 것이다. 어머니와 아이 사이에는 심연이 있다. 내 자신 사이에, 또는 좀 더 소박하게 말해, 내 몸과 그 속에 있는 이 접가지와 주름 사이는 어떻게 이어져 있기에 일단 탯줄을 끊고 나면 다가갈 수 없는 남이 되는 걸까? …… 저 심연을 곰곰이 생각해 보기. 어지러운 현기증. 아무것도 알아볼 수 없다.[3]

임신과 어머니 됨을 떠받치는 정서적 흐름에 대한 크리스테바의 분석은 초도로우가 제시하는 분석과 대조된다. 초도로우는 어머니와 아이 사이의 관계가 관계의 패턴들, 젠더 배치, 이데올로기적 선입견에 의해서 완전하게 형성되는 것으로 제시하는 경향이 있다. 그러나 크리스테바가 보기에 임신과 어머니의 몸은 깊은 무의식적 힘들을 활동시키고, 말과 살, 표상과 상상, 문화와 본성 사이에 억압된 구분을 다시 일깨운다. 위에서 인용한 크리스테바의 글이 보여 주듯이 모성의 격렬한 감정은 정체성과 그 붕괴 사이에서, 그리고 자아의 의식과 그 지워짐 사이에서 여성을 찢어 놓는다.

임신 기간에 몸에서 일어나는 변화에 대한 어머니의 경험 덕분에 그녀는 남성적인 논리와 가부장제의 좁은 한계에서 멀어지는 쪽으로 향한다. 프로이트가 모성을 아버지에 대한 억압된 갈망의 표현으로 보는 반면에, 크리스테바의 눈에는 아이를 가지려는 욕망은 그 자체로 어머니의 몸을 회복하려는 욕망이 승화된 것이다. 다시 말해서 크리스테바는, 어머니가 되려는 여성의 욕망 속에는 명백히 동성애적인 구성 요소가 있다고, 혹은 적어도 환상 속에서는 그러하다고 주장한다. "출산을 함으로써 여성은 자신의 어머니와 접촉하기 시작한다. 그녀는 그녀 자신의 어머니가 되고, 그녀 자신의 어머니인 것이다." 어머니 됨의 이러한 동성애적 측면을 강조하면서, 크리스테바는 아버지와 오이디푸스 콤플렉스에서 떠난다. 그러고는 여성들 사이의 (상상적인) 관계 쪽으로, 시간을 넘어 세대를 가로질러 지속되는 관계 쪽으로 정신분석학을 다시 써 내려 간다.

크리스테바는 어머니의 경험의 복잡성과 이질성을 여성에게만 연결짓는 것이 아니라 아이의 정서적인 발달에도 연결짓는다. 그녀는 언어와 합리성과 성적 주체성을 획득하는 오이디푸스 콤플렉스 단계로 들어가기 이전에 출현하는 자아를 형성하고 조절하는 데에 모성이 아주 중요하다는 사실을 강조한다. 이것이 바로 크리스테바의 주장에서 매우 중요한 측면인데, 이는 프로이트와 라캉이 아버지 혼자서 아이가 언어와 상징계의 질서 속으로 들어가도록 몰아간다고 주장한 것에 직접적으로 도전하고 있다. 크리스테바는 이들과는 반대로 어머니가 아이의 심리적 세계에 규칙과 질서의 감각을 부여한다고 주장한다. '아버지의 법'(라캉) 이전에, 아이는 어머니의 다양한 규칙들과 끊임없이 만나는데, 이를 크리스테바는 '법 이전의 법'이라고 부른다. 프로이트주의자와 라캉주의자들은 자아의 조절을 합리성이나 구조의 견지에서 바라본다. 그 반면에, 크리스테바는 자아의 구성에서 몸이 중요하다는 사실을 강조한다. 어머니는 어린아이의 몸속으로 들어가는 것과 어린아이의 몸에서 나오는 것을 조절한다고 크리스테바는 말한다. 아이가 양분과 사랑 모두와 접촉하는 일을 이렇게 어머니가 조절하고 제어하는 것은, 자아가 자신과 다른 사람들과 더 큰 사회에 정서적으로 대처하는 일을 위한 기초를 제공한다.

이쯤에서 앞서 나온 논의들을 요약해 보는 것이 좋겠다. 어머니의 환상이 지닌 여러 측면에 대한 크리스테바의 저작은 육아에 대한 초도로우의 비판을 수정하는 데에 아주 유용하다. 크리스테바에 따르면, 양가적 감정에 대한 공포는 여성이 어머니 됨을 경험하는 여러 방식에서 주요한 역할을 수행한다고 한다. 이제 이러한 공포는 아이와 어머니의 상호작용 속에서 강압적인 젠더 정체성을 전달하도록 부채질한다. 하지만 우리가 모성의 억압되고 포기된 욕망들이 젠더 권력의 비대칭적인 관계 속으로 어떻게 들어가는지를 충분하게 이해하려면, 젠더 관계의 역사적인 특수한 형식들에 대한 초도로우의 설명을 조금 수정하여 크리스테바의 서사와 연결할 필요가 있다. 말하자면, 우리는 어머니의 환상과 어머니의 현실적인 행동 모두에 관한 비판적 이론이 필요하다. 이 이론은 어머니 됨이 젠더 권력과 성적 구획과의 관련 속에서 어떤 위치를 차지하고 있는지를 사회학적·역사학적으로 충분히 깊이 이해할 수 있도록 해 줄 것이다. 이것은 좀 거창한 주문처럼 보일지도 모르겠다. 하지만 최근 몇 년 동안의 페미니스트 논쟁은, 초도로우도 크리스테바도 환상과 문화 사이의 연결고리를 완전히 파악하지 못하고 있고, 여성의 욕망과 가부장적인 사랑의 유대 사이의 연결고리도 완전하게 파악하지 못하고 있음을 보여 준다.

이와는 반대로 1990년대에 대서양 양쪽에서 생겨난 새로운 페미니즘은 자아에 관한 아주 다른 시각을 제공하는데, 여기에서는 욕망과 담론의 개념적인 혼합이 꽤 두드러져 있다. 이러한 작업은 미국의 '문화 전쟁'과, 정체성과 섹슈얼리티를 두고 벌어지는 그와 관련된 학계의 논쟁들로부터 생겨 나와서 젠더 수행의 담론과 퀴어 이론으로 이어진다. 이 둘은 이성애 중심주의를 지배하는 뒤틀린 성적인 고정 유형들을 해체할 것을 강력하게 주장한다.

## 젠더 수행의 정치학 : 버틀러

마릴린 먼로에서 마돈나까지, 프랭크 시나트라에서 스파이스 걸스까지 대중문화는 섹슈얼리티라는 미끼에 사로잡혀 붙들려 있다. 문화적인 측면에서 보면, 우리가 마치 젠더의 코드에 꼬여서 성의

'룩(look)'이라는 올가미에 묶여 있기라도 한 것처럼 보인다. 미국의 급진적인 페미니스트 주디스 버틀러(Judith Butler)가 주장해 왔듯이, 자아는 언제나 성을 위해서 '차려입고' 있거나 젠더 수행을 공연해 보이고 있는데, 이런 수행 속에서 자아가 구성되고 보증 받는 것이다. 버틀러의 이론은 레즈비언 이론에서부터 새로운 퀴어 담론에 이르기까지 다양한 급진적인 페미니스트 기획들과 연결되어 왔다. 젠더 구축과 성적 수행의 조건들에 대한 그녀의 혁신적인 이론적 탐구는 다양한 조류의 비판 이론을 한데 묶었다. 그리고 그녀의 저작은 푸코, 라캉, 크리스테바 같은 프랑스 이론가들이 정교하게 발전시킨 관점들에 강한 영향을 받았다. 그녀는 여러 페미니스트 소책자를 지었는데, 그 가운데『젠더 트러블Gender Trouble』(1990)이 가장 많은 찬사를 받았다.

『젠더 트러블』에서 버틀러는 젠더 정체성의 본질이 수행되고 구축된다는 사실을 해명하려고 한다. 그녀는 '핵심 젠더 정체성'이라는 관념, 즉 여성과 남성이 둘로 분명히 구별되는 고정된 자아라는 견해의 폭력성과 동어반복을 폭로하려고 애쓴다. 그녀는 대조를 이루는 젠더 정체성에 대한 전통적인 생각이 우리의 성적인 레퍼토리를 한계 지우고, 자아를 표현할 심리적·정서적·친교적·사회적 가능성을 짓밟는다고 믿는다. 이것은 상당히 흥미로운 주제이며, 버틀러가 제안하는 급진적인 페미니스트 이론과 실천은 아주 과감하다. 지금까지 어떤 페미니스트도 수행과 젠더 정체성과 성 권력 사이를 그렇게 명백히 등치시킨 적이 없었다. 에로 영화, 이성애적 욕망, 이것이 남성과 여성 사이에서 만들어지는 정형화된 젠더 관계의 이미지이다. 그녀는 이성애와 동성애의 꾸며 낸 패턴들을 두루 살펴보면서, 우리가 자아를 만들 때 본뜨는 젠더 정체성에 영향을 미치는 문화적 가능성과 금지를 뛰어난 솜씨로 분석한다.

『젠더 트러블』 첫 장에서 버틀러는 페미니즘이 스스로를 정체성에 기반을 둔 이론으로 구축해 온 방식에 의문을 제기하면서 이야기를 해나간다. 요컨대 그녀는 일관된 여성적 자아 감각이라는 생각 자체를 문제시하는 것이다. 통일된 주체의 정체성의 특수성을 밝히는 작업이 다양한 방식으로 페미니스트 이론과 정치학을 용이하게 해주었다는 사실을 인정하면서도, 그녀는 정체성 정치학과 결별할 때가 왔다고 주장한다. 이는 피할 수 없는 일인데, 부분적으로는 정체성 문제에 기반을 둔 페미니즘에 대한 통렬한 비판이 최근 몇 년 동안에 여성 유색인 비판가와 여성 탈식민주의 비판가들에 의해서 제기되었기 때문이다. 여기에서 제시된 비난은 페미니즘의 이름으로 여성에게 호소해 온 것들이 불가피하게 어떤 여성들을, 특히 흑인 여성과 제3세계 여성들을 배제해 왔다는 것이다. 그러나 자아에 대한 페미니스트 논의에서 젠더 정체성이라는 발상이 많은 괴로움을 겪어 온 것은 주요 개념들이 불안정했기 때문이기도 하다. 버틀러에 따르면, 페미니스트들은 대부분 미리 확립된 성 분화된 신체를 가정해 왔다. 그러니까 (그 자체로 갈등과 모순으로 가득 찬) 젠더 구축의 장이 어떻게든지 결국 마술처럼 연결되는 그러한 신체를 가정해 온 것이었다. 버틀러는 프랑스의 페미니스트 시몬 드 보부아르의 저작을 이러한 맥락에서 검토한다. 그리고 특히 젠더가 사회적으로 구축된다는 주장을 검토한다,

"여성으로 태어나는 것이 아니라 여성으로 되어 가는 것이다"라는 보부아르의 유명한 말이 있다. 버틀러가 보기에 젠더의 사회적 구축과 관련해서 보부아르의 명제에는 문제점이 있다. 그것은 보부아르의 명제가 정체성의 조립이 이미 존재하는 성 분화된 신체와 자동적으로 연결된다고 무비판적으로 가정한다는 점이다. 다시 말해, 보부아르의 페미니즘은 얄궂게도 젠더와 해부학 사이의 매듭을 재확인한다. 성 분화된 신체(암컷과 수컷)가 있고, 거기에 성의 사회적 구축이 서로 대립되는 젠더를 지닌 자아(여성과 남성)를 부가한다는 것이다. 그러나 버틀러가 묻듯이, 왜 우리가 젠더의 사회적 구축을 남성이나 여성의 신체 가운데 하나에만 제한하려고 하는 걸까? 그러한 구축들이 엇갈리고 엉킬 수는 없는가? 사람이 젠더의 지형을 가로질러서, 특히 중간 지대들과 동일시할 수는 없는가? 그리고 궁극적으로 누가 자아의 이성애적인 판형과 동성애적인 판형의 혼합을 성 분화된 신체의 구성 속에서 결정하는가?

   이러한 것들이 버틀러가 젠더와 자아에 대한 수행 이론을 고안하면서 제기한 문제들이다. 버틀러는 푸코를 따라서, 자아와 젠더의 생산을 '담론 효과'라고 부른다. 다시 말해, 여성과 남성의 삶 한가운데에 있는 정체성 범주들은 우리가 문화적이고 언어적인 약호들에 연루되고 종속됨으로써 형성된다는 것이다. 버틀러는 자아를 내적인 욕망이나 심리적인 역량, 또는 정서적인 욕구의 견지에서 이해하려고 하지 않는다. 대신에 그녀는 자아가 섹슈얼리티를 수행하고, 젠더를 행사하며, 욕망을 실행하는 행동 속에서 생산된다고 말한다. 버틀러가 보기에는 "행위 뒤에는 어떤 행위자도 없는" 것이다. 사람들은 일련의 반복되는 젠더 수행을 통해서, 그저 자신들을 내적인 삶과 심리적인 정체성을 소유하고 있는 존재로 보게 될 뿐이다. 따라서 버틀러의 수행적 자아는 급진적인 푸코주의의 일종으로 볼 수 있는데, 이는 바깥쪽에서의 역할 수행이 시간이 가면서 안쪽에서는 자아의 환영을 창조해 낸다는 것이다. 우리의 자아 수행은 우리가 현대 사회 속에서 주변에서 늘 보는 남성성과 여성성의 문화적인 표상들을 본떠서 빚어진다. 모방을 통해서 우리는 섹슈얼리티와 젠더와 성애와 성과 욕망을 함께 엮어 짜는 그러한 방식으로 자아를 수행한다. 버틀러에 따르면 연기된 섹슈얼리티와 수행된 젠더는 고도로 통제적인 형태의 권력과 지배와 사회 규범들을 암호화한다. 그녀는 지배적인 이성애적 관계들이 젠더의 실천을 얼마나 제어하고, 섹슈얼리티의 수행된 정체성들을 얼마나 근본적으로 제한하고 있는지를 강조한다.

우리는 이성애적인 문화의 수행들 속에서 젠더 규범이 만들어지는 모습을 여러 방식으로 확인할 수 있을 것이다. 예를 들어 현대 사회 결혼식의 모방적인 측면을 살펴보자. 결혼식은 대체로 결혼 당사자들의 종교적인 서약과는 상관없이, 오늘날에는 갈수록 과시적인 소비와 부의 과시, 그리고 스타일과 패션과 미적 가치의 표명을 위한 문화적 공간이 되고 있다. 신랑과 신부는 사랑, 애정, 젠더, 성을 함께 버무린 역할을 연기한다. 흥미롭게도 신문과 잡지의 사회면은 신부의 웨딩드레스에 상당한 지면을 쏟아 붓고 있고, 특히 부유층과 유명 인사의 결혼식에 많은 지면을 할애한다. 신부의 드레스를 이야기하면서 목둘레선, 화관, 면사포, 부케에 대한 자세한 사항들도 빠뜨리는 법이 없다. 사실상, 여성이 실제로 '신부'로 구성되는 것이 드레스 전시와, 이것이 필수적으로 포함하는 젠더 수행을 통해서라고 주장해도 무방할 것이다. 그러나 버틀러가 보기에는, 자아와 젠더가 결혼 예식의 수행 속에 서로 맞물려 있는 것과 마찬가지로, 나날의 삶에서 반복되는 젠더 수행을 통해서도 자아는 섹슈얼리티를 양식화하고 빚어내고 있다. 자아 정체성의 영역이 오늘날 우리의 주된 문화적 불안 가운데 하나라면, 버틀러는 성과 젠더를 연결하면서 우리의 일상적인 수행적 일들의 지도를 대담하게 그려 낸다. 이는 신체 미와 건강한 자아의 생산에서 전문직의 자아와 노동하는 자아의 생산에 이르기까지에 걸쳐 있다.

정체성의 모든 수행은 또한 잠재적으로 파괴적이고 혼란을 일으킬 수 있는 것이기도 하다. 그리고 바로 이러한 맥락에서 버틀러는 자신의 페미니스트 분석에 특별한 정치적인 무게를 실으려고 한다. 버틀러는 정치의 하위문화 지대를, 특히 '드랙(drag)'과 '젠더 벤딩(gender bending)' 같은 하위문화 지대를 참된 젠더 정체성이라는 관념에 대한 위반으로 간주했다. 이는 제도적인 정치의 급진적인 잠재력이 쇠퇴하고 있는 것으로 여겨졌던 1990년대의 페미니스트 저작으로서는 놀랄 만한 일도 아니겠다. 버틀러는 이렇게 쓴다. "젠더를 모방하면서 드랙은 은연중에 젠더 자체의 우연성뿐만 아니라 그 모방적인 구조를 폭로한다. 실제로 쾌락의 일부분인 수행의 현기증은, 자연적이고 필연적이라고 흔히 여겨지는 인과적 단일성들의 문화적인 배치들에 거슬러서, 성과 젠더는 철저하게 우연적인 것이라는 사실을 인식하는 데에 있다."⁴ 버틀러는 이렇게 묻고 있는 듯하다. 성과 젠더가 자동적으로 함께 꼭 들어맞는다는 상상을 하면서 현대의 남성과 여성은 무엇을 하고 있는 걸까? 만일 우리가 패러디와 모방에 바탕을 둔, 자아의 더 예술적인 수행들을 배울 수 있기만 한다면, 성과 젠더의 지겨운 융합이 얼마나 무섭고 파괴적이었는지를 더 깊이 느낄 수도 있을 터이다. 하지만 젠더 패러디가 어떻게 대중들의 견해를 섹스와 젠더의 '철저한 우연성'에서 벗어날 수 있도록 할지가 독자들에게는 분명치 않아 보일 것이다. 그런데도, 그러한 접근이 어떻게 소수자와 소수자 존중에 편승해서 급진적인 정치적 신임장을 확보하는지를 알면 확실히 놀랄 것이다. 결국, 게이 패러디나 레즈비언 흉내는 주류 문화의 고정된 젠더 정체성에 대한 아마도 급진적인 비판을 가하는 일 치고는 꽤나 안전한 내기로 보인다. 버틀러를 비판하는 몇몇 사람들은 이렇게 주장한다. 그녀의 정치학은 언제나 '엘리트주의'의 공포를 위선적으로 규탄하기는 한다. 하지만 그녀 자신의 관중들—주로 학계와 전위파들—에게는 진보적인 태도를 가차 없이 휘두르고 부르짖으면서, 급진파다운 멋에 편승하고 있는 것이다.

버틀러의 저작은 어떤 방식에서는 어빙 고프먼의 저작을 떠올리게 한다. 사회적 연기자의 숙련된 역할 수행에 대한 고프먼의 사회학적 성찰은 1장에서 논의하였다. 고프먼처럼, 버틀러는 자아에 대한 논쟁의 용어들을 사적인 동기와 전기적(傳記的)인 성향의 용어들에서 사회적 행위와 인간적 행동의 용어로 바꾸고 있다. 하지만 고프먼과는 달리 버틀러의 반인본주의적 페미니스트 정치학은 행위의 수행을 자아로부터 아예 떼어 놓는다. 수행과 자아 사이의 관계를 버틀러의 몇몇 후계자들이 서투르게 다루어 왔기 때문에, 이러한 비판의 함축에 관해서 분명하게 살펴보도록 하겠다. 그러니까 자아는 다양한 역할 수행을 결정하거나, 그 뒤에서 움직이는 소형 행위자 같은 것은 분명히 아니다. 고프먼이 잘 보여 주었듯이, 수행은 다른 사회적 행위자들에게 자신이 행위자임을 연출해 보이는 것에 근본적일 뿐만 아니라 자아가 행위자가 되는 것에도 근본적이다. 하지만 버틀러는 자아와 행위자 되기와 수행의 그러한 정교한 개념적 결합에는 여전히 눈길을 주지 않는다. 라캉과 크리스테바의 정신분석학적 관점을 끌어오는데도, 버틀러가 자아의 정념과 욕망을 다루는 방식에는 어색한 구석이 있다. 그녀의 작업은 인간관계의 정서적인 역동성에 대해서는 거의 아무런 느낌을 보여 주지 않는다. 그리고 욕망의 특정한 흔적보다는 탈구조주의적인 담론의 영역을 분명히 선호한다. 이런 특성은 푸코도 마찬가지다. 여기에서의 난점은 버틀러가 자아에 대한 전통적인 사회학과 철학의 생각을 제거하고 있다는 것이 아니다. 이는 정신분석학에서 포스트모더니즘에 이르기까지 내가 이 책에서 논의한 이론의 대부분에도 해당되는 말이다. 오히려 버틀러는 푸코를 무비판적으로 수용하면서, 정체성뿐만 아니라 동일시의 자기 구성적인 요소마저도 매도하고 있다. (이런 한계는 이후의 버틀러의 작업에서는 좀 수정되었는데, 이는 좀더 정신분석학적인 지향을 보여 주고 있지만, 흥미롭게도 최근의 저작은 오늘날의 페미니스트 논쟁에서 점점 더 영향력을 발휘하지 못했다.) 우리는 자아의 사회적 실존은 상황에 처한 수행 속에 굳게 뿌리내리고 있다는 사실에 동의할 수 있을 것이다. 그러나 수행의 밑에 놓인 심리적 동일시에 대한 탐구는 행위적인 양식화보다는 정서적인 양식화가 있음을 시사하고 있다. 간단히 말해서 행동과 행하기를 넘어서 불가사의 쪽으로 나아가는 욕망들이 있는 것이다.

버틀러 자신은 분명히 정치적으로 다원주의에 공감한다. 그리고 『젠더 트러블』마지막 장에서는 위반과 야생성, 그리고 길들지 않음과 별스러움을 되풀이해서 변호한다. 버틀러에 따르면 젠더 말썽을 일으키는 일은 권력과 젠더의 복합적인 층화와 가변성을 동반하고, 위반의 기대와 깜짝 놀라게 하려는 욕망에 바탕을 둔 불확실한 섹슈얼리티를 동반한다. 드랙 퀸(drag queen, 여장을 하는 남자 동성애자―옮긴이), 마초 게이(macho gay), 팜므 레즈비언(femme lesbian) 등 모든 이목을 끄는 이러한 수행들은 성을 문제시하고 이성애의 강압적인 권력과 가부장적인 담론을 따돌린다. 하지만 버틀러가 소란이나 혼란, 혹은 이성애의 위반을 언급할 때마다 사회관계들 속에서 성의 정상적이거나 통상적인 수행의 망령을 불러옴으로써만 그녀의 언급이 수사학적인 힘을 얻는다. 버틀러는 우리들 대부분의 사정이 그렇다고 생각하는 듯하다. 그러한 만큼 그녀의 작업은 안타깝게도 사람들이 관습적인 사회의 규범과 정체성들을 거부하는 방식들과 동일시하지 않는 다양한 방식을 평가절하하고 있다. 포스트모던 이론은 우리에게 이분법을 경계하라고 가르쳐 준다. 그렇기에 젠더를 주류와 위반으로 구분 지은 버틀러의 한계를 포착하는 데에는 아주 알맞다. 드랙은 주류 관중과 대안적 관중 모두에게 인기를 얻어 왔다. 예를 들어, 〈프리실라*Priscilla : Queen of the Desert*〉 같은 영화가 그 자체로 위반적인 젠더 지도에 어떻게 포함될지를 알 수 있기란 어려울 것이다. 버틀러가 그리는 우리의 성적 세계 속에는 양가성과 불확실성이 있을 여지가 거의 없을 듯하다. 그리고 그녀의 접근법이 개인들이 자신의 성적인 생활을 상상하는 풍부하고 다양한 방식을 파악할 수 있을지―수행에 대한 버틀러의 강조는 상상력에 분석적으로 주목하는 것을 제약하는 경향이 있다―아니면 자아 정체성과 사적인 가치가 평가되는 방식을 파악할 수 있을지도 분명치 않다.

이러한 비판이 있기는 하지만, 버틀러의 페미니즘은 이론적으로 촘촘하고 매력 있다. 그녀의 작업은 자아와 섹슈얼리티에 대한 다른 비판적인 지도에, 특히 퀴어 이론에 활기를 더하도록 도움이 되어 왔다. 우리는 이제 이것을 살펴볼 것이다.

## 퀴어 이론 : 겨루는 자아, 대드는 젠더

자아 정체성을 확인하는 것은 사람을 자유롭게 해주기도 하지만 때때로는 그만큼 제약을 가하는 것일 수도 있다. 정체성 정치에 포함되어 있는, 특히 공동의 정체성과 공동체를 주장하는 정체성 정치에 포함되어 있는 사적이고 문화적인 문제점을 놓고 벌이는 논쟁들은 진보적인 성 정치학에 헌신하는 사람들을 자주 괴롭혀 왔다. 그

난항은 주로 고정된 정체성과 범주의 제한을 피하면서도, 새로운 자아 감각과 연대감과 공동체 감각을 창조함으로써 사회적인 배척과 정치적인 억압을 어떻게 바로잡을까 하는 방법의 문제이다. 대체로 우리는 대부분의 시간 동안 자신의 경험과 공유된 이해와 공동체적인 귀속감 따위에 관해 이야기하면서 정체성의 감각을 만들어 낸다. 우리는 사적이고 문화적인 생활 사이의 상호관계가 이러한 복합적·다원적 세계에서 끝이 열려 있기를 원한다. 우리는 자신의 정체성에 관한 단순한 일반화를 피하려 하고, 어느 누구도 자신의 경험이 전형적인 틀에 갇히기를 원하지 않는다. 지난 몇 십 년 동안에 성 정치학은 주로 사적인 정체성과 사회적 차이들 사이의 관계에 갈수록 열중해 왔다. 그리고 이는 특히 레즈비언 운동과 게이 운동, 또 퀴어 이론과 퀴어 정치학에 의해서 발전되었다. 그러한 입장이 규정하고 있는 자아에 대한 핵심적인 도전은, 정체성에 대한 욕구와 문화적 다양성과 사회적 차이의 인정 사이에서 균형을 찾는 것이다. 이번 장의 남은 부분에서, 나는 사회적 삶의 친밀한 조직에서 일어난 이러한 변화들 몇 가지를 열거하면서 오늘날 성 정치학에서 생겨난 자아의 개념들에 특별히 주목할 것이다. 오늘날 페미니스트와 게이 연구는 성적 정체성의 역사적 형성에 대한 강력한 사고를 전개해 왔다. 그리고 섹슈얼리티에 관한 학문의 사회적 영향력을 주요한 주제로 삼아 왔다. 여러 측면에서 이러한 연구는 자아와 성적 정체성에 대한 대안적인 역사를 대변한다. 성적 정체성과 자아에 관한 그러한 관점들 가운데 더욱 두드러지는 몇 가지 측면을 간단히 좀 주목해 보는 것이 좋겠다.

성적인 지향성을 가리키는 여러 가지 방식이 있다. 다양한 역사적인 순간과 다양한 문화에서 '호모섹슈얼', '게이', '레즈비언', '퀴어'라는 용어들이 동성 성적 욕망과 실천을 가리키느라 동원되어 왔다. '호모섹슈얼(homosexual)'이라는 말의 어원적인 진화는 이러한 맥락에서 특히 흥미롭다. 이 말은 1868년 성 개혁가 칼 커트베니(Karl Kertbeny)가 만들고, 카롤리 마리아 벤커트(Karoly Maria Benkert)라는 스위스 의사에 의해서 다음 해에 채택되었다. 하지만 19세기 말이 되어서야 이 말은 영어에서 일반적으로 사용되었다. 그리고 사실상, 대중적인 문화가 동성애와 이성애를 판명하게 구별되는 정체성으로 여기고, 둘 사이에는 핵심적인 구별이 있다고 여기게 된 것은 1920년대나 1930년대 언제쯤이었다. 전에는 대부분의 경우에 이러한 동성애는 특별한 종류의 행태로 생각되었다. 법은 불법적인 행동(남색)을 처벌하였지, 일탈된 정체성을 처벌한 것은 아니었다. 의학적/전문적 용어인 '호모섹슈얼'이 공적 담론과 공동의 문화 속으로 천천히 스며들어간 일이 이 모든 것을 변화시켰다. 그리고 이는 전문 지식이 일상생활의 조직 속으로 침투해 들어간 일을 잘 보여 주는 좋은 본보기이다. 나는 이 점을 앞선 장에서 강조했다. 왜냐하면 시간이 가면서 동성애가 독특한 정체성으로, 특이한 심리적 성향으로, 특별한 자아 감각으로 자리를 잡고, 따라서 이성애적인 주류에서 분리되거나 삐져나온 것으로 여겨지게 된 것은 바로, 사회과학적 지식의 이러한 침투 속에서, 그리고 이러한 침투를 통해서 이루어졌기 때문이다. 이것은 이제 심리적인 건강이 사적인 정체성에 대한 정상화된 감각에 의존해 있는 것이라는 억압적인 사고로 가는 길을 열어 놓았다. 그런데 의학적 기구의 시각에서는 동성애가 이 정상화된 정체성 감각에서 처음부터 배제되었다. 동성애는 대다수의 의학적 담론에서 병리로 다루어졌기 때문이다. 그러나 이는 또한 정체성에 대한 계속되는 질문으로 가는 길도 열어 놓았다. 이러한 맥락에서는 동성애자들이 특수한 성적 본성과 자아 감각을 가진다는 생각이 문제되었다. 게이 연구 이론가인 제프리 웍스(Jeffrey Weeks)가 지은 『커밍아웃 Coming Out』(1977)은 동성애적 정체성을, 한쪽의 사회적이고 역사적인 사건과 다른 쪽의 일반 대중이 섹슈얼리티를 지배하는 사회과학적 사고를 흡수하는 일 사이의 교차로 설명한다. 웍스는 특수한 동성애적 정체성의 역사적인 형성에서 과학이 수행하는 역할을, 특히 성과학의 역할을 정리한다. 그러면서, 어떻게 이러한 역사적 힘들이 정체성에 기반을 둔 게이 해방을 진보적이면서도 구속하는 방식으로 형성해 왔는지에 대한 설득력 있는 이야기를 풀어낸다.

1960년대와 1970년대 내내 서구의 많은 나라에서 게이 해방 운동이 일어났다. 이는 섹슈얼리티와 자아와 정체성의 지배적인 관념들에 대한 계속되는 물음과 밀접하게 연결되어 있다. 어떤 게이 작가들은 동성애가 심리적·사회적으로 이성애와 동등한 것이라고 주장했다. 이러한 입장은 동성애자를 별개의 인간 유형으로 보는 주류의 모든 사람들을 포용했다. 하지만 동성애는 이제 이성애와 똑같이 도덕적으로 가치 있는 것으로 여겨지는 결정적인 전도가 일어났다. 이러한 접근법은 이런저런 형태로 게이 운동에서 광범위하게 채택되었다. 이에 따르면, 동성애 혐오에 맞서서 게이를 옹호하고 게이 권리를 향상시키려면 사적이고 성적인 정체성 감각이 판명하게 구별된다는 생각을 동원해야 한다.

　게이 해방의 정치적 급진주의에 대한 중요한 비판들이 많이 있다. 나는 자아라는 주제에 직접적으로 관계되는 것들만 살짝 지적할 것이다. 어떤 이론가들은, 특히 포스트모던 성 이론가들은 게이 해방이 인종, 소수민족, 계급 차이 들을 함부로 무시하고 있다고 때때로 주장하였다. 게이 해방이 긍정적인 게이 정체성을 합법화하려는 욕망을 추구하면서도 종종 더 큰 사회적 이슈는 인식하지 못하고 있었기에, 이러한 비난에는 정확한 데가 있다. 특히 다른 사회적·역사적 힘들이 자아에게 가하는 정서적인 손상을 알지 못했다. 하지만 이러한 주장은 지나친 것일 수 있다. 게이 운동을 통일된 실체로 보고 논의하면, 언제나 지나치게 단순화할 위험이 있는 것이다. 그리고 사실상 많은 게이 활동가들은 (흑인 운동과 노동조합 운동과 같은) 다른 차별의 문제에도 열심히 정치적으로 함께 참여했다. 아마도 더 중요하면서도 분명히 아이러니컬한 사실이 있다. 게이 해방 운동은 동성애적 문화와 이성애적 문화 사이의 구분을 강화하고, 본질주의적 정체성을 단정적으로 가정하며, 세상을 다수자 경험의 세상과 소수자 경험의 세상으로 나누어 놓는다는 비난을 받아왔다는 것이다.

　시간이 가면서 게이 운동의 정체성이라는 틀은 다른 종류의 정치학에

길을 내주었다. 이는 성적 정체성과 선호와 활동에 관련된 것이며, 탈구조주의와 포스트모더니즘의 새로운 사회 이론들과 연결된 정치학이었다. 1980년대 후반과 1990년대에는, '퀴어'라는 용어가 이론가와 활동가들에 의해서 비슷하게 사용되었다. 이는 정체성 정치학을 공격하고, 섹슈얼리티에 의문을 던지면서 자아를 중심에서 끌어내리려는 것이었다. 또한, 우리의 공동체와 문화를 형성하는 이성애자/동성애자라는 구분에 대한 대안적인 정치 지형학을 구축하기 위해서였다. 퀴어 이론은 초국적 자본주의, 지구화된 테크놀로지, 포스트모던 문화라는 새로운 시대에 민감한 성 정치학을 대표한다. 정체성에서 퀴어 정치학으로 바뀌어 가도록 영향을 미친 사회적·역사적 힘들은 지구화에 따른 사회적 정체성과 정치적 연대의 파편화 속에 자리 잡고 있다. 퀴어 정치학은 다원적·다차원적·개방적인데, 특히 자아와 섹슈얼리티의 경험을 다루는 수준에서 그러하다.

이러한 맥락에서 볼 때, 다이애나 퍼스(Diana Fuss)의 저작은 중요하다. 퍼스는 1980년대 정치성 정치학에 대한 광범위한 불만을 되짚어 본다. 그러면서 그녀는 게이와 레즈비언 해방 담론이 은연중에 이성애적 규범을 재강화하는 방식에 대한 영향력 있는 비판을 전개했다. 그녀의 비판은 퀴어 이론가들의 옹호에 힘입어 전복의 정치학을 빚어냈다. 퍼스는 성과 젠더와 섹슈얼리티의 배치를 같음과 다름이라는 관념에 대한 우리 문화의 강박과 관련해서 기술하였다. 그러면서 또한, 동성애와 이성애 사이의 대립이 세계를 정상과 병리, 포함과 배제, 동일성과 타자성으로 나누는 사회적인 명령법을 재강화한다고 주장하였다. 이성애/동성애의 정체성 논리는 차이를 전제로 한 논리이다. 하지만 그러한 형태의 성적 지향성은 실제로는 서로 끊임없이 가로지르며 상대편 쪽으로 넘어가고 있다. 동성애가 이성애에 예속되는 것은 오직 심리학적 배제와 억압을 통해서인 것이다. 퍼스에 따르면 이러한 문제의 한 부분은 우리가 정체성과, 정체성의 논리와 범주 속에서 길을 잃고 헤매고 있다는 것이다. 퍼스는 정체성 범주들을 의문시하면서, 이렇게 묻는다.

> 정치가 정체성에 바탕을 두는가, 아니면 정체성이 정치에 바탕을 두는가? 정체성은 자연적인, 정치적인, 역사적인, 심리적인, 아니면 언어학적인 구조물인가? 정체성 정치학을 신봉하는 사람들에게 '정체성'의 해체는 어떤 의미인가? 페미니스트, 게이, 레즈비언 주체들은 통일되고 안정된 정체성의 관념이 없이도 잘해 나갈 수 있을까, 아니면 우리는 정체성과는 다른 뭔가를 바탕으로 정치학을 세우기 시작해야만 할까? 다른 말로, '정체성 정치'에서 정치란 무엇인가?[5]

　요컨대 퍼스는 정체성 범주라는 불안한 손잡이가 없으면 우리의 삶이 어떻게 될지를 생각해 보라고 요구한다. 그녀는 그게 없이도 자아가 잘해 나갈 수 있는지에 의문을 던진다. 이러한 도전은 1990년대 퀴어 이론과 정치학에서 받아들여졌고 발전되었다. 페미니스트 이론화 작업에 대한 퀴어 비판과 관련하여 가장 유명하고, 가장 영향력 있는 저자는 이브

코소프스키 세지윅(Eve Kosofsky Sedgwick)이다. 흔히 '퀴어 이론의 어머니'로 불리는 세지윅은 언어의 성 정치를 붙들고 씨름하는 데에 엄청난 재능을 지닌 영문학 교수이다. 세지윅이 동성애에 대한 담론의 경험적인 의미를 강조하는 것은 그것이 자아와 정체성에만 중요하기 때문이 아니다. 그것은 더 큰 사회에서 지식의 생산과 배포에도 중요한 의미가 있다. 그녀가 쓴 가장 중요한 책은 『골방의 인식론*The Epistemology of the Closet*』(1991)이다. 세지윅은 이 책에서 이성애/동성애의 대립을 우리 문화의 '지배 항(master term)'으로 묘사한다. 이 지배 항은 자아, 정체성, 섹슈얼리티만을 구조화하는 것이 아니라, 사회적 관습, 사고방식, 문화적 지식도 철저하게 구조화한다. 동성애를 지배하는 규범적인 규제와 제제는 게이와 레즈비언에게만 적용되어 온 것도 아니고, 또 그럴 것도 아니다. 그것들은 동성애적 경험과의 대립 속에서 자신을 지탱하고 있는 이성애적 정체성의 심부에까지 파고들어 온다. 그러나 억압된 것은 귀환한다. 이성애와 동성애는 밀접하게 마구 서로 얽혀 있다. 버틀러와 마찬가지로 세지윅이 보기에도, 동성애적 동일시는 이성애적 관계 맺음에 포함되어 있다. 이는 이성애가 게이와 레즈비언의 관계 맺음에서 마무리되고 변모되는 것과 꼭 마찬가지이다. 그녀가 변형시킨 퀴어 이론은 동성 욕망을 병적으로 거부하는 이성애 문화에 동성애가 필수적으로 통합되어 있다는 것을 보여 주려고 한다. 언어를 사회생활의 중심으로 여기는 세지윅의 편애가 놀라운 일은 아닐 것이다. 세지윅은 성애 중심적 문화의 공포를 드러내는 주요한 언어의 다발을 물고 늘어진다. 따라서

'골방'은 섹슈얼리티와 젠더에 관한 지식을 가두어 놓고 밖으로 나오지 못하게 하는 것으로 밝혀진다. 그 방식은 바로 병리화이다. 세지윅의 주장은 대충 이렇다. '골방'은 표상이며 은유이다. 또한, 욕망이며 환상이다. '골방'은 동성애적이고 이성애적인 정체성과 경험과 규정, 양쪽 모두의 심부에 자리 잡고 있다. 예를 들어 커밍아웃의 경험을 살펴보자. 커밍아웃 이야기들은 오랫동안 게이 경험의 공통된 부분이었다. "게이여도 좋아(It's OK to be gay)." 이 말은 게이와 레즈비언 운동이 내건 잘 알려진 슬로건 가운데 하나다. 이는 젊은 사람들이 자신의 동성애와 타협하는 데에 있는 어려움들을 잘 헤쳐 나가도록 돕기 위한 말이었다. 하지만 대부분의 경우에는 커밍아웃 이야기가 섹슈얼리티의 지배적 생각들을 혼란시키고 손상시키는 능력을 가졌다고 세지윅은 주장한다. 골방과 커밍아웃에는 성애의 에너지와 불안한 두려움이 연결되어 있다. 그 때문에 우리는 자아와 섹슈얼리티와 젠더에 대한 진실을 결코 알 수 없다. 골방은 '정상적 섹슈얼리티'의 이면이다. 골방 문을 열어 버리겠다고, 또는 열릴 거라고 언제나 위협하고 있다.

정체성 범주에 대한 그러한 공격은 여러 가지 정치적 함축을 지닌다. 적어도 퀴어 이론의 최근 역사에서는 그렇다. 그런데 그 함축들은 아주 애매하다. 문화적 정체성을 일관되거나 통일되거나 고정된 것으로 여기는 합법화하는 형식들이 있다. 퍼스와 세지윅을 비롯한 여러 사람은 자신들의 작업에서 전복적인 비판을 가하며 이러한 형식에 의문을 던진다. 이러한 비판은 섹스와 젠더와 섹슈얼리티를 자아의 수준에서 억압적으로 융합하는 것을 의문시한다. 그래서 일종의 반(反)정체성 정치학인 퀴어 이론은 대안적이고 전복적이며 위반적인 성적 정체성들의 연합을 옹호하고 찬양한다. 퀴어 정치학은 레즈비언, 게이, 양성애자의 정체성만을 포함하는 것이 아니다. 이는 또한 페티쉬스트(fetishist, 성적인 즐거움을 얻기 위해 특정한 물건이나 행위를 애호하거나 필요로 하는 사람—옮긴이), 사디스트, 드랙 퀸, 트랜스섹슈얼(자신의 생물학적 성과는 다른 성으로 살고자 하는 사람—옮긴이), 버치(butch, 사내처럼 입고 행동하는 여자—옮긴이), 젠더 벤더(gender bender, 다른 성의 옷을 입고 다른 성의 사람처럼 행동하는 사람—옮긴이) 들도 포함한다. 퀴어라는 평가는 가부장적 권력관계 속에서 '정상'을 의문시하고 전복하는 섹슈얼리티의 형태들과의 자기 동일시에 의존한다. 그렇기에 여러 정체성을 퀴어로 집결시키는 일은 막연한 것일 수도 있다. 많은 포스트모더니스트 문화처럼, 퀴어 이론과 정치학도 당당히 개방적이고 다원적이며 다양하다. 성적 규범의 위반이 퀴어임을 규정하는 열쇠다. 그러나 위반이 진보적인 정치를 어떻게 구성하는가 하는 문제가 전적으로 명쾌한 것은 아니다. 제프리 윅스는 이러한 비판을 잘 보여 준다.

역사의 긴 관점에서 볼 때, 퀴어 정치학은 아마 새롭게 물갈이하는 큰 파도라기보다는 덧없는 잔물결로 밝혀질 것이다. 퀴어 정치학은 위반적인 스타일의 모든 결점을 갖고 있다. 대결 자체를 대안의 내용보다 더 높게 친다는 것이 그것이다. 낡고 경직된 것들을 해체하려고 하기는 하지만,

퀴어 정치학은 오히려 새로운 경계를 만들어 낸다. 퀴어 정치는 일부러 하는 위반이라고 하더라도, 많은 레즈비언과 게이가 모욕적이라고 여기는 묘사적인 이름표를 채택함으로써 반발을 불러일으킨다. 그리고 바깥에서 적을 찾는 만큼 종종 안쪽에서도 적을 찾아낸다.[6]

전복적인 수행이라는 버틀러의 구상과 마찬가지로, 퀴어 이론이 위반으로 경도된 것도 아마 구체적인 정치적 변혁의 세부 사항 쪽보다는 변혁의 분위기 쪽에만 맞물려 있는 것 같다.

이러한 배경에서, 몇몇 논평자들은 퀴어 이론이 정치에 진보적인 기초를 제공할 수 없다고 주장했다. 퀴어 이론화에서 문학적인 해체에 대한 강조는 몇몇 비평가들이 보기에는 지적으로는 흥미롭지만 정치적으로는 얕다. 이들은 지겹도록 성적 위반에 대해서 읊어 대는 퀴어 이론의 전체적인 스타일은 비정치적이라고 말한다. 퀴어 이론은 사회적 제도나 경제적 발전, 또는 정부 정책의 현실에는 거의 분석적인 관심을 기울이지 않는다는 것이다. 탈근대 문화에서 위반의 언어는 때때로 반정치적인 비합리주의에서 고작 한 발짝쯤만 떨어져 있을 뿐이다. 혹은 그렇다고 주장하는 사람들이 있다. 하지만 다른 이들은 사회과학과 문학 비평을 판명하게 다른 연구 영역으로 구분하는 사고를 퀴어 이론이 뒤흔들어 놓는 것을 환영한다. 그리고 정체성에 대한 퀴어의 비판에서 자아 경험과 사회적 관계 맺음뿐만 아니라, 지식과 정치에 대한 철저한 재평가를 본다. 요컨대, 퍼트리샤 클러프(Patricia Clough)가 주장했듯이, 자아와 정체성과 섹슈얼리티에 대해 이론적으로 의문을 제기하는 퀴어의 스타일은, 스타일 그 자체가 정치적인 것이며 문화적 가정들과 성적 이데올로기에 의해서 언제나 중층 결정되어 있는 것이다. 특히 확실성과 구조와 질서를 가부장적으로 갈망하는 서구 주류 사회과학의 스타일은 이러한 점에서 수상쩍은 것으로 여겨진다.

자아에 대한 퀴어 이론의 물음에도 비슷한 의심이 제기된다. 퀴어 이론이 자아성에 대해서 계속적인 질문을 제기하는 것이 급진적인 것일까, 아니면 반동적인 것일까? 확실히 퀴어 이론이 이른바 옷 바꿔 입기 퍼포먼스나 성전환 수술에 초점을 맞추는 것이, 안정된 자아, 정체성, 섹슈얼리티, 그리고 젠더에 집착하는 우리 문화의 모순을 극적으로 부각하기는 한다. 그러나 퀴어 이론이 자아와 정체성 정치의 가면을 가차 없이 벗겨버리면서, 자아에 대한 무슨 심리학적인 분석을 제공할 수 있는지는 전혀 분명치 않다. 계몽주의 문화의 자율적이고 이성적이며 남성 중심적인 자아를 해체하는 것과, 범주로서의 자아가 전혀 없이도 잘해 나갈 수 있다고 상상하는 것은 아주 다른 문제이다. 버틀러에서 세지윅에 이르기까지 앞에서 기술해 온 정체성 비판들은, 내 생각으로는 개인성과 자아의 영역을 그런 방식으로 초월하려고 시도하지 않는다. 성적 위반의 요구가 지적인 면에서 기운을 불어넣어 주기는 한다. 하지만 아무리 그렇다고 해도, 퀴어 이론의 활기 넘치는 이상주의가, 문화적 변화와 정치적 변동에 수반되는 사적이고 감정적인 상당한 어려움을 평가절하한다는 것도 여전한 사실이다.

# 5

# 탈근대적 자아

오늘날 아주 중요한 일련의 변화들이 생겨나고 있다. 나는 이것들에 관해서 지금까지는 지나가면서 살짝 언급했다. 하지만 이런 변화들은 일과 고용과 실업의 달라진 경제적·사회적 맥락과 관련된다. 또한 그것이 사적인 삶과 맺는 관계와도 관련되어 있다. 새로운 형태의 산업—혹은 탈산업—노동의 출현과, 그것이 자아에 끼치는 연관된 영향력은 다양한 방식으로 확인해 볼 수 있다. 경제적인 수준에서, 공업 부문의 직업은 지난 몇 십 년에 걸쳐서 사라져 가고 있다. 반면에 서비스 산업과 통신 부문의 직업은 빠르게 확대되었다. 게다가, 속도에 사로잡힌 우리의 정보 시대에서는, 전지구적 자본주의가 (전일 근무제, 장기 고용, 급여 보장이라는) 고전적 의미의 고용을 (단기직, 계약직, 비정규직 등의) 더 유연한 형태의 노동으로 대체해 왔다. 사적인 수준에서는, 임시직과 단시간 근무제, 그리고 유연한 고용으로 바뀌는 추세가 초조함과 위기의식과

심적 갈등을 생겨나게 한다는 것이 갈수록 명백해 보인다. 오늘날 노동 인력이 되는 사람들은 급격하게 줄어드는 노동생활의 전망과 직면할 것이다. 그뿐만 아니라, 여러 차례나 기술 밑천과 직업을 바꿀 거라고 기대할 것이다. 자아와 자아 정체성의 영역으로 이야기를 옮겨 보자. 새로운 자본주의가 빚어내는 방향 상실의 효과들은 개인이 닻을 내릴 안정된 기반이 거의 존재하지 않는다는 사실을 의미한다. "쉬지 않고 움직이고, 자신을 쏟아 붓지 마라"라는 말이 어쩌면 오늘날 첨단 기술의 지구촌 경제에서 끌어낼 수 있는 교훈일 것이다.

인력 감소와 유연성과 직업 불안정성이 우리 시대의 표지가 되어 왔다면, 이러한 변화는 사람들의 정서적인 삶에 어떤 영향을 미칠까? 그러한 경제적인 변화가 자아에 어떤 충격을 줄까? 단기성에 빠져 있는 세계에서 어떻게 장기적인 사적 목표들, 즉 기획으로서의 자아를 추구할 수 있을까? 미국 사회학계의 지도적 인물인 리처드 세넷(Richard Sennett)은 유연성과 위험 감수(risk-taking)의 명령법이 노동 세계에서 얼마나 힘든 것일 수 있는지를 잘 보여 주었다. 또한 그는 장기적인 헌신이나 더 넓은 의미가 없는 경제가 자아 정체성과 자아에게 얼마나 해를 입힐 수 있는지를 보여 주었다. 세넷의 『신자유주의와 인간성의 파괴*The Corrosion of Character*』[1]는 전지구적 자본주의가 성숙하고 안정된 자아 감각을 얻으려는 사람들의 시도를 어떻게 꺾어 놓는지에 대한 사회학 연구이다. 대강 말하자면 그의 주장은, 자기 규율이 자아의 지속성을 빚어내던 경직되고 위계적인 조직화의 노동 세계로부터, 자아 경험의 파편화되거나 탈구된 본성이 전면으로 나오는, 기업 개량과 혁신과 모험의 '멋진 신경제'로 우리가 이동해 왔다는 것이다.

세넷 책의 핵심은 리코(Rico)의 이야기이다. 리코는 임금표 상위 5퍼센트에 드는 물질적으로는 성공한 사업가이다. 하지만 심한 압박감이 드는 라이프스타일에 불만을 느끼는 사람이다. 세넷이 리코에 대해서 가장 놀라워하는 점은 그의 사적인 정체성 감각이 상당한 정도로 노동의 명령에 의해서 빚어진다는 사실이다. 리코는 대학을 졸업하고 동창과 결혼을 한 뒤에, 직업을 네 차례나 바꾸면서 자신의 직업에서 정점에 다다랐다. 그리고 그럴 때마다 자신과 가족에 대해서 복잡하게 얽힌 정서적 혼란을 느꼈다. 리코는 첨단 기술 전자 산업 일을 한다. 그는 이 세계에서 끊임없는 네트워킹과 온라인 통신, 유연성 있는 계약 같은 것들에 연루된다. 세넷과 이야기를 나누면서, 리코는 정서적으로 정처 없이 떠돌고 상처받기 쉬운 느낌이 든다고 고백한다. 그는 자신의 몹시 고된 직업 때문에 아내와 자녀들에게 소홀하게 된다고 걱정한다. 그는 얼마 안 되는 친구관계를 이어주는 끈이 약하다고 걱정한다. 무엇보다도 그는 윤리적인 수양이 없는 것에 대해서 걱정하고, 자신의 삶을 규정하고 있는 피상적인 도덕성을 걱정한다. 아무리 부유하다고 해도 리코의 삶은 화폐 시장의 명령에 의해서 지배되고 있다. 그가 전지구적 시장의 강력한 압력에 적응하려고 하면 할수록, 그는 삶에서 자신의 목표와 자아 감각을 제어할 능력을 잃어 가고 있다고 느낀다.

사람들이 초연함과 피상적인 협력, 빈약한 유대와 상호 교환관계의 세계 속에 끼워 넣어졌을 때, 그리고 이 모든 것이 위험을 감수하는 자아 재편의 추구에 의해서 빚어졌을 때, 전통적인 사회 규범과 문화적 전통의 지배력은 줄어들기 시작한다. 이것은 혹시 자유를 가져다주는 것일 수도 있으리라. 자아는 자신을 새롭게 규정하고 유동적이고 혁신적인 사회적 관계들을 창조해 낼 수 있는 잠재력을 찾아낸다. 그러나 거기에는 깊은 곳에서 동요하는 어떤 것도 있다. 삽화적 사건과 단편들을 통해서만 전적으로 구성되는 자아는 정서적인 면에서는 거의 결속되어 있지 않기 때문이다. 그리고 세넷은 바로 이러한 성격의 표류, 자아의 부식에 매우 주의를 기울인다. 세넷에 따르면, 일관된 삶의 서사가 무너져 감에 따라서, 자아의 상징적 조직도 무너져 간다. 오늘날 사회 조건들에서는 지속적인 자아성은 일종의 슈퍼마켓 정체성으로, 즉 잡동사니와 마구잡이 욕망들과 우연히 마주치는 것들을 그러모아 놓은 우발적이고 덧없는 모둠으로 대체된다. 게다가 세넷이 지적하듯이, 이것은 역동적인 전지구적 자본주의의 요구에 잘 들어맞는다. "유순한 자아는 그치지 않고 변해 가고 새로운 경험에 늘 열려 있는 단편들의 모둠인데, 이것들은 단기 노동 경험과, 유연한 기구들과 끊임없는 위험 감수에 꼭 맞는 심리적 조건들이다."[2] 세넷에 따르면, 새로운 자본주의의 유연한 체제는 통화의 즉각적인 전지구적 이동, 첨단 기술 문화 생산, 노동 시장의 철저한 재구조화를 통해서, 피상적인 것, 일시적인 것, 파편적인 것에 맞물려 돌아가는 성격 구조를 낳는다. "유연하고 파편화된 현재에는, 있었던 일에 관한 일관된 서사를 창조하는 것만이 가능하고, 있을 일을 예상하며 서사를 창

조하는 것은 이제는 불가능해 보이는 것 같다."³

파편화, 유전(流轉), 끝나지 않는 자아 창출의 과정이라는 말로써 자아에 대해 이야기하는 것은 정체성에 대한 몹시 현대적인 경향을 받아들이는 일이다. 때때로 이는 '포스트모던'이라는 꼬리표를 달고 있다. 포스트모더니즘은 이 마지막 장에서 자아에 대한 우리 논의의 뼈대가 된다. 포스트모더니즘은 새로운 사회적 조건으로 이해되어 왔다. 그 속에서는 법인 자본주의와 소비자 라이프스타일이 지배적이고, 새로운 기술적 변화가 일상생활의 수준에서 널리 퍼져 간다. 그리고 (진리, 정의, 이성, 평등을 포함한) 계몽주의의 커다란 목표들이 거대 대중문화가 빚어낸 세계 속에서 용해되거나 시대에 뒤진 것이 된다. 포스트모더니즘의 정확한 함축과 파생 결과들에 대해서 좀더 간단히 살펴보자. 여기에서는, 세넷이 정체성과 매일의 노동생활의 파편화와 혼란과 분해를 강조하는 것이 포스트모던 이론의 핵심적인 관심사 몇 가지와 아주 잘 맞아떨어진다는 점만을 그저 지적해 두고 싶다. 그는 정보 기술이 전지구적 자본주의를 재구축하는 데 담당한 역할이 자아 정체성에게 아주 깊은 의미를 지닌 것으로 본다. 세넷에 따르면 그러한 귀결들은 자아에게 부정적이고 파괴적일 것 같다. 확실히 그는 우리가 '디지털 양극화'를 경계하고, 미디어 기술에 기반을 둔 사회 권력의 새로운 형태의 도래를 경계해야 한다고 생각한다. 왜냐하면 그러한 기술이 지역 공동체와 가족관계, 그리고 사적 정체성에 끼친 해로운 영향력에 대해서 강한 반발이 있을 수 있기 때문이다.

이제 세넷의 다소 우울한 자아의 초상을 또 다른 현대 미국의 사회학자 셰리 터클(Sherry Turkle)의 견해와 대조해 보자. 터클 또한 정체성과 자아에 관심을 기울인다. 하지만 세넷과는 달리 터클은 노동 세계에서가 아니라 사이버스페이스와 인터넷에서 힌트를 얻는다. 그녀는 『스크린 위의 삶Life on the Screen』[4]에서, 인터넷에서 만들어지는 관계들의 신비를 탐구하는 일에 착수하면서 자아에 특별한 관심을 기울인다. 그녀의 책은, 사람들이 같은 시간에 같은 장소에 접속하게 해주는 인터넷 대화방과 텍스트 기반 가상현실 사이트에 초점을 맞추어 자아를 검토한다. 그녀가 특히 관심을 가지는 것은 개인이 온라인에서 자신의 자아 감각을 실험하는 방식이다. 사람들이 자신의 정체성을 탐사하고 구축하고 재구축해 가면서 자신을 창안해 내는 방식들에 관심을 가지는 것이다. 터클은 그러한 기술 발전을 긍정적인 방식으로 바라본다. 그녀는 새로운 통신 기술이 자아를 해방시켜 줄 수도 있을 거라고 생각한다. 또한, 대중매체가 자아를 좀먹는 결과를 가져올 거라는 구식의 문화적 불안에 대해 인터넷이 강력한 개선책을 준다고 주장한다.

『스크린 위의 삶』에 소개된 더욱 흥미로운 사례 연구 가운데 하나는 가상섹스와 관련이 있다. '넷 섹스(netsex)'에서 흥미로운 것은 무슨 짓을 해도 괜찮다는 것이라고 터클은 말한다. 사람들은 자신의 젠더, 성적 지향성, 성격, 종족, 민족색, 계급, 지위를 쉽게 바꿀 수 있다. 간단히 말해 개인은 현실적 자아를 뛰어넘는 넷 자아(net-self)를 고안할 수 있다. 터클에 따르면, 가상섹스는 본래적으로 단편적이고 삽화적이다. 분명히 이것은 그 매력의 한 부분이다. 단추를 누르기만 하면 연애 놀음에서 크로스 드레싱(cross-dressing, 이성의 옷을 입는 행위―옮긴이)으로, 페티시즘에서 사도마조히즘으로 옮겨 갈 수 있다. 터클은 한 젊은 남자의 흥미로운 사례를 제시한다. 이 남자는 여자 친구가 습관적으로 자신을 남자로 만들어 대화방에 여성 캐릭터들과 가상섹스를 나눈다는 사실을 알았다. 처음에 남자는 이 일을 어떻게 해야 할지 몰랐다. 결국 그는 곰곰이 생각한 끝에, 그냥 말뿐인 거니까, 하고 생각한다. 그러나 정말 그럴까? 터클이 지적하는 대로, 가상섹스는 정체성과 자아의 심부에 무엇이 있는가에 대해서 의문을 제기한다. 물리적인 신체가 방정식에서 인수분해되어 빠져나가 버렸다는 사실은 자아의 평가를 더 혼란스러운 것으로 만들 뿐이라고 그녀는 주장한다. 궁극적으로 그녀는, 자아 정체성이 이제는 계급, 인종, 젠더 같은 전통적인 사회적 표지에서 벗어나서 형성될 수 있다는 의미에서, 이 일을 해방적이라고 생각한다. 터클에 따르면 시뮬레이션을 통해서 자아를 재구축하는 것은 대안적인 정체성들과 다른 상상들을 실험하도록 해준다. 여기에서 해방은 자아의 어떤 표상도 다른 표상보다 더 진짜이거나 더 깊지 않다는 사실에 있다. 그것은 자유롭게 해주는 다른 정체성을 한번 걸쳐 보는 것이다.

세넷처럼, 터클은 자아의 현대적 상태를 포스트모더니즘의 사고와 관련해서 평가하려고 시도한다. 터클이 보기에 사이버스페이스는 포스트모더니스트의 철학적인 사고를 땅으로 끌어내리고 있다. 그렇기에, 인터넷의 문화적 영향력은 이와 관련하여 매우 중요하다. 오늘날 문화는 갈수록 단편들과 에피소드의 모둠으로 경험된다고 그녀는 말한다. 터클에 따르면, 탈근대 세계에서 사는 것은 연속되지 않고, 균열되어 있으며, 에피소드로 이어진, 결과를 회피하는 삶을 사는 것이다. 그녀의 주장은 인터넷이 이러한 탈근대의 경향을 가장 잘 표현하는 사회기술적 장, 즉 사람들이 새로운 자아를 탐색하고 개발하는 장이라는 것이다.

세넷과 터클의 작업을 비교해 보면, 자아에 대한 최근의 탈근대 개념화 작업 속에 나란히 놓여 있는 대안적인 경향이 두드러진다. 한편으로는 때때로 전지구적 문화가 강력하게 자아를 교란시키고 겁주는 방식으로 다시 빚어낸다는 인식이 있다. 이와 더불어, 파편화, 탈구, 분산이라는 문화적 조건 아래에서 자아의 재구성을 이해하려는 시도가 있다. 다른 한편으로는 탈근대 정체성의 잠재력을 찬양하려는, 자아와 자아 정체성과 주체성에게 열려 있는 해방의 가능성을 평가하려는 욕망이 있다. 나는 이 마지막 장에서, 이러한 가닥의 포스트모더니스트 이론의 렌즈를 통해서 정체성을 볼 때 자아에 대한 우리의 이해가 어떤 식으로 달라지는지를 살펴볼 것이다.


## 근대적인 모든 것은 탈근대 속으로 녹아들어 가는가?

'포스트모던'이라는 말을 들먹이기만 하면 자동적으로 불편한 반응을 보이는 경우가 종종 있다. 포스트모던에 무슨 문제가 있는 걸까? 왜 그 개념은 불안을 자아내는가? 많은 사람들이 보기에 포스트모더니스트의 저작들은 알아들을 수 없는 허튼소리이고, 모호한 용어와 생각으로 가득한 것이다. 마피아와 포스트모더니스트의 다른 점이 무엇인지 아는가? 마피아는 당신에게 거절할 수 없는 제의를 하지만, 포스트모더니스트는 당신에게 이해할 수 없는 제의를 한다! 이러한 관점에도 이로운 점이 있을 수 있겠지만, 포스트모더니즘에 관한 논쟁이 대체로 순수하게 학문적인 문제로, 영문학과나 철학과를 바쁘게 만들었던 그런 문제로 다루어져 왔다는 것 또한 마찬가지로 진실이다. 그러한 결과로, 이 논쟁의 개인적이고 주관적인 의의는 종종 가려져 왔다. 하지만 포스트모더니즘을 둘러싼 지적인 논의들은 달라진 제도적 맥락으로부터 생겨난다. 오늘날 우리는 근본적인 사회적 변동을 목도하고 있다. 초국적 기업의 번성과 국제 경제의 확장, 전지구적 형태의 통신 증가, 재화와 용역의 생산과 소비 패턴에서 일어나는 주요 변화들, 전지구적 차원의 인구 이동, 전쟁의 첨단 산업화와 이와 연관된 군사 행동의 변화들, 차이와 문화적 특수성을 둘러싼 지역적 인종적 갈등과 정체성 정치의 출현, 일상생활에서 대중매체와 통신 기술의 지배 등 이러한 변화들은 결국 오늘날 우리의 사회적·문화적·정치적 조건의 조직을 재구성한다.

이러한 사회적 변동을 지적하면서, 몇몇 사회 이론가들은 우리가 근대, 즉 산업자본주의가 지배하는 시대의 끝에 있다고 주장한다. 마르크스가 전통적인 형태의 사회적 삶을 부서뜨리는 자본주의의 힘에 대해서 이야기한 유명한 말처럼, "단단한 모든 것은 공기 속으로 녹아든다." 그 반대로 오늘날에는 녹아들 단단한 것이 거의 없다. 어떤 이들에 따르면,

산업 노동의 억압적이고 되풀이되는 고된 일은 영원히 과거 속에 남겨져 버렸다. 제3세계에서는 아니더라도 적어도 서구에서는 그렇다. 산업화는 탈산업화 기술 체계, 컴퓨터 마이크로칩의 시대로 대체되었다. 여기에서 우리는 세넷이 그린 리코의 초상을 떠올려 볼 수 있겠다. 리코에 대해서는 탈산업화 기술 체계가 그의 자아 감각과 삶의 내적 조직을 파고들기에 이르렀다고 말할 수 있을 것이다. 리코의 일이 요구하는 유연성과 무정한 위험 감수가 사적인 헌신과 가족 책임과는 혼란스러운 모순을 일으키게 된다는 의미에서 그의 삶에 파고들기에 이른 것이다. 시간이 가면서 리코는 자신의 공적인 헌신과 사적인 헌신 모두로부터 단절되고 분리되고 어긋나게 되었다. 많은 논평자들이 이러한 달라진 사적·공적인 맥락을 이해하려고 노력한다. 이들이 보기에는, 우리가 지난 과거와는 아주 다른 어떤 세계, 복잡하고 새로우며 유혹적이면서도 위협적인 세계에서 살고 있는 것으로 여겨진다. 이러한 새로운 사회적 조건에서는, 마르크스의 격언이 새로운 표어로 대체된다. "근대적인 모든 것은 탈근대 속으로 녹아든다."

포스트모더니즘에 대한 또 다른 정의를 내리는 것이 나의 의도는 아니다. 그보다는, 우리가 살고 있는 새로운 시대를 '탈근대성', '탈산업사회', '역사의 종말', '정보 사회', '소비 사회' 등으로 아무리 정의하려고 한다고 해도, 오늘날 사회 연구는 사람들이 자신, 다른 사람들, 더 큰 세상과 관련해서 경험하는 성향과 태도와 감정과 욕망의 변화를 분석하는 일을 적극적으로 점점 더 중요시한다는 사실을 강조하고 싶다. 정보

기술과 일상생활의 전산화, 그리고 대규모 상품화는 특히 탈근대성 전체의 활기차고 위협적인 잠재력 속에 자아를 말려들게 한다. 극심한 자본주의적 경쟁에서 생겨난 혼란과 유전 속에서 사적이고 문화적인 삶이 극적으로 가속화되고 있다. 또한 이와 짝을 이뤄, 통신 시스템의 전지구적인 확장은 자아와 자아성과 개인적 주체성의 구성을 되짚어 보는 데에 배경이 되고 있다.

　탈근대 자아성의 핵심적인 윤곽을 규정하는 정신의 다양한 상태 중에서, 특히 문학에서 두드러진 세 가지가 있다. 첫째, 파편화에 대한 강조다. 포스트모더니스트 비평은, 오늘날의 자아가 매우 파편화되고 복합적이며 분산되어 있어서 경험의 상징적인 일관성과 서사적 조직이 허물어지고 있다고 주장한다. 새로운 기술이 몰려들고 번쩍거리는 상품이 넘쳐나는 세상에서 자아는 일관성을 잃고, 깨지고, 부서지거나 흩어져 간다. 둘째, 이러한 시각에 따르면, 탈근대 문화의 명멸하는 미디어의 표면이 내적으로 반영되어, 겉모습과 이미지와 스타일에 자기도취적으로 빠져드는 일이 자아의 조절을 지배한다. 이것은 겉모습을 최고로 치는 세계이며, 스핀 닥터(spin doctors)와 홍보 전문가와 성공 지침서로 이루어진 세계이다. 이러한 상황에서는, 자아가 닻을 내릴 자리를 쉽게 잃어버릴 수 있고, 자신에게 빠져서 더 넓은 사회적 유대에서 단절되어 간다. 셋째, 사적이고 사회적인 수준에서 주마등 같은 환영과 환상이 새로이 중심적인 자리를 차지하면서, 지식의 공동 저장물이나 합리성의 희생을 대가로 꿈, 환각, 광기가 더 많은 중요성을 얻고 있다. 탈근대성의 조건 속에서는, 어쨌든 서구에서는, 사람들은 한편으로는 혼란과 분산과 환멸의 혼합을 경험한다. 다른 한편으로는 사적인 발전의 가능성과 흥분과 욕망을 경험하고 있는 것처럼 보인다. 앞서 소개한 탈근대성의 이미지는 미디어의 아른거리는 표면과 첨단 기술 숭배와 만연한 지구화와 더불어, 카지노 자본주의의 매혹적인 흥분과 핵 재앙의 무시무시한 망령 사이에서 갈라진 정신 상태와 공명하고 있다.

2장에서 나는 프랑스의 정신분석학자 자크 라캉이 발전시킨 자아 이론이 현대 문화에 대한 최근의 논의에 영향을 미쳐 왔다는 사실을 언급했다. 탈근대 자아성에 대한 가장 도발적인 묘사 가운데 몇 가지는 라캉 이론과 관련해서, 특히 상상력, 욕망, 표상과 관련하여 전개되어 왔다. 이런 종류의 분석에서는 현대의 중심적인 특징들을 보여 주기 위해서, 특히 오늘날의 자아성의 산산조각 난 표면들을 보여 주기 위해서 거울 이미지에 대한 라캉의 강조를 받아들이고 있다. 요컨대, 흔히 탈근대 상황에 대한 논의는 '거울 단계'라는 라캉의 발상을 특별히 참고하면서 이루어지고 있다는 것이다. 라캉에 따르면, 정신의 심부에는 파편화와 상실과 애탄이 있다. 그리고 이는 개인들이 상실을 메울 다양한 정서적인 대체물을 찾아내려고 아무리 열심히 노력한다고 해도 근본적인 공허가 언제나 자아에 자국을 남기고 있다는 사실을 의미한다. 에고는 자아가 그러한 상실을 보지 못하게 눈가림한다고 라캉은 말한다. 에고는 완벽함과 완전함이라는 나르시스적 환영을 통해서 정신의 파편성을 덮어 가린다. 에고는 이미지와 표상의 영역 속으로 빠져듦으로써, 무의식의 고통스럽고 불안정한 동요에 맞서 있는 다양한 나르시스적 동일시들 위에 세워진다. 거울 이미지에 사로잡힌 개인, 혹은 다른 사람들을 자신의 욕구와 욕망의 거울로 대하는 자아, 이러한 것들이 상상적 오인의 예이다. 그리고 이러한 왜곡을 통해서 에고는 무의식적 욕망의 수준에서 공허, 상실, 열망의 공백을 메우려고 하는 것이다.

많은 논평자들은 포스트모던 상황을 이론화하려고 에고를 요술 거울로 여기는, 즉 정신의 균열과 파편을 감싸서 덮어 버리는 나르시스적인 거울로 여기는 라캉의 설명을 끌어들인다. 라캉의 영향을 받은 문화 분석가들은, 개인이 탈근대성의 조건 속에서 자신의 나르시스적인 동일시를 규정하고, 자신의 찢어진 자아를 통합하고, (아무리 깨지기 쉽다고 해도) 위태위태한 사적 주체성과는 판명하게 다른 정체성을 빚어내기 위해 사용하는, 상징적인 형식과 문화적인 허구를 파헤쳐서 밝혀내려고 한다. 이러한 입장에서 보면, 탈근대 문화의 번쩍이는 표면과 눈부신 이미지들은 내적으로 반영되고, 정신의 내부로 받아들여져서 정체성을 문제시하게 된다. 하지만 탈근대 문화에는 실체나 깊이가 거의 없기에, 이러한 내면화되고 밋밋한 이미지들은 자아가 오직 피상적이고 덧없는 정체성의 이미지만을 구축하도록 해준다. 비디오 스크린의 명멸하는 이미지는 자아를 위한 내면화의 주축이 되는 가족과 친지의 단란한 모임을 대치했다. 혹은 그렇다고 주장하는 이론가들이 있다. 덧없는 나르시스적 이미지들 위에서 창조되는 포스트모던 자아는, 더 깊은 정서적 유대나 감정적 뿌리가 되기는 몹시 힘든 무상한 정체성이다.

많은 분석가들은 파편화, 탈구, 모순이 자아의 수준에서 내적으로 반영된 탈근대성의 주요 특징이라는 사실에 동의한다. 하지만 상실, 공허감, 절망에 대한 라캉의 강조를 모든 이들이 받아들이지는 않을 것이다. 대안적인 입장에 따르면, 탈근대성의 상징물인 문화적 파편화의 감각은 오늘날 갈수록 만연해 가는 특별한 종류의 정신분열적인 경험의 중심핵에 놓여 있다. 이러한 상황을 한탄하기보다는 이러한 이론적인 입장과 제휴하는 저자들은, 어쩌면 반어적이고 분명히 좀 순진하게도, 정신병을 환영할 만한 어떤 것이라고 주장한다. 합리성과 이성적 사고의 억압적이고 남성 지배적이며 관료주의적인 세계를 배경으로, 정신분열증은 진정으로 창조적이고 긍정적이며 해방적일 수 있는 것으로 여겨진다. 프랑스 철학자 질 들뢰즈(Gilles Deleuze, 1925~1995)와 펠릭스 가타리(Felix Guattari, 1930~1992)는 이런 생각을 그들의 책 『앙티 오이디푸스*Anti-Oedipus : Capitalism and Schizophrenia*』(1977)[5]에서 가장 급진적인 형태로 표현하면서 정신분열증이 혁명적이라고 주장했다. 들뢰즈와 가타리는 통일된 구조를 설정하는 자아의 어떠한 개념도 모두 전제적(專制的)이라고 여긴다. 반대로 그들의 입장은 파편화, 다중성, 불연속성을 찬양한다. 그들은 정신분열증이 임의성, 탈중심화, 끊어진(disconnected) 정체성을 통해서 우리의 선형적이고 관료주의적인 세계를 와해시키는 급진적인 정치적 잠재력을 지니고 있음을 주장한다. 정신분열증에 관한 들뢰즈와 가타리의 주장의 급진적인 성격을 두고 볼 때, 『앙티 오이디푸스』의 역사적인 맥락을 여기에서 언급해야 하겠다. 이 책은 프랑스 학생과 노동자들이 정부에 항거해서 들고 일어나, 적어도 잠시나마 드골 정부를 거의 무너뜨릴 뻔했던 1968년 5월 사건을 뒤이어 엄청난 인기를 끌었다. 이러한 학생과 노동자의 저항은 일반 대중의 광범위한 지지를 받았다. 실제로 당시의 정치적 대항문화는 전복의 이데올로기와 일상생활의 정치학, 그리고 성 정치학에 관한 중요하고 지속적인 이슈를 내놓았다. 정신분열적인 것이 '욕망의 주인공'이라는 들뢰즈와 가타리의 주장이 그토록 정치적인 호소력을 발휘할 수 있었던 것은 바로 이러한 배경에서였다.

1968년 5월 봉기가 지나가고, 많은 사람들이 정치적 변화와 사회적 반항을 두려워하고 불안해 하는 비관적인 감정이 출현했다. 그러면서, 들뢰즈와 가타리의 급진적인 정치적 의제에 들어 있는 여러 결점이 드러났다. 그러한 접근법에 대한 비판들은 이미 잘 정리되어 있다.[6] 아마도 가장 명백한 결점은, 특히 자아라는 주제와 관련된 결점은, 정신분열증에 일반적으로 결부되어 있는 정서적인 손상과 심리적인 고통에 관해서는 그러한 접근법이 거의 주목하지 않는다는 사실이다. 미국의 비평가 제임스 글래스(James Glass)는 『흩어진 자아 *Shattered Selves*』(1993)에서, 들뢰즈와 가타리가 정신병의 이러한 비극적인 차원을 인식하지 못하고 있다고 책망한다. 글래스가 보기에 정신이상은 해방적인 것도, 급진적으로 전복적인 것도 아니다. 그것은 사람을 고립시키고 두렵게 한다. 이러한 내적인 공포를 잘 보여 주고자 글래스는 정신이상과 다중인격 장애로 고통 받고 있는 몰리(Molly)라는 한 여인의 생생한 초상화를 그려 보인다. 몰리는 유년기에 아버지의 권위에 의해서 경험한 냉담과 무관심, 심한 성적 학대가 촉발인자가 되어 정신적 붕괴를 겪었고 끝내는 정신착란에 이르렀다. 그녀의 여러 분신이나 하위 인격들은 그러한 심적 외상을 고통스럽게 되불러 오는 주체들이었다. 글래스는 이 사례 연구를 이용하여, 들뢰즈와 가타리가 정신분열적 다중 자아에 탈근대적인 방식으로 경도되어 있는 것에 대해서 강력하고 설득력 있는 비판을 가한다.

들뢰즈와 가타리가 정신분열증을 찬양하는 것의 심각한 심리학적·정치적 한계를 두고 볼 때, 그렇다면 우리는 탈근대 문화와 자아 사이의 일반적인 연관관계의 특징을 어떻게 정리해야 할까? 이러한 물음에 대한 대답은 다음과 같다. 내가 강조했던 바대로, 자아의 다중성, 파편화된 정체성, 나르시스적인 인격 장애와 정신분열증이 대안적인 사회적 해결책을 위한 주관의 원천일 수 있다고 찬양하는 일은 조심스레 피해야만 한다. 겉보기로는 '급진적인' 포스트모더니스트 비판의 이러한 변형은 자아를 모든 심리적·사회적·역사적 관념과 관용구에서 해방시키려는 요구를 지지한다. 그러나 그것은 정신 질환의 정서적인 손실에 무감하고, 파편화의 사회적인 폐해에 무관심한 입장을 조장한다. 이런 식으로 본다면, 들뢰즈와 가타리 같은 탈근대 사회 이론가들의 자연주의적인 철학은 결정론적이고 황량하며, 제시된 사회적 전망 또한 정치적으로 공허해 보인다.

하지만 만일 우리가 오늘날의 문화를 근대성 자체의 다층적인 동력을 빚어낸 애매성, 양가성, 유전, 공포, 소란과 관련해서 분석해 본다면, 탈근대 자아에 대한 아주 다른 시각이 나올 것이다. 사실상 이러한 개념적인 이동은 자아가 이미 논쟁하는 담론, 실천, 이미지, 환상, 표상 들의 풍부한 복합체임을 인정한다는 것을 의미한다. 자아는 오늘날의 사회적·문화적·정치적 과정들에 의해서 구성되고 재구성되는 복합체인 것이다. 물론, 포스트모더니스트와 다른 현대의 철학적 입장에서 보면, 자아의 관념이 붕괴를 맞을 수 있다는 것도 여전히 옳은 사실이다. 말하자면 '주체의 죽음'이나 '주체성의 종말'에 관한 선언들이 실제로 자아에 대한 더 넓은 공적인 인식과 이해에 영향을 미치고 있는 것이다. 하지만 포스트모더니스트가 텍스트를 가지고 논다고 해서, 저절로 그리고 그것만으로, 더 넓은 사회에서 자아와 지식과 권력 사이의 복잡한 관계들이 재편된다고 하는 것은 맞지 않는 얘기다. (지식인들이 때때로 그러기 일쑤인 일이지만) 학계의 사회적 영향력을 과잉 평가하는 것보다는, 이러한 다른 브랜드의 포스트모더니스트 사상은 현대 문화의 일상적 조직 속에서 식별할 수 있는 변동과 위기에 집중한다.

우리는 아마도 프랑스의 사회학자 장 보드리야르(Jean Baudrillard, 1929~2007)가 '하이퍼리얼리티(hyperreality)'라고 부르는 개념을 통해서 탈근대 문화에 대한 지배적인 이해와, 자아에 대한 그것의 관계를 가장 잘 조명해 볼 수 있을 것이다. 보드리야르가 보기에 탈근대 세계는 미디어의 번쩍거리는 표면과 상품화된 빛나는 이미지들의 세계이며, 이러한 사회적 환경에서는 모든 것이 투명하고 훤히 다 드러난다. 그는 하이퍼리얼을 과잉의 세계로 묘사한다. 이 세계에서 이미지는 현실보다 더 강력해지고, 모든 것은 다른 것의 복사물이며, 재현물과 재현되는 것 사이의 구별이 없어진다. 이와 동시에, 자아와 대상, 안과 밖, 표면과 깊이 사이의 핵심적인 구별 또한 사라져 버린다. 사회 비평가들은 너무도 오랫동안 사회적 삶의 표면을 오로지 피상적인 것으로 다루었고, 의미를 가리는 것으로만 여겨 왔다. 보드리야르는, 탈근대의 각본에서는 표면, 이미지, 시뮬레이션이 사회적 경험의 핵심을 규정하기 때문에 우리가 그러한 관점을 버려야 한다고 충고한다. 미디어 이미지의 하이퍼리얼리티는 속도, 양, 크기 등에서 엄청난 가상적인 변화를 가져오기에 전통적인 경계와 분류가 허물어진다. 문화적 대상들은 새로운 수준의 매혹을 얻고, 미디어 리얼리티의 증가는 압도적이고 극단적으로 되어 간다. 그리하여, 현실성 검사(reality testing)가 공허해질 정도이다. 유혹은 하이퍼리얼에 대한 보드리야르의 설명에서 핵심이다. MTV, 디즈니랜드, 맥도널드 같은 환상 풍경은 우리가 전형적으로 '현실'이라고 생각하는 것보다 더욱 생생하고, 더욱 강렬하고, 더욱 현실적으로 되어 간다.

『치명적 전략 *Fatal Strategies*』(1983)에서 보드리야르는 이미지와 시뮬레이션이 매우 도취적이고, 매우 압도적이며, 매우 유혹적이어서 자아가 으깨어진다고 주장한다. 보드리야르는 유혹(seduction)이라는 말을 쓰면서 프로이트의 용어 사용과 조심스럽게 구별하려고 한다. 보드리야르 보기에 유혹의 탈근대 과정은 자아의 심리적 경제학을 가리키는 것이 아니라, 대상들이 우리 위에 위협적으로 드리우고 있는 매혹의 힘을 가리킨다. 미디어로 포화된 우리의 경제에서는 기호들이 '현실'을 가리키는 것이 아니라, 기호들 자체를 가리킨다. 그리고 이 과정은 계속되고 또 계속되어서 무한 소급해 간다. 예를 들어, 코카콜라의 '이게 진짜(Real thing)'라는 관념 자체는 실제적인 음료보다도 더 많은 힘과 매력을 갖는다. 게다가, 사물들의 세계는 계속해서 가속화되면서 형식, 구조, 모습, 경계를 바꾼다. 패션은 '슈퍼 모델'에 의해서 극단으로까지 치닫는다. 성은 포르노그래피 속에서 환상을 뛰어넘는다. 그리고 신체는 유전자 복제 속에서 변형을 겪는다.

하이퍼리얼이 인간 경험의 구조 자체에까지 확장되고 인식을 유혹과 환각과 가상화의 새로운 지대 속에다가 묶어 놓는다는 것을 알고서 놀랄 건 없다. 텔레비전 화면의 전자 통신 운용 시스템(electronic mediation)과 인터넷이 강화되면서, 자아는 한낱 구경꾼이 되어 대중문화의 끝없는 이미지들을 유쾌함과 경멸이 섞인 기분으로 바라본다. 보드리야르에 따르면, 정보를 수신하는 자아는 활기 없고 권태로우며, 고갈되고 원자화된다. 분산된 통신의 세계에서 개인은 정보 유포를 지배하는 문화적 논리를 제어하는 것은 고사하고 그것에 정통할 수도 없다. 보드리야르가 보기에 그 이유는 분명하다. 세계는 제어할 수 없고, 합리화나 개념화 또는 이론화하려는 모든 시도는 실패할 수밖에 없다. 개인이 할 수 있는 것이라고는 채널 넘기기나, 인터넷 서핑, 혹은 미국이 지배하는 얼빠진 팝문화를 넋 놓고 흡수하는 일들이다. 보드리야르는 이러한 상황을 근대성의 세계와 날카롭게 대조시킨다. 근대적인 자아 감각은 정념, 죄책감, 양심 혹은 프로이트적 무의식과 같은 주관의 요소들을 둘러싸고 구축되었다. 이러한 배경을 두고서, 의미들은 숨어 있고 감춰져 있는 것으로서 정체성에 부착되어 있었으며, 자아의 깊이나 내면성이 주요한 주제가 되었다. 하지만 근대적인 자아 감각과는 달리 탈근대 자아는 겉모습, 전시, 과시, 그리고 스타일의 미학을 찬양한다. 요컨대 스타일과 이미지의 유혹하는 힘들은 탈근대 자아를 속속들이 규정하는 것이다. 새로운 탈근대 세계에서는 모든 것이 훤히 드러나서 두드러져 있고, 눈에 보이며 이미지로 나타나고 있기에 억압된 자아나 의미의 깊이는 없는 것이다.

보드리야르의 시각은 많은 이유로 날카로운 비판을 받아왔다. 여기에서 나는 자아 정체성과 자아라는 논제에 맞는 비판적인 평가에만 한정해서 살펴볼 것이다. 나의 비판적인 논평은 세 범주로 나눌 수 있다.

첫째, 보드리야르의 사회 이론은 자아에 대한 빈약한 사고에 바탕을 두고 있다. 세계가 점점 더 지구화되고 미디어화되어 갈수록 자아가 더욱 용해되고 분산된다는 그의 주장에는 중요한 한계가 있다. 특히 포스트모던 미디어 문화의 정치적인 귀결을 잘 포착하지 못한다는 한계가 있다. 나는 이를 간단히 주장할 것이다. 그러나 특히 보드리야르는 개인이 사회 세계와 맺는 능동적인 관계 속에서 경험된 감정과 상징적 재료들로부터 자아를 어떻게 구성해 내는지를 잘 이해하지 못하고 있다. 그는 개인이 다른 가능한 대안들을 탐험하고, 자기 실험과 자율성을 위한 새로운 세계를 공상하고, 자아의 다양한 규정들을 실험한다는 사실을 느끼지 못하고 있는 것이다. 보드리야르의 하이퍼미디어 세계에서는,

자아는 일차적으로 수동적인 실체로서, 지배적인 상징적 체계들의 '코드'에 맞추어서 생각하고 느끼는 존재다. 나의 견해로는, 보드리야르의 생각이 이 부분에서 알맞지 않은 것 같다. 이는 자아에 대한 그의 설명이 탈구조주의적 사고에 너무 강한 영향을 받고 있기 때문이다. 비록 보드리야르 자신이 탈구조주의에 대해서 다양한 비판을 했기는 하더라도 나는 이렇게 말하고자 한다. 보드리야르는 시뮬레이션이라는 떠다니는 기표들과의 관계 속에 자아를 고정시켜 놓는다. 그러면서 그는 언어와 표상이 미디어 문화를 통해서 전적으로 굴절된 것으로 본다. 하지만 그러한 입장은 그가 인간 활동과 사회적 실천의 다른 형식들에 대해서는 거의 모르고 있다는 사실을 보여 준다. 자아는 오직 미디어 포화 '속'에만 있는 것이 아니다. 비록 미디어가 틀림없이 자아 정체성의 변형에 중요한 영향을 미치기는 하더라도 말이다. 자아는 일상적인 사회생활의 나날의 맥락 속에 닻을 내리고 있고, 그런 맥락과의 관계 속에서 경험된다. 따라서 미디어와 통신의 복합적인 맥락을 인정한다고 해서, 그것을 자아의 정서적인 줄거리와 상징적인 연속성을 용해하는 것으로 간주해야 할 어떠한 논리적인 이유도 없는 것이다.

둘째, 앞의 논증을 확장해 보면, 보드리야르처럼, 미디어와 문화적 생산이 개인들을 몹시 압도하고 있어서 주체성의 철학이 퇴물이 되어 버릴 정도라고 추정하는 것은 적당하지 않다. 사물들, 미디어 시뮬레이션들, 하이퍼리얼리티의 우위성에 관한 보드리야르의 주장은『치명적 전략』에서 특히 분명해 보인다. 하지만 다른 한편으로 그러한 시각에는 몇 가지 결점이 있다. 지구화와 새로운 통신 기술의 영향력 덕분에 자아 정체성과 사회적 관계의 기본적 조직이 모두 바뀌기 시작했다는 것은 틀림없는 사실이다. 이제 일상생활은 통신으로 가득 차 있다. 사람들은 비디오를 보고 컴퓨터를 사용하며, 팩스를 보내고 인터넷에서 이메일을 주고받는다. 전자 통신은 순식간에 저장되어 다시 불러올 수 있으며, 오늘날 사람들 사이의 그러한 상호 연결은 시간과 공간의 구속을 거의 받지 않는다. 하지만 상당히 많은 최근의 사회학적 연구는 미디어와 문화 생산이 자아와 관련해서 두 가지 길로 나뉜다는 시각을 강조해 왔다. 한편으로는 보드리야르가 온당하게 강조하듯이, 거대 대중문화의 영향력과 틈새 라이프스타일 시장의 촉진에 연결된 원자화가 개인의 자아 감각을 매우 고갈시키고 허약하게 만드는 효과를 미칠 수 있다. 다른 한편으로는 탈근대 형식의 미디어와 통신은 때때로 많은 자아들을 정치적으로 집결시키는 귀결을 가져오기도 한다. 1991년 로스앤젤레스에서 경찰이 로드니 킹(Rodney King)을 공격한 사건이 적절한 예가 된다. 경찰이 흑인 남성 킹을 구타하는 장면을 우연히 지나가던 사람이 가정용 비디오에 담았다. 이어서 대중매체는 그 비디오를 방영했다. 지금 논의에서 이 사건이 가지는 중요성은, 그것이 사건을 지역 당국자들의 통제에서 밖으로 끄집어냈다는 것뿐만이 아니라, 정체성과 인종과 권력 사이의 연결에 관한 의문을 전 세계에 제기했다는 사실이다. 대중은 로드니 킹 사건을 그저 수동적으로 흡수한 것은 아니었다. 그것은 공적인 관심사이기 때문에 순식간에 국가적이고 국제적인 중요성을 지닌 문제가 되었다. 하지만 무감각과 권태와 무기력을 강조하는 보드리야르의 지나치게 비관적인 설명은, 정확히 그러한 사회적 상징적 문제 제기와 자아의 재구축을 이론화하지 못한다.

셋째, 자아성의 운명에 관한 보드리야르의 과장된 공식화는 더 나아가 그의 사회적 분석의 타당성을 의심케 한다. 미국의 비평가 더글러스 켈너(Douglas Kellner)는 보드리야르의 작업을 공상과학으로 보아야 할지, 사회 이론으로 보아야 할지 모르겠다는 의문을 제기한다. 어느 쪽을 택하든, 보드리야르는 자아가 푹 빠져 있는 우리 미디어 문화의 저 번쩍이는 사물들 속에 자아의 내적 욕망과 환상을 투사하고 있는 것으로 보이게 될 것 같다. 매혹되고 무관심하며 권태롭고 멍한 모습, 이러한 것은 자아의 정서적인 상태들이다. 하지만 보드리야르의 손에 들어가면 그것들은 문화적 사물과 사건들의 속성으로 묘사된다.


## 자아의 전략들 : 근대와 탈근대

앞서 살펴본 탈근대성 속의 자아에 대한 분석을 좀더 충분히 평가해 볼 때가 되었다. 탈근대성에 대한 분석을 전개한 다른 많은 이들과 보드리야르의 작업에서, 자아는 갈수록 유동적이고 분산되며 다중적이고 파편화되어 간다. 하지만 우리가 근대적 자아에서 실제로 벗어난 것일까? 몇몇 사람이 주장했듯이, 우리는 탈근대 자아성이 지배하는 사회적 환경 속으로 이미 들어온 것일까? 나는 이 두 가지 질문 모두에 '아니다'라고 대답하겠다. 만연해 가는 지구화와 첨단 기술 매체의 세계에서, 사회적 관계의 사적이고 주관적인 차원들은 광범위한 변형을 겪고 있다. 그러나 이것이 필연적으로 근대적 정체성의 종말을 의미하는 것은 아니다. 이것은 근대적 자아 감각이 급진화되어 가고 있음을, 혹은 극단까지 치닫고 있음을 가리키는 것일 수 있다. 포스트모더니스트 명제에 대해서도 똑같이 말할 수 있을 것이다. 우리의 문화적 상황은 그저 그 자체로 탈구와 파편화의 상황인 것만은 아니다. 반대로 우리는 새로운 자아 전략들, 새로운 방식의 사적인 삶, 새로운 공동체적 귀속의 출현을 보는 시대에 살고 있다.

폴란드의 사회학자 지그문트 바우만(Zygmunt Bauman)은 자아의 죽음에 관한 선포는 사회학적으로 순진한 것이라고 주장해 왔다. 바우만은 『근대성과 양가성*Modernity and Ambivalence*』(1990)과 『포스트모던 윤리학*Postmodern Ethics*』(1993)과 『단편들 속의 삶*Life in Fragments*』(1995)을 포함한 일련의 중요한 책에서 포스트모던 정체성을 근대적인 자아성을 넘어서는 문화적 국면으로 읽는 것에 반대하는 주장을 펼친다.

바우만은 오늘날의 문화가, 비록 모순과 긴장은 있지만, 정체성의 근대적인 전략과 탈근대적인 전략 모두를 활용한다고 주장한다. 바우만에 따르면 근대적 자아를 이끄는 충동은 주인이 되려는 충동이다. 주인이 되려는 욕망은 자아를 합리성과 합리적인 결정의 세계, 제어되고 제어하는 세계 속으로 이끌어 간다. 바우만이 보기에 근대적 자아는 **기획**(project)으로 정의되는 자아이다. 정체성의 틀은 주의 깊게 조직적으로 공들여 만들어지며, 장기적인 계획과 궁극적인 목적은 그 열쇠가 된다. 근대적 자아는 질서를 세우려는 노력 속에서 안정성, 신뢰성, 일관성, 예측 가능성에 사로잡혀 있다. 하지만 바우만에 따르면 이러한 자기 통어에 대한 추구는 자기 패배적이고 환영이며 허구적인 것이다. 이상적인— 완벽하고 완성되고 자기 동일성을 지닌—자아에 대한 욕망은 사람들로 하여금 언제나 더 나아질 수 있다고, 정체성이 더 견고하고 정돈될 수 있다고, 또는 삶이 더 매끄럽게 돌아갈 수 있다고 믿게끔 유도한다. 이것은 이제 사람들이 현재가 불만스럽고, 사회적 관계들에서 소외되며, 자신의 자기표현 속에 갇혀 있다는 느낌을 갖게 한다.

반대로, 바우만이 보기에 탈근대적 자아는 표류하는, 견고함과 연속성과 구조가 결핍된 정체성이다. 미디어로 넘쳐 나는 우리 세계에서는, 이제 다양한 자아들을 내키는 대로 받아들였다가 버렸다가 할 수 있다. 자아를 공들여 구축해 내라는 근대적 과업은 탈근대적 무관심과 냉담함과 회의주의에 자리를 내준다. 바우만은 탈근대적 자아를 고정된 정체성과 질서 잡힌 구조를 회피하는 존재로 그리면서 다음과 같은 방식으로 논의를 요약한다.

게임을 짧게 끝내라는 것은 장기적인 일에 말려들지 않도록 조심하라는 것을 의미한다. 이런 식으로든 저런 식으로든 '고정되기'를 거부하기. 지금 잠깐 서 있는 자리가 아무리 즐겁다고 해도, 한 자리에 묶여 있지 말기. 삶을 오직 한 가지 직업에만 매어 놓지 않기. 어느 것에도 어느 누구에게도 일관성과 충성을 맹세하지 않기. 미래를 제어하려고 하지 말고, 미래를 저당 잡히지 말기. 게임의 결과를 게임 밖에 까지 끌고 나가지 않으려고 애쓰기. 그러한 결과에 대한 책임을 지려하지 않기. 간단히 말해, 현재의 양쪽 끝을 잘라 내고, 현재를 역사에서 끊어 놓기. 묶지 않고 헐겁게 모아 놓았거나, 제멋대로 잇달아 이어져 있거나, 그저 앞에 놓여 있는 순간들이라는 형식을 제외한 어떤 형태의 시간도 파기하기. 굽이치는 시간의 흐름을 잠재워 마디 없는 현재 속으로 넣기……. 탈근대적 삶의 전략적 중추는 정체성을 오래가는 것으로 만드는 것이 아니라, 고정되는 일을 피하는 것이다.[7]

    자아의 그러한 해체는 정체성이 덧없는 순간과 일시적인 만남, 그리고 영원한 현재의 영역 속에서 떠나니도록 만든다.

    바우만은 탈근대가 자아의 황혼을 의미한다는 견해를 거부한다. 다시 말해, 그는 탈근대 문화의 본성이 전체적으로 파편적이라는 급진적인 탈근대적 명제를 거부하는 것이다. 그 대신에 그는 탈근대성이 자아에게 독이면서 동시에 기회가 되는 것으로 본다. 우리의 문화적 조건의 심부에는 고유한 양가성이 있다고 바우만은 말한다. 이 양가성과 더불어 살아가는 것은 종종 극도로 힘들기도 하다. 그래서 인간 역사의 많은 부분이 그러한 고통을 씻어 내는 방식들을 설계하는 일에 바쳐졌다는 것도 놀라운 일은 아니다. 통어와 제어라는 근대적 정체성 전략도 그 두드러진 실례이다. 근대에는 이것이 자아를 위한 윤리적인 규약을 제정해서

도덕적인 양가성에서 벗어난 세계를 수립하려는 것을 의미했다. 그러한 규약은 도덕적인 문제들을 놓고 깜깜한 어둠 속을 수없이 더듬어 대는 불안에서 벗어날 직접적인 탈출구를 제공했다. 이는 자아의 행위를 지배하는 근대적 윤리 규범들이 도덕적 확실성을 얻는 데에 실천적인 도움을 주었기 때문이다. 하지만 자아성의 탈근대적 형식들은 그렇지 않다. 자아의 조절을 지배하는 근대적 기초주의 윤리 규약이 소멸한 뒤로, 탈근대적 시대의 삶은 점점 더 아슬아슬하고 양가적으로 되어 간다. 이제 더이상 딱 떨어지는 대답은 없다. 사람들은 계속해서 고의로든 되는 대로든 도덕적인 양가성을 직면하고 또 해야 한다.

하지만 이것은 탈근대적 형태의 정체성을 쉽사리 획득할 수 있다는 주장은 아니다. 바우만이 강조하듯이, 자아의 도덕적 딜레마는 탈근대성의 조건 속에서 끊임없이 시장으로 전가된다. 삶의 어느 다른 영역에서도 그렇지만, 자아의 윤리와 관련한 문제에서도, 양가성의 긴장에서 벗어난 삶을 영위할 수 있는 방법에 대한 전문가들의 약속을 사고팔고 있다. 바우만은 이를 가리켜 자아의 **사영화**(privatization)라고 부른다. 이러한 사영화를 배경으로, 도덕적 추론과 가치 평가는 당면한 일에 반응하는 것에 지나지 않게 되며, 기술적 합리성이 지배하게 된다. 우리는 어제의 행동이 남긴 뒤죽박죽인 일들을 깨끗이 치우려고 시도하지만, 이는 오로지 내일 일을 해나가기 위해서일 뿐이다. 그리고 우리는 자신이 한 일의 장기적인 결과들을, 즉 자아와 다른 사람들과 사회 전체에 미칠 결과들을 생각해 볼 충분한 시간도 갖지 않은 채 행동한다. 그러한 자아의 사영화는 우리 모두가 믿을 수 없는 곤란 속에 있고, 주관적인 의미나 개인 상호간의 책임이나 윤리적인 가치가 없는 사회적 세계에 거주하도록 선고를 받았음을 시사하는 것처럼 보일 것이다. 그러나 탈근대성의 정치적 판돈에는 사영화를 계속해서 뚫고 나가려는 우리의 집단적인 시도들과, 우리가 어딘가에서 다른 편으로 나타날 수 있는지 아닌지를 (어떤 보증이 없이도) 알려는 시도들도 본질적으로 포함된다고 바우만은 솜씨 있게 주장한다. 그의 주장은, 한때는 유일한 대답이 있었던 것처럼 보이는 그런 질문이 오늘날 우리에게 남겨졌다는 것이다. 그리고 이것이 정체성이나 자아의 탈근대적 수수께끼라는 것이다. 지구화와 새로운 정보 기술을 배경으로, 우리 모두는 자아가 이제까지는 직면하지 않아도 되었던 새로운 종류의 도덕적 물음이 출현하는 것을 보고 있다. 예컨대 인공 수정과 시험관 아기가 자아성에 대한 미래의 이해에 어떤 사회적 이익과 손해를 가져올까? 새로운 통신 기술은 친밀성과 섹슈얼리티와 자아에 어떤 영향을 미칠까? 바우만은, 비록 얼마 안 되는 기회라고 하더라고, 탈근대적 형태의 자아가 더 나은 세계를 위한 기회를 의미한다고 생각한다. 바우만은 현대 사회의 질병들이 인간의 대처 능력을 넘어서는 것일 수도 있음을 인정하기는 한다. 하지만 근대적이고 탈근대적인 삶의 전략들에 대한 그의 분석은, 마침내 일어나고 말 일이 정통 정치학만을 재규정하는 것이 아니라 자아 정체성과 문화의 재규정도 수반할 것이라는 사실을 드러내 보여 준다.

　정말 양가성과 애매성, 그리고 불확실성이 오늘날의 정신 상태를 규정한다고 해보자. 그렇다면, 자아의 내적인 불안정과 균열에 대한 분석이 사회과학의 핵심적인 관심사로 확실하게 불거져 나올 것이다. 한편, 정신분석학은 탈근대적 자아에 대한 비판적이고 포괄적인 검토에 특별히 가치 있는 기여를 해왔다. 정신분석학과 탈근대적 이론 사이에 수립된 대화는 많은 사회적·문화적 분석에서 인기를 얻었다. 그리고 이는 부분적으로는 프로이트주의가 사회적 조건들에 대한 심리적인 반응을 아주 풍부하게 묘사해서 제시하였기 때문이다. 2장에서 논의했듯이 프로이트의 자아 이론은, 한편의 의식적인 합리성과 다른 한편의 무의식적인 욕망 사이에는 본래적인 갈등이 있다는 생각에 바탕을 두고 세워진 것이다. 프로이트의 틀 안에서 자아 경험을 이해한다는 것은 표상, 감정, 욕망, 불안, 방어의 의식적인 차원과 무의식적인 차원 사이의 충돌을 조사하는 것이다. 일차적으로 이러한 것들은 자아의 관념들 속에서, 개인 상호간의 관계들 속에서, 그리고 사회적 환경에 대처하는 방식들 속에서 모습을 드러낸다. 정신분석학과 탈근대성 이론 사이의 대화는 계속 확장되어 왔다. 그리하여 오늘날의 문화적 조건들 덕분에 심리적 공간을 탐구하거나 확장하는 일이 수월해질 정도가 되었다. 이러한 맥락에서 심리적 공간을 확장하는 일에 대해 이야기하는 것은, 경험의 의미가 이해되고 성찰되는 방법을 채색하는 무의식적인 환상들과 함께 경험의 자기 검토를 가리키는 것이다. 심리 치료는 그 자체로 심리적 공간 탐사의 그러한 형식의 탁월한 본보기가 된다. 혹은 적어도 이론에서는 그렇다. 치료사는 고통스러운 투사와 파괴적인 환상을 받아 주는 일종의 '그릇' 노릇을 하면서, 억압에 의해서 심리적 공간에서 배제되어야 했던 무서운 정서적인 경험에 대해 환자가 생각하도록, 즉 받아들이고 잘 다루도록 도울 수 있다. 특별히 환자와 치료사, 둘 다 그러한 뜻밖의 감정적인 교류에 계속 열려 있을 수 있다면, 자아에 대한 새로운 형태의 생각과 신선한 발상이 치료를 위한 만남으로부터 생겨날 것이다.

우리는 포스트모더니즘이 심리적 공간을 확장할 수 있는 그런 기회를 제공한다고 과연 말할 수 있을까? 어떤 저자들은 차이, 이질성, 애매성, 다원성을 높게 치는 탈근대적 가치 평가 속에서 진동하는 문화적 상황이 성찰적인 자아를 조장하는 모습을 보면서 그렇다고 주장해 왔다. 미디어의 지구화, 다원적인 라이프스타일, 고급 문화와 저급 문화 사이의 구별이 부식되는 현상, 친밀성의 변동. 우리는 이러한 다원적인 세상에서 자아에 대한 급진적인 물음, 특히 사회 세계와 관련된 불안과 욕망에 영향을 미치는 환상들에 대한 물음을 목도한다. 하지만 또 다른 저자들은 포스트모더니즘의 지나친 낙관주의를 경계한다. 이러한 논평자들이 보기에는, 포스트모더니즘이 정신분석학적인 통찰과 분석으로 수렴되는 현상은 의미의 결여, 조각난 경험, 내면적인 혼란의 세계를 드러내는 것이다. 이러한 방식으로 포스트모더니즘이 가져온 심리적 손실을 본다면, 이는 오늘날의 문화가 중추적인 감정적 구속의 알맞은 형식을 사람들에게 제공하지 못하고 있음을 의미한다. 현재의 불확실성을 헤쳐 나갈 길을 찾아내는 것은 몹시 어려워졌기에, 혹은 어떤 논평자들이 그렇다고 주장하기에, 정서적인 폐쇄가 불가피하다.[8]

탈근대적 정체성에 대해 오로지 낙관적이거나 비관적인 한 쪽 입장으로 기울어져 있는 저자들은 현대의 사회적 과정들의 복합성에 눈을 돌리지 않고 있다는 비판을 받을 수 있을 것이다. 나는 이렇게 생각한다. 우리 시대에 자아의 경험이 확장되면서도 동시에 위협받는 복합적이고 모순적인 방식들을 찾아내기 위해서는 정신분석학이 탈근대성 이론과 협력해야 할 것이다. 이전에 쓴 책 『우리 자신에게 예속되어 *Subject to Ourselves*』(1996)에서, 나는 탈근대성의 도래가 지닌 정서적이고 정치적인 함축들이 양가적이라는 주장을 펼쳤다. 탈근대는 사적이고 미학적이며 도덕적인 삶에 새로운 기회를 가져오지만, 새로운 위기와 위험도 가져온다. 나는 최근 정신분석적 연구의 발전을 도입하면서, 이러한 사실이 특히 자아의 운명을 추적해 보면 분명하게 드러난다고 주장했다. 새로운 기술과 탈근대적 미학은 의미를 만들어 내는 과정들을 더 풍부하게 확장할 수 있다. 또한 우리가 사적이고 문화적인 삶을 구축하는 기존의 범주들을 더욱 진전시킬 수 있다. 자아 성찰성이 만성적으로 사회적 삶에 파고드는 상황은 탈근대적 자아성을 특징짓는다. 이는 확실성과 질서에 대한 심리적 욕구 없이도, 그리고 양가성과 애매성을 놀라우리만치 용인하면서, 다른 자아들을 잘 받아들이는 정신 상태이다. 이것은 오늘날 시각 예술과 문학 예술의 영역에서 특히 잘 들어맞는 사실이다. 또한 섹슈얼리티, 젠더, 가족, 친구관계, 그리고 더 일반적으로는 문화적 제휴에 관련된 문제에서도 분명하게 드러나고 있는 사실이다.

하지만 오늘날 문화가 한 가지 색깔만을 지닌 것은 아니다. 빠른 사회적 변화, 지구화, 다문화주의가 조장한 불확실성은 개인의 정서적인 수용력 위에 재빨리 그림자를 드리울 수 있다. 개인이 사회적이고 기술적인 격변에 의해 위협받거나 공격받는 느낌을 가지는 곳에서, 문화적 특수성은 때때로 감소된다. 과잉 투사가 발생하고, 의미는 공격당하며, 성찰적 사고는 거부된다. 그러한 불안에서 벗어날 수 있는 한 가지 길은, 자아가 다른 개인들과 관계 맺는 일의 어려움을 모두 회피하면서, 버려짐의 공포에서 자아를 보호하기 위해 나르시시즘의 안락한 영역으로 후퇴하는 것이다. 그러니 나르시스적인 자아는 탈근대적 정체성과는 반대되는 것으로 규정해야 한다. 왜냐하면 나르시스적인 자아라는 정체성 속에서는, 개인이 타인들과 더 큰 세계와 맺는 관계가 경험의 흐름을 제어하고 질서 지우며 통어하려고 하는 시도에 의해서 규정되기 때문이다. 그러한 자아는 양가성이나 복합성을 쉽게 받아들이지 못한다.

이러한 고찰은 우리가 오늘날의 정체성 전략들을 단순히 대안적인 것으로만 보지 않아야 한다는 사실을 다시금 가르쳐 준다. 이를테면 탈근대는 근대를 가리는 어떤 것이다, 하는 식으로 보지 않아야 한다는 말이다. 자아의 근대적이고 탈근대적인 형태들 모두 현대 문화에서 살아가는 동시적인 방식들로 보는 것이 더 낫다. 오늘날 자아를 구축하는 일은 이러한 다양한 방식의 살아가기를 잘 섞어 내는 일이다. 이는 일종의 근대적이고 탈근대적인 정신 상태를 부단히 뒤섞고 비틀고 하는 일이다. 예를 들어, '지구화'라는 용어를 오늘날의 경제적인 상호 의존성, 민주주의적인 세계주의의 감각, 그리고 탈국가적인 방식의 소속감에 바탕을 두고 정체성을 빚어내는 일을 가리키는 말로 사용할 수 있다고 하자. 그렇다면 이 용어를, 더욱 방어적인 방식으로도, 근본주의나 깃발에 사로잡혀 있는 정체성을 생산하는 일에도 쉽게 동원할 수 있는 것이다.

자아성의 근대적이고 탈근대적 형식들은 오늘날 문화와 대단한 관련성을 갖는다. 그러나 사회과학에서는 미리 규정된 개념적 도식에 따라서 세계를 고립시키고 범주화하려는 우리의 뿌리 깊은 충동을 계속 눌러놓는 것이 결정적으로 중요하다. 바우만은 이 점을 다음과 같이 잘 보여 준다.

> 현실의 삶 속에 있는 괴롭도록 혼란스럽고 모순되며, 종종 뒤죽박죽인 사태들을 소박하고 정연한 특징을 지닌 것으로 그려 볼 수도 있을 것이다. …… 결국 우리는 한 번은 전근대 세계에서 살다가, 한 번은 근대 세계에서, 그리고 또 한 번은 탈근대 세계에서 살고 있는 것은 아니다. 우리는 유일한 삶의 과정을 갖고 있으며, 할 수 있는 한 최선을 다해서 이를 일관되게 만들려 하고 있다. 저 세 가지 '세계들'은 모두 유일한 삶의 과정이 지닌 서로 일관되지 않은 양상들을 추상적으로 이상화해 놓은 것일 뿐이다. 이상화는 저러한 노력들의 침전물 이상도 이하도 아니며, 또한 그러한 노력들의 필수적인 도구들이다.[9]

다른 말로 하면, 자아를 근대적이나 후기 근대적, 혹은 탈근대적이라고 하는 식으로 규정하는 것은 별 도움이 안 된다는 것이다. 왜냐하면 그러한 정체성들의 놀라운 혼합이 곳곳에서 작동하고 있음을 볼 수 있기 때문이다. 근대적인 정신 상태와 자아 형태들은 종종 광적인 자기 파괴와 폭력적 합리성에 사로잡힌 채로 계속된다. 전 세계에 걸친 인종적·민족적 갈등이 이를 강력하게 뒷받침한다. 그러나 또한 우리는 새로운 형태의 자아 정체성과 자아의 새로운 형식들뿐만 아니라, 더불어 살아가는 탈전통적이고 탈근대적인 방식들도 볼 수 있다.

우리가 아직 완전히 탈근대적 시대에 살고 있는 것은 아닐지도 모른다. 그러나 탈근대적 사회 세계가 언뜻언뜻 보인다는 것은 누구나 알 수 있을 것이다. 이제 사회과학의 도전은, 달라진 사회적 환경이 지구를 휩쓰는 상황 속에서 탈근대적 자아, 혹은 자아들의 다원성과 다양성에 새로이 직면하는 것이다.

# 결론

　지금까지 나는 독자들에게 다양한 자아의 개념들을 소개하려 했다. 하나의 비판적인 기획으로서, 사회학적 접근법에서 포스트모더니즘까지, 정신분석학에서 퀴어 이론에 이르기까지, 내가 검토해 온 담론들은 주류 사회과학의 가정들에 근본적으로 도전하고 있다. 이러한 담론들은 매우 다양한 방식으로 학문적 경계를 가로지른다. 또한 정체성, 상상력, 친밀성, 젠더, 그리고 성적 차이와 관련한 새로운 문화적인 비판을 촉진한다. 하지만 정체성 정치의 시대에서 자아의 재형성과, 자아와 사회의 매개를 어떻게 설명할 것인가에 관해서는 의문이 남아 있다. 나는 앞에서 간략하게 그려 본 주장 몇 가지를 함께 끌어오면서, 정체성 범주들과 자아를 이론화할 수 있는 가능성과 한계를 살펴보면서 결론을 맺고자 한다.

## 내적인 깊이, 혹은 내면 속의 바깥

정신분석학이 비판적인 자아 이론의 발전에 사회과학의 어느 다른 이론적인 패러다임보다도 더 많은 기여를 했다고 주장하는 저자들이 있다. 나는 이런 시각에 동의하지 않는다. 그 까닭은 내가 다른 책에서 이미 자세히 밝힌 바 있다.[1] 자아에 대한 프로이트의 저작이 사회 이론에 본질적으로 중요하다고 하더라도, 프로이트의 사상에는 근본적인 문제와 불일치가 존재한다. 나는 다양한 현대 비판 사회 이론을 끌어오기만 한다면 그러한 문제는 충분히 해결될 수 있다고 믿는다. 한편에 있는 갈라지고 금간 무의식적인 욕망과, 다른 한편에 있는 성적 차이와 도덕적 규범들의 초역사적인 상징적 닻 내림 사이에서 생겨나는 프로이트 이론의 긴장은 이것의 좋은 본보기가 된다. 프로이트의 많은 저작에는 급진적인 심리학적·문화적 통찰이 포함되어 있다. 그리고 이는 프로이트가 개인적 주체성의 균열되고 불안정한 영역을 개념적으로 강조하고 있는 것에서 힘을 얻고 있다. 이러한 급진적인 통찰은 내면화된 도덕적 규범들의 힘과 성적 차이의 불변하는 힘에 관하여 프로이트가 (때때로) 문화적으로 보수적인 이론을 제시한다는 사실에 의해서 상쇄된다. 프로이트도 경우에 따라 사회적 제도와 정치생활을 언급하기는 한다. 하지만 그가 한 작업의 주된 경향은 오로지 무의식이나 초자아, 또는 심리에서만 발산되어 나오는 욕망과 문화 사이의 모순을 분석하는 것이다. 정체성과 자아가 문화의 비문(碑文) 속에 함축되어 있는 복잡한 방식들과, 문화와 정치가 욕망과 공포를 사람들의 삶 속에 심어 놓는 여러 형식에서는 오직 이따금씩만 프로이트의 냄새를 맡을 수 있다. 프로이트 이래로, 사회 이론가, 문화 분석가, 철학자, 페미니스트 들은 균열되고 갈등하는 자아에 대한 개념을 발전시키기 위해 정신분석 이론이 제기하는 도전에 응해야 했다. 물론 우리가 살펴보았던, 자아에 대한 많은 정신분석학적인 성격의 문화 이론이 분명히 프로이트 이론의 더 보수적인 경향을 어느 정도 보유하고 있기도 하다.

내가 1장에서 논의한 사회학적인 접근법들은 **공유된 상징적 의미들**이 사회생활을 규정한다고 보고 있다. 그렇기 때문에 이들은 자아 경험이 오로지 심리적인 성향이나 내면적 깊이의 견지에서만 이해될 수 있다는 생각에 상당히 강하게 도전한다. 미드나 다른 상징적 상호작용론자들의 작업에서는, 사회와 문화가 자아에게 하는 다양한 요구와 정체성의 내면적 규정 사이에서 균형을 잡는 일이 사적 정체성의 중심적인 딜레마가 된다. 미드의 용어로 표현해 보자면, '나는(I)' 혹은 에고가, '나를(Me)' 혹은 사회적 자아가 겪는 문화적 혼란에 한계를 지우는 것이다. 고프먼의 작업에서는, 자아와 타인들 사이의 대화가 사회생활이라는 연극의 일부분으로서 분석되고, 정체성은 성공적으로 완수된 연기로 개념화된다. 기든스의 작업에서는, 자아와 성찰성이 밀접하게 얽혀 있어서 사회적 실천 관행들이 일상생활의 과정 속에서 끊임없이 검토되고 감시되고 있다. 자아를 보는 이러한 사회학적 방식들은 사회적 상호작용에 참여하는 개인들의 암묵적인 지식이나 국지적 이해를 상당히 강조한다. 이것은 단순히 자아가 사회적으로 구성됨을 강조하는 것 이상이다. 오히려 정체성은 그러한 정체성을 규정하는 실천 관행, 지식, 정보 들과 본래적으로 불가피하게 함께 묶여 있다는 것이 핵심이다.

그러한 사회학적 비판을 보완하면서, 섹슈얼리티와 자아에 대한 푸코의 작업은 자아 구성의 여러 측면 가운데 사회적으로 교묘하게 조작되고 타락하고 해로운 측면에 주의를 기울인다. 푸코는 사회적 실천 관행을 자기 종속적 주체화와 동일시한다. 이는 개인을 지배하는 다양한 테크놀로지이다. 우리가 3장에서 푸코의 작업을 살펴보면서 보았듯이, 정신분석학은 대상화하는 고백적인 테크놀로지로 자처한다. 그 속에서 자아의 '진실'이 개인의 성적 생활 속에 있는 욕망과 꿈, 그리고 허구를 조사함으로써 밝혀진다는 것이다. 주디스 버틀러는 개인이 자신에게 영향을 미치는 방법의 역동적인 성격을 진지하게 다룬다. 그리고 수행하는 자아와 관련해서 푸코의 작업을 자리매김함으로써 주체성의 변형을 탐구한다. 하지만 버틀러는 지배와 권력의 테크놀로지에 대한 푸코의 분석이 자아 문제와 관련해서는 환원적이거나 경직되어 있다고 생각한다. 그리하여 담론, 신체, 상황 속에 놓인 행동, 젠더의 표상들, 수행된 정체성들의 중심에서 환상이 하는 역할을 강조하기 위해서 정신분석학 이론 쪽으로 방향을 돌린다.

버틀러도 푸코처럼 이항 대립을 뛰어넘으려고 시도하지 않는 것은 흥미로운 사실이다. 안/밖, 표면/깊이, 개인/사회 같은 여러 이항 대립은 자아의 담론들에서 두드러지게 나타난다. 오히려 그녀는 수행적 정체성에 대한 급진적인 설명을 정식화하려고 그러한 대립을 서로 대결시키려고 한다. 실제로 그녀는 '내적인 깊이'에 대한 자아의 환영들을 추적해서 그 것이 외부의 테크놀로지, 담론의 테크놀로지가 산출해 낸 것임을 밝혀낸다. 버틀러의 접근법은 정통적인 푸코주의보다는 훨씬 정교하다(이는 주로 자아의 정신분석학적 서사들에 대한 그녀의 해석 덕분이다). 하지만 그래도 상상력과 개인 상호간의 관계, 둘 다를 자아의 철저히 새로운 정신적 창조물의 원천으로 보지는 않는다. 그녀가 주로 몰두하고 있는 것은 오히려 위반, 즉 자아의 분산이다. 푸코와 마찬가지로 자아에 대한 버틀러의 설명도 고립적이고 단독적이다. 푸코와 버틀러의 작업에서 자아 구성, 자기 양식화, 자기 수행은 자신과 관계를 창조하는 자아의 모습을 의미한다. 여기에서 자아는 창조적인 사회적 상호작용의 형태들에 새겨져 있는 것으로 개념화되지 않는다.

내 생각으로는, 급진적인 비판 이론은 자아의 심리적 생산에 스며들어 있는 갈라진 틈과 모순을 더 충분히 이해하려고 시도해야만 한다. 그리고 이는 사회 세계에서 정체성들이 작동하는 것과 관련되어 있다. 버틀러가 변형시킨 푸코주의는 이러한 점에서 틀림없이 중요하다. 그러나 충분치는 않다. 자아는 수행으로 환원될 수 없기 때문이다. 상례적인 사회적 상호작용의 한계선과 경계선을 무너뜨리는 욕망과 정서와 환상이 있는 것이다. 억압된 무의식의 힘을 알려면 자아에 대한 다른 생각이 필요하다. 정체성의 찢겨져 나간 측면, 혹은 인정하지 않고 버려둔 측면(내면의 타자)에 주의를 기울이는 자아에 대한 개념이 필요한 것이다. 그러한 무서운 내면의 대상들은 외부의 사회적 타자들에 수많은 형식으로 부착되어 있다. 거부된 내면의 대상들과 외부의 무시된 타자들의 이러한 혼합이 바로 인종주의, 성차별주의, 민족주의 따위의 이데올로기들이 지닌 정서적 힘과 정치적 활력을 설명해 주는 것이다. 이러한 방식으로 정체성을 해체하는 것이 자아에 대한 낭만적 개념으로 돌아가는 것은 아니다. 또한 '참된 자아'나 '내적인 자아들'에 관한 소비자 수사학을 받아들이는 것을 의미하는 것도 아니다. 오히려 그것은 동일시의 가변성과 유약성에 대한 음미를 의미한다. 이러한 동일시들을 통해 자아는 정체성과 타인들과 사회 세계와 관계를 수립하는 것이다. 내면의 동일시들과 외부의 배제들의 이러한 혼합은 순전히 정서적이고 정치적인 복합성을 지니고 있다. 그리고 이는 자아나 주체성을 분석하는 데에 쓰이는 개념적 틀을 다시 생각해 볼 것을 요구한다.

정체성에 대한 푸코주의의 비판과 탈근대적 비판이, 심리적 주체성을 구성하는 동일시와 이상들을 비판적으로 분석하는 일을 방해해서는 안 된다. 우리는 자아에 대한 비판적인 관점을 내놓기 위해서는 어떤 급진적인 푸코주의적 서사를 정신분석학 이론과 연결할 필요가 있다. 우리가 파악해야만 하는 것은 자아의 사회적 구축물이 어떻게 심리의 상상물인가 하는 것이다. 사회적인 것과 심리적인 것을 떨어뜨려 놓는 정통적인 시각을 버려야 한다. 사회적이고 문화적인 형식들이 어떻게 해서 내면적으로 형태를 부여받는지를 파악해야 한다. 그리고 이는 필수적으로 자아가 '내적인 깊이'의 표현으로서 문화적으로 구성되는 방식에 대한 성찰도 포함한다. 우리는 자아의 무의식적인 상상물들이 언제나 담론과 제도

속에서 다듬어지고 짜인다는 사실을 알 필요가 있다. 자아성은 결정되는 것도 아니고 미리 포장된 것도 아니다. 오히려 자아는 능동적인 구축과 재구축의 작품이다. 문화와 사회와 정치라는 더 넓은 틀 속에서, 환상과 환상의 무의식적인 변형들, 즉 차이, 타자성과 낯섦, 친밀성과 가까움에 관한 불안의 내적인 작용 위에 세워진 작품인 것이다. 하지만 이렇게 말하는 것은 자아에 대한 비판의 정치적인 함축과 정체성 정치의 미래에 관한 이슈를 즉각 제기한다.

## 정체성 정치, 혹은 자아에 대한 비판

지그문트 바우만은 자신의 책 『액체 근대성 *Liquid Modernity*』(2000)에서 근대적 정체성들의 상표처럼 사용되었던 고체성과 연속성을 포스트모더니즘의 둥둥 떠서 돌아다니는 자아들과 대비시킨다. 오늘날 탈근대적 사회에서는, 감정의 지배적인 구조가 불확실성의 구조라고 바우만은 주장한다. 이는 자아의 조건과, 개인 상호간 관계의 도덕적 지형과, 미래의 세계 형태에 관련된 불확실성이다. 바우만에 따르면 정체성은, 정체성 정치학과 새로운 사회 운동들에서 표현되는 정체성도 포함하여, 오늘날 문제적인 것으로―끝이 열려 있고, 통제할 수 없고 따라서 불확실성의 감정이 압도하는 것으로―경험된다고 한다. 이는 정확히 세계를 응집성 있고 연속적이고 일관된 것으로 합법화하려는 근대주의적 문화와 그 정치적 시도들이 무너졌기 때문이다. 정체성 정치학은 서구 국민국가 문화들의 붕괴의 여파로 중대 관심사가 되었다. 오늘날에는 인종적 · 민족적 · 종교적 · 국가적 · 탈식민적 · 성적 정체성들을 주장하는 목소리가 높아졌다. 이는 자아성의 억압된 많은 차이들, 근대주의적인 서구 문화가 전지구적 정치 공간에 부과됨으로써 잔인하게 부정되고 내쫓겼던 차이들을 탐사하려는 시도이다.

 내가 이 책에서 검토한 비판적 사회 이론들은 정체성 정치학의 연구에 기여할 만한 것을 엄청나게 많이 지니고 있다. 자기 부인을 하지 않기, 자아와 사회 사이의 관계를 다시 쓰기, 현재의 주체성과 정체성에 깃들어 있는 희망과 공포와 사회적 · 정치적으로 손잡기 등에 기여할 수 있는 것이다. 정체성 정치학의 변화하는 문화적 매개변수들은 자아성이 사회적 · 정치적 위치 설정의 과정들을 통해서 분절된다는 것을 강조한다. 그러면서 자아가 엄격하게 심리학적이거나 사회학적인 견지에서 이해될 수 없고, 또한 그 둘을 섞는다고 해도 이해될 수 없는 까닭을 분명하게 강조해서 보여 준다. 자아의 운명을 두고 벌이는 현재의 문화적인 투쟁들에서 볼 수 있는 명백한 사실이 있다. 이는 정체성 확립 과정이 본성적으로 다툼과 긴장과 위기 속에 있으며, 무엇보다도 정치적이라는 것이다. 21세기 사회는 (바우만의 말을 빌리면) 가벼운 가변성과 유동적인 경험의 세계이다. 사람, 조직, 기구, 고용, 오락, 이미지, 메시지, 돈 같은 것들이, 국가적 · 사회적 경계를 무너뜨리는 전지구적인 흐름 속에 짜 넣어지고 자리 잡아 가는 세계이다. 이렇게 증가하는 유동성과 사회적 네트워크의 액체화가 증가하는 것은 자아, 정체성, 개인 상호간의 관계, 친밀성의 경험 들에 심각한 함축을 가져온다. 유동적 상태의 정체성 정치학은 이러한 사태의 결과물이기도 하면서 잠재적인 대안이다. 이는 또한 개인적인 자율성과 집단적인 사회적 목표에 새로운 기회와 위험을 제기한다.

이런 식으로 보면, 정체성 정치학은 정통 정치학이나 제도적 정치학보다도 자기 자율성에 끼치는 함축에 있어서 더욱 급진적이라고 할 수 있다. 그러한 주장은 물론 오늘날 지적이고 공적인 논쟁에서 몹시 논란이 되었다. 확실히 정치적 좌파와 우파 어느 쪽에서도 할 말이 없지는 않다. 이들은 정체성 정치학이 자아와 사적인 경험에 자기도취적으로 몰두하고 있다고 하거나, 자본주의와 가부장제와 지구화 같은 큰 이슈에서 너무 멀리 떨어져 헤맨다고 하면서, 정체성 정치학을 기각하려고 한다. 하지만 현대의 자아 위기는 그 뿌리까지 문화적 실천 속의 위기이며, 구체적인 사회적 공간을 정식으로 차지하는 권리에서의 위기라고 나는 믿는다. 또한 새로운 페미니즘에서 퀴어 이론과 탈근대적 미학에 이르기까지 정체성 정치학은 여러 성취를 거두었다. 그 가운데 하나는 (상상력, 욕망, 창조성 같은) 한때는 자기 조직화의 고도로 주관적인 측면이었던 것들의 중요성을 전면에 놓는 것이었다. 그리고 그것들을 가장 광범위한 의미에서 정치와 문화에 연결하는 것이었다. 정체성 정치학은 자아가 자신 속에 갇혀 있는 나르시스적인 기분 풀이와는 거리가 멀다. 그것은 자기 질문을 위한 기회이고, 암묵적인 문화적·정치적 가정들을 탐사하는 기회이며, 대안적인 미래를 위한 기회인 것이다.

그러나 정체성 정치학을 괴롭히는 다른 어려움이 있다. 아니면 적어도 정통적인 제도적 정치학의 시각에서 문화적 정치학이 자아와 맺고 있는 관련성을 바라보았을 때에는 그러하다. 정체성의 문화와 갈등은 우선적으로 단기적·일시적·양가적이고 심지어 모순적이다. 그래서 이러한 정체성의 문화와 갈등이 정체성의 진정한 긍정을 촉진하기 위해서 해방적인 성과를 생산해 낼 수 있는 방법을 헤아리기는 어렵다. 따라서 정체성 정치학은 중심적인 역설을 안고 살아간다고 하겠다. 그것은 개인적 자아성과 집단적 정체성을 진지하게 받아들인다는 의미에서 판명한 정체성을 주장하고 옹호하려는 바람을 가지고 있으면서도, 반면에 자아와 행위성과 정체성이라는 관념 자체를 제거하고 비판하기를 원한다는 역설이다. 이것은 논쟁을 넘어서, 말하자면 탈식민주의적인 정체성이나 탈페미니즘적인 자아들이 상례적으로 그러한 이중성을 수반하고 있는 오늘날에 특히 잘 들어맞는 이야기이다. 즉, 이들은 과거의 역사적 전통으로 거슬러 올라가고 특정한 주제와 요소를 채택하면서, 반면에 뭔가 새로운 것을 내다보는 행동 속에서 그 전통 자체를 제거하고 있는 것이다. 일상적 수준에서 이것은 **새로운 정체성**(New Identities)의 문화와 소비로 이어졌다. 그 속에서는 성공 지침서에서 텔레비전 토크쇼에 이르는 모든 것 속에서 환상이 자유롭게 날아다닌다. 이러한 맥락에서는 정체성은 재창안, 재구축, 재상연, 재형성을 위한 갈증과 연결되는 경향이 있다. 좀더 흥미로운 수준에서는, 정체성 정치학의 이중성은 (질서 있고 규칙적이고 예측 가능한) 강도 높은 자아 구축의 근대주의적인 전략들과 관련된 다양한 논쟁을 낳았다. 또한 개인 상호간의 관계와 문화적 추구의 다양성, 차이, 불연속성을 수반하는 탈근대적 삶의 전략에 관련된 논쟁을 낳았다.

자아에 관한 오늘날 사회과학의 논쟁을 정체성 정치학과 연결짓는 것은 우리가 보아 온 바대로 필연적으로 진보적인 것은 결코 아니며, 성공이 보장된 것도 분명히 아니다. 많은 이들은 현재의 미디어가 산출해 낸 사적인 사건과 고민의 구경거리 때문에 공적 영역이 변형되는 것을 개탄한다. 사적인 것과 공적인 것을 그렇게 재구성하는 것은 **정체성의 정치화**가 아니라 **정치의 사영화**라는 결과를 가져온다. 이러한 시각에서 보면, 공적 영역은 이제 더 이상 정치적 갈등을 해결하는 영역이 아니다. 대신에 그것은 정체성 문제를 상품화하고 사영화하는 일의 일부분이다. 거기에서는 정체성의 문제는 (한순간의 공적인 관심을 얻는다고 해도) **사적인 이슈**로 머물러 있다. 다른 관점에서 보면, 우리는 정치의 소멸이 아니라 재탄생을 목도하고 있는 것이다. 자아와 정체성의 문제화는 나르시스적인 자기 탐닉의 개인화된 영역에 머무르기는커녕, 소수자 집단, 페미니스트, 게이, 퀴어 활동가, 흑인 연구, 정신분석학과 탈근대 이론의 교섭에 의해 정치적 구조들이 도전받도록 이끌었다. 자아성은 우리가 보아 온 대로, 사회적 질서와 사회적 구조 쪽에서 나와 문화적 차이 쪽으로 건너갔다. 따라서 정치적 문제로 표현되고 경험되어 왔다. 이러한 각도에서 본다면, 자아와 정체성이 일상적인 정치생활의 관심사에서 사라지고 있다는 비난은 진실과는 아주 거리가 먼 것이다.

# 옮기고 나서

이 책에 몇 마디를 덧붙이는 건 내겐 주제 넘는 일이다. 도와준 이들에게 고맙다는 말을 쓰는 편이 좋다. 나는 사람들이 없으면 아무 일도 못하는 사람이다. '나'는 이렇게 생겨 먹은 것이다.

힘든 시절에 번역하였다. 그럴 때는 일도 구원이 된다. 그 시절을 마감하지 못한 채로, 거의 일 년 만에 교정 원고를 받았다. 그래, 아직 괜찮다.

편집자 강주한 씨는 여러 좋은 지적을 주셨다. 일에 서투른 나 같은 사람도 이런 분들 덕분에 일을 끝맺을 수 있는 것이다.

나의 공식, 비공식 제자들에게 고맙다고 말하고 싶다. 내 일상의 행복은 이들에게서 온다.

K 교수에게 마음으로 감사한다. 그는 내게 길을 보여 주었다. 지금도 그와 나누는 대화가 내겐 가장 즐거운 일이다.

내게 친구가 되어 준 이들에게 감사한다. 아픈 일도 아픈 데도 많은 나를 돌보아 주었다.

어머니와 누이동생에게 감사한다. 그들이 아니면 난 없었을 것이다.

지금 내 곁에 있는 나의 사람들과 곁에 있지 못하는 나의 사람들에게 고마운 마음을 전한다. 그들을 떠올릴 때 느끼는 기쁨과 슬픔으로 나는 살아간다.

모두 고맙습니다.

2007년 5월

김정훈

# 주석

## 서론

1) Charles Taylor, *Sources of the Self* (Cambridge, Mass.: Harvard UP, 1990), p. 34.
2) Anthony Cascardi, *The Subject of Modernity* (Cambridge: Cambridge UP, 1992); Seyla Benhabib, *Situating the Self* (Cambridge: Polity, 1992)를 보라.
3) Charles Lemert, *Postmodernism is Not What You Think* (Oxford: Blackwell, 1997), p. 128.

## 1장 자아, 사회, 일상생활

1) George Herbert Mead, *Mind, Self and Society* (Chicago: University of Chicago Press, 1934 [1974]).
2) *Ibid.*, p. 164.
3) *Ibid.* [1974], p. 164.
4) Herbert Blumer, 'Society as Symbolic Interaction', A. Rose, ed., *Human*

*Behaviour and Social Process* (London: Routledge and Kegan Paul, 1962), p. 180.

5) *Ibid.*, p. 181.

6) *Ibid.*, p. 184.

7) 국역본은 김석희 옮김, 『문명 속의 불만』(열린책들, 2004).

8) C. Lemert and A. Branaman, eds., *The Goffman Reader* (Oxford: Blackwell, 1997), pp. 23~24.

9) *Ibid.*, p. 193.

10) *Ibid.*, p. 196.

11) 국역본은 권기돈 옮김, 『현대성과 자아 정체성』(새물결, 1997).

12) 국역본은 배은경·황정미 옮김, 『현대 사회의 성·사랑·에로티시즘: 친밀성의 구조 변동』(새물결, 1996).

13) Anthony Giddens, *The Consequences of Modernity* (Cambridge: Polity, 1991), p. 38. [국역본은 이윤희·이현희 옮김, 『포스트모더니티』(민영사, 1991)].

14) Anthony Giddens, *Modernity and Self-Identity* (Cambridge: Polity, 1991), p. 13.

## 2장 자아의 억압

1) Sigmund Freud, 'A Difficulty in the Path of Psychoanalysis', J. Strachey, ed., *Standard Edition of Complete Psychological Works* (London: Hogarth, 1953~1974), vol. 17, p. 143.

2) Sigmund Freud, 'An Outline of Psychoanalysis', *Standard Edition*, vol. 23, p. 154. [국역본은 박성수·한승완 옮김, 『정신분석학 개요』(열린책들, 2003)].

3) Sigmund Freud, 'A Difficulty in the Path of Psychoanalysis', p. 141.

4) 자아의 심리적 성적 발달에 관한 프로이트 설명의 엄청난 복잡성에 대한 페미니스트의 논의로는 Nancy Chodorow, *Femininities, Masculinities, Sexualities* (London: Free Association Books, 1994)를 보라.

5) Anthony Elliott, ed., *Freud 2000* (Cambridge: Polity, 1998)을 보라

6) Jeffrey Masson, *The Assault on Truth* (New York: Farrar, Straus and Giroux, 1984), p. 144.

7) Russell Jacoby, *Social Amnesia* (Boston: Beacon Press, 1975)를 보라.

8) 이런 계통에서 프로이트를 페미니즘적으로 전유한 가장 영향력 있는 경우는 Juliet Mitchell, *Psychoanalysis and Feminism* (Harmondsworth: Penguin, 1974)이다. 더 최근의 설명을 보려면 Jane Flax, *Thinking Fragments* (Berkeley/Los Angles: University of California Press, 1991)를 참고하라.

9) 국역본은 황선길 옮김, 『파시즘의 대중 심리』(그린비, 2006).

10) 국역본은 김인환 옮김, 『에로스와 문명』(나남, 2004).

11) 국역본은 최경도 옮김, 『나르시시즘의 문화』(문학과지성사, 1989).

12) Anthony Giddens, *Modernity and Self-Identity* (Cambridge: Polity, 1991), 6장을 보라.

13) 국역본은 양운덕 옮김, 『사회의 상상적 제도』(문예출판사, 1994).

14) Cornelius Castoriadis, *Philosophy, Politics, Autonomy* (Oxford: Oxford UP, 1991), pp. 3~4.

15) Slavoj Žižek, *The Sublime Object of Ideology* (London: Verso, 1989), p. 127. [국역본은 이수련 옮김, 『이데올로기라는 숭고한 대상』(인간사랑, 2002)].

## 3장 자아의 테크놀로지

1) 국역본은 이규현 옮김, 『광기의 역사』(나남, 2003).

2) 국역본은 홍성민 옮김, 『임상의학의 탄생』(이매진, 2006).

3) 국역본은 이광래 옮김, 『말과 사물』(민음사, 1986).

4) 국역본은 이정우 옮김, 『지식의 고고학』(민음사, 1992).

5) 국역본은 오생근 옮김, 『감시와 처벌』(나남, 2003).

6) Michel Foucault, 'Sexuality and Solitude', M. Blonsky, ed., *On signs: A Semiotics Reader* (Oxford: Blackwell, 1985), p. 367.

7) Michel Foucault, 'Technologies of the Self', L. H. Martin, H. Gutman and P. H. Hutton, eds., *Technologies of the Self* (London: Tavistock, 1988), p. 40.

8) Michel Foucault, *The History of Sexuality: An Introduction* (Harmondsworth: Penguin, 1978), pp. 31~32. [국역본은 이규현 옮김, 『성의 역사 1: 앎의 의지』(나남, 2004)].

9) 국역본은 문경자·신은영 옮김, 『성의 역사 2 : 쾌락의 활용』(나남, 2004).

10) 국역본은 이혜숙·이영목 옮김, 『성의 역사 3 : 자기 배려』(나남, 2004).

11) Michel Foucault, *The Use of Pleasure*, p. 151.

12) 'Une mise au point de Michel Foucault', *La Quinzaine Littéraire*, 47, 1968, p. 21.

13) Lois McNay, *Foucault: A Critical Introduction* (Cambridge: Polity, 1994), p. 153.

14) Meghan Morris, 'The Pirate's Fiancée: Feminists and Philosophers, or Maybe Tonight it will Happen', I. Diamond and L. Quinby, eds., *Foucault and Feminism: Reflections on Resistance* (Boston: Northeastern University Press, 1988), p. 26.

15) 국역본은 임인숙 옮김, 『몸과 사회』(몸과마음, 2002).

16) Bryan S. Turner, *Regulating Bodies: Essays in Medical Sociology* (London: Routledge, 1992), pp. 192~193.

17) Mark Poster, *The Mode of Information* (Cambridge: Polity, 1990), p. 93. [국역본은 김성기 옮김, 『뉴미디어의 철학』(민음사, 1994)].

## 4장 자아, 섹슈얼리티, 젠더

1) 국역본은 조홍식 옮김, 『제 2의 성』(을유문화사, 1993).

2) Simone de Beauvoir, *The Second Sex* (Harmondsworth: Penguin, 1984), pp. 94~97.

3) Julia Kristeva, *The Kristeva Reader* (Oxford: Blackwell, 1986), pp. 178~179.

4) Judith Butler, *Gender Trouble* (London: Routledge, 1990), pp. 137~138.

5) Diana Fuss, *Essentially Speaking* (New York: Routledge, 1989), p. 100.

6) Jeffrey Weeks, *Invented Moralities* (Cambridge: Polity, 1995), p. 115.

## 5장 탈근대적 자아

1) 국역본은 조용 옮김, 『신자유주의와 인간성의 파괴』(문예출판사, 2001).

2) Richard Sennett, *The Corrosion of Character* (New York: Norton, 1998), p. 133.

3) *Ibid.*, p. 135.

4) Sherry Turkle, *Life on the Screen* (New York: Weidenfeld and Nicolson, 1995). [국역본은 최유식 옮김, 『스크린 위의 삶』(민음사, 2003)].

5) 국역본은 최명관 옮김, 『앙띠 오이디푸스』(민음사, 1994).

6) 그중에서도 중요한 한 가지 분석은 Stephen Frosh, *Identity Crisis* (London: Macmillan, 1991)이다.

7) Zygmunt Bauman, *Postmodernity and Its Discontents* (Cambridge: Polity, 1997), p. 89.

8) 이러한 논쟁에 대한 비판적인 평가를 알고 싶으면, Anthony Elliot and Charles Spezzano, eds., *Psychoanalysis at Its Limits: Navigating the Postmodern Turn* (London: Free Association Books, 2000)을 보라.

9) Zygmunt Bauman, *Mortality, Immortality and Other Life Strategies* (Cambridge: Polity, 1992), p. 11.

## 결론

1) 나의 *Social Theory and Psychoanalysis in Transition* (London: Free Association Books, 1999)을 보라.

# 찾아보기